1권

KB087141

제1회
신한은행 SLT
필기시험

www.sdedu.co.kr

〈문항 수 및 시험시간〉

영역		문항 수	시험시간	모바일 OMR 답안채점 / 성적분석 서비스
NCS 직업기초능력평가	의사소통능력 / 수리능력 / 문제해결능력	70문항	90분	
금융상식	경영일반 / 경제일반 / 금융상식			
디지털 리터러시 평가	논리적 사고 / 알고리즘 설계			

※ 본 모의고사는 2024년 상·하반기 신한은행 일반직 신입행원 채용공고를 기준으로 구성되어 있습니다.

※ 쉬는 시간 없이 진행되며, 시험 종료 후 OMR 답안카드에 마킹하는 행동은 부정행위로 간주합니다.

제1회 모의고사

문항 수 : 70문항
시험시간 : 90분

※ 다음은 S수퍼정기예금(개인)에 대한 설명이다. 이어지는 질문에 답하시오. **[1~3]**

<S수퍼정기예금(개인)>

가입자가 이율, 이자지급, 만기일 등을 직접 설계해 저축할 수 있는 다기능 맞춤식 정기예금

구분	내용
가입대상	• 제한 없음(단, 무기명으로는 가입 불가)
계약기간	• 고정금리형 : 1개월 ~ 3년 이내에서 월 또는 일단위 • 단위기간 금리연동형 : 12개월 이상 ~ 36개월 이내에서 월단위로 정하고, 연동(회전) 단위기간은 1개월 ~ 6개월 이내 월단위 또는 30일 ~ 181일 이내 일단위로 정할 수 있음
가입금액	• 신규 시 최저 100만 원 이상 원단위로 예치 • 건별 10만 원 이상 원단위로 추가입금 가능(신규 포함 30회까지 가능)
분할인출	• 대상계좌 : 가입일로부터 1개월 이상 경과된 고정금리형 계좌(단위기간 금리연동형 불가) • 분할인출 횟수 : 계좌별 3회(해지 포함) 이내에서 총 15회 한도 • 적용이율 : 가입 당시 예치기간별 고정금리형 S수퍼정기예금 기본이율 • 인출금액 : 제한 없음, 단 분할인출 후 계좌별 잔액은 100만 원 이상 유지
거래방법	• 신규 : 은행창구 방문, 고객센터 • 해지 : 은행창구 방문, 인터넷뱅킹, S스타뱅킹, 고객센터 ※ 은행창구에서 신규가입한 미성년자 명의 예금의 해지는 은행창구에서만 가능 ※ 고객센터 해지 시 만기해지만 가능하며, 미성년자 명의 예금은 해지 불가
유의사항	• 만기 전 해지할 경우 계약에서 정한 이율보다 낮은 중도해지이율이 적용됨
기본이율	• 고정금리형(조회일 기준, 세금공제 전) (단위 : 연 %)

(단위 : 연 %)

기간	만기이자지급식(확정금리)	월이자지급식(확정금리)	월이자복리식(확정금리)
1개월 이상 ~ 3개월 미만	0.95	−	−
3개월 이상 ~ 6개월 미만	1.35	1.25	1.25
6개월 이상 ~ 1년 미만	1.60	1.50	1.50
1년 이상 ~ 2년 미만	1.80	1.70	1.70
2년 이상 ~ 3년 미만	1.90	1.80	1.80
3년	1.95	1.85	1.85

1. 월이자복리식은 고정금리형의 1년제 이상 가입 시 가능하며, 적용금리는 월이자지급식 금리와 같음
2. 추가입금분은 추가입금일 현재 영업점에 고시된 예치기간별 이율 적용

- 단위기간 금리연동형 적용금리(조회일 기준, 세금공제 전)

연동(회전) 단위기간	1 ~ 2개월(30 ~ 90일)	3 ~ 5개월(91 ~ 180일)	6개월(181일)
이율	연 0.90%	연 1.15%	연 1.40%

- 보너스 금리 : 단위기간 금리연동형 가입 후 2회전(단위기간 1 ~ 2개월은 3회전) 이상 경과 후 해지 시 약정이율 외에 0.1%의 보너스 금리 추가 적용
- 단위기간 금리연동형은 S-Star 클럽 고객 대상 우대금리 제공에 해당되지 않음

구분	내용
우대이율	- 고정금리형 또는 단위기간 금리연동형 신규 시(추가입금 제외) 아래에 해당하는 경우 우대이율 적용 　- 비과세가계저축 및 중장기주택부금 만기계좌를 해지일로부터 2개월 이내에 본인이나 배우자 또는 직계존비속 명의로 계약기간 1년 이상 가입하는 계좌 : 연 0.1%p

최종이율

- 고정금리형(조회일 기준, 세금공제 전)

(단위 : 연 %)

기간	만기이자지급식	월이자지급식	월이자복리식
1개월 이상 ~ 3개월 미만	최저 0.95 ~ 최고 1.05	–	
3개월 이상 ~ 6개월 미만	최저 1.35 ~ 최고 1.45	최저 1.25 ~ 최고 1.35	–
6개월 이상 ~ 1년 미만	최저 1.60 ~ 최고 1.70	최저 1.50 ~ 최고 1.60	–
1년 이상 ~ 2년 미만	최저 1.80 ~ 최고 1.90	최저 1.70 ~ 최고 1.80	최저 1.70 ~ 최고 1.80
2년 이상 ~ 3년 미만	최저 1.90 ~ 최고 2.00	최저 1.80 ~ 최고 1.90	최저 1.80 ~ 최고 1.90
3년	최저 1.95 ~ 최고 2.05	최저 1.85 ~ 최고 1.95	최저 1.85 ~ 최고 1.95

※ 최고이율은 우대이율 최대 0.1%p 적용 시

- 단위기간 금리연동형(조회일 기준, 세금공제 전)

연동(회전) 단위기간	1 ~ 2개월(30 ~ 90일)	3 ~ 5개월(91 ~ 180일)	6개월(181일)
이율	연 1.00%	연 1.25%	연 1.50%

※ 금리 변경 시 기존 가입계좌에 대해서는 다음 단위기간부터 변경된 금리 적용
※ 최고이율은 우대이율 최대 0.1%p 적용 시

이자지급 시기

구분		내용
고정금리형	만기이자지급식	만기 시 이자를 단리 계산, 원금과 함께 지급
	월이자지급식	이자를 매월 단리 계산, 매월 약정일에 지급
	월이자복리식	이자를 매월 복리 계산, 만기 시 원금과 함께 지급
단위기간 금리연동형	이자지급식	연동 단위기간별로 이자를 단리 계산해 지급
	이자복리식	연동 단위기간별 이자를 복리로 계산해 만기 시 원금과 함께 지급

만기 후 이율

- 고정금리형(조회일 기준, 세금공제 전, 연 %)

경과기간	이율
만기 후 1개월 이내	(약정이율)×50%
만기 후 1개월 초과 ~ 3개월 이내	(약정이율)×30%
만기 후 3개월 초과	0.1%

1. 약정이율 : 신규가입일 당시 영업점에 고시된 계약기간별 이율(우대이율 제외)
2. 이율은 소수점 둘째 자리까지 표시(소수점 셋째 자리에서 절사)

- 단위기간 금리연동형(조회일 기준, 세금공제 전, 연 %)
　- 경과기간 3개월 이내 : 0.2%
　- 경과기간 3개월 초과 : 0.1%

01 다음 중 S수퍼정기예금을 바르게 이해한 사람을 모두 고르면?

> A씨 : 고정금리형 계좌의 가입일로부터 2개월이 지났다면 분할인출이 가능하며, 이때 잔액을 100만 원 이상 유지해야 한다.
> B씨 : 신규가입 시에는 최저 150만 원 이상 예치해야 하며, 건별로 20만 원 이상 추가입금이 가능하다.
> C씨 : 미성년자의 명의로 은행창구에서 신규가입한 계좌는 은행창구뿐만 아니라 고객센터에서도 해지할 수 있다.
> D씨 : 고정금리형 계좌의 계약기간은 12개월 이상 ~ 36개월 이내에서 월단위로 정한다.
> E씨 : 고정금리형과 단위기간 금리연동형 계좌의 계약기간은 모두 월단위로 정할 수 있다.

① A씨, B씨
② A씨, C씨
③ A씨, E씨
④ B씨, D씨
⑤ B씨, E씨

02 K씨(만 30세)는 단위기간 금리연동형으로 S수퍼정기예금에 가입하려고 은행창구에서 상담을 받고 있다. 이때 은행 직원이 안내할 사항으로 적절한 것은?

① 고객님께서 원하신다면 최대 15회까지 분할인출을 하실 수 있습니다.
② S-Star 클럽 고객을 대상으로 하는 우대금리 적용 혜택을 받으실 수 있습니다.
③ 만기 후 이율은 경과기간이 3개월 이내인지 또는 초과인지를 불문하고 연 0.2%로 같습니다.
④ 연동(회전) 단위기간이 6개월인 경우에는 가입 후 2회전이 지나고 나서 해지하실 때 약정이율 외에 0.1%의 보너스 금리를 추가로 적용받으실 수 있습니다.
⑤ 인터넷뱅킹이나 앱으로는 해지 처리가 불가하기 때문에 해지를 원하시면 반드시 은행창구를 방문하셔야 합니다.

03 고정금리형 계좌에 만기이자지급식(확정금리)으로 신규가입해 100만 원을 예치한 후 3년 만기가 됐다면, 우대이율을 추가 적용해 최종적으로 얻게 되는 이자금액은?(단, 세금공제 전을 기준으로 하고, 이후 추가입금은 없었다)

① 59,600원
② 60,500원
③ 61,500원
④ 62,700원
⑤ 63,400원

04 S사에 근무하는 A씨는 사정이 생겨 다니던 회사를 그만두게 되었다. A씨의 근무기간 및 기본급 등의 기본정보가 다음과 같다면, A씨가 퇴직 시 받게 되는 퇴직금의 세전금액은?(단, A씨의 퇴직일 이전 3개월간 기타수당은 720,000원이며, 퇴직일 이전 3개월간 총일수는 80일이다)

- 입사일자 : 2022년 9월 1일
- 퇴사일자 : 2024년 9월 4일
- 재직일수 : 730일
- 월기본급 : 2,000,000원
- 월기타수당 : 월별 상이
- 퇴직 전 3개월 임금 총액 계산(세전금액)

퇴직 이전 3개월간 총일수	기본급(3개월분)	기타수당(3개월분)
80일	6,000,000원	720,000원

- (1일 평균임금)=[퇴직일 이전 3개월간에 지급받은 임금총액(기본급+기타수당)]÷(퇴직일 이전 3개월간 총일수)
- (퇴직금)=(1일 평균임금)×(30일)×[(재직일수)÷365)]

① 5,020,000원
② 5,030,000원
③ 5,040,000원
④ 5,050,000원
⑤ 5,060,000원

05 최씨 남매와 김씨 남매, 박씨 남매 6명은 야구 경기를 관람하기 위해 함께 야구장에 갔다. 다음 〈조건〉을 참고할 때, 항상 옳은 것은?

─〈조건〉─
- 양 끝자리는 같은 성별이 앉지 않는다.
- 박씨 여성은 왼쪽에서 세 번째 자리에 앉는다.
- 김씨 남매는 서로 인접하여 앉지 않는다.
- 박씨와 김씨는 인접하여 앉지 않는다.
- 김씨 남성은 맨 오른쪽 끝자리에 앉는다.

〈야구장 관람석〉

① 최씨 남매는 왼쪽에서 첫 번째 자리에 앉을 수 없다.
② 최씨 남매는 서로 인접하여 앉는다.
③ 박씨 남매는 서로 인접하여 앉지 않는다.
④ 최씨 남성은 박씨 여성과 인접하여 앉는다.
⑤ 김씨 여성은 최씨 여성과 인접하여 앉지 않는다.

06 다음 글의 제목으로 가장 적절한 것은?

20세기 한국 사회는 내부 노동시장에 의존한 평생직장 개념을 갖고 있었으나, 1997년 외환 위기 이후 인력 관리의 유연성이 향상되면서 그것은 사라지기 시작하였다. 기업은 필요한 우수 인력을 외부 노동시장에서 적기에 채용하고, 저숙련 인력은 주변화하여 비정규직을 계속 늘려간다는 전략을 구사하고 있다. 이러한 기업의 인력 관리 방식에 따라서 실업률은 계속 하락하는 동시에 주당 18시간 미만으로 일하는 불완전 취업자가 많이 증가하고 있다.

이러한 현상은 우리나라의 경제가 지식 기반 산업 위주로 점차 바뀌고 있음을 말해 준다. 지식 기반 산업이 주도하는 경제 체제에서는 고급 지식을 갖거나 숙련된 노동자는 더욱 높은 임금을 받게 된다. 다시 말해, 지식 기반 경제로의 이행은 지식 격차에 의한 소득 불평등의 심화를 의미한다. 우수한 기술과 능력을 갖춘 핵심 인력은 능력 개발 기회를 얻게 되어 '고급 기술 → 높은 임금 → 양질의 능력 개발 기회'의 선순환 구조를 갖지만, 비정규직·장기 실업자 등 주변 인력은 악순환을 겪을 수밖에 없다. 이러한 '양극화' 현상을 국가가 적절히 통제하지 못할 경우, 사회 계급 간의 간극은 더욱 확대될 것이다. 결국 고도 기술 사회가 온다고 해도 자본주의 사회 체제가 지속되는 한, 사회 불평등 현상은 여전히 계급 간 균열선을 따라 존재하게 될 것이다. 국가가 포괄적 범위에서 강력하게 사회 정책적 개입을 추진하면 계급 간 차이를 현재보다는 축소시킬 수 있겠지만 아주 없어지지는 못할 것이다.

사회 불평등 현상은 나라들 사이에서도 발견된다. 각국 간 발전 격차가 지속 확대되면서 전 지구적 생산의 재배치는 이미 20세기 중엽부터 진행됐다. 정보통신 기술은 지구의 자전 주기와 공간적 거리를 '장애물'에서 '이점'으로 변모시켰다. 그 결과, 전 지구적 노동시장이 탄생하였다. 기업을 비롯한 각 사회 조직은 국경을 넘어 인력을 충원하고, 재화와 용역을 구매하고 있다. 개인들도 인터넷을 통해 이러한 흐름에 동참하고 있다. 생산 기능은 저개발국으로 이전되고, 연구·개발·마케팅 기능은 선진국으로 모여드는 경향이 지속·강화되어, 나라 간 정보 격차가 확대되고 있다. 유비쿼터스 컴퓨팅 기술에 의거하여 전 지구 사회를 잇는 지역 간 분업은 앞으로 더욱 활발해질 것이다. 나라 간의 경제적 불평등 현상은 국제 자본 이동과 국제 노동 이동으로 표출되고 있다. 노동 집약적 부문의 국내 기업이 해외로 생산 기지를 옮기는 현상에서 나아가, 초국적 기업화 현상이 본격적으로 대두되고 있다. 전 지구에 걸친 외부 용역 대치가 이루어지고, 콜센터를 외국으로 옮기는 현상도 보편화될 것이다.

① 국가 간 노동 인력의 이동이 가져오는 폐해
② 사회 계급 간 불평등 심화 현상의 해소 방안
③ 지식 기반 산업 사회에서의 노동시장의 변화
④ 선진국과 저개발국 간의 격차 축소 정책의 필요성
⑤ 저개발국에서 나타나는 사회 불평등 현상

07 다음 중 일종의 유가증권으로 은행의 정기예금에 매매가 가능하도록 양도성을 부여한 증서는?

① CP
② CD
③ RP
④ CMA
⑤ ABCP

08 다음 문단을 논리적 순서대로 바르게 나열한 것은?

> (가) 킬러 T세포는 혈액이나 림프액을 타고 몸속 곳곳을 순찰하는 일을 담당하는 림프 세포의 일종이다. 킬러 T세포는 감염된 세포를 직접 공격하는데, 세포 하나하나를 점검하여 바이러스에 감염된 세포를 찾아낸다. 이 과정에서 바이러스에 감염된 세포가 킬러 T세포에게 발각이 되면 죽게 된다. 그렇다면 킬러 T세포는 어떤 방법으로 바이러스에 감염된 세포를 파괴할까?
>
> (나) 지금도 우리 몸의 이곳저곳에서는 비정상적인 세포분열이나 바이러스 감염이 계속되고 있다. 하지만 우리 몸에 있는 킬러 T세포가 병든 세포를 찾아내 파괴하는 메커니즘이 정상적으로 작동하고 있는 한 건강한 상태를 유지할 수 있다. 이렇듯 면역 시스템은 우리 몸을 지켜주는 수호신이다. 또한 우리 몸이 유기적으로 잘 짜인 구조임을 보여주는 좋은 예라고 할 수 있다.
>
> (다) 그 다음 킬러 T세포가 활동한다. 킬러 T세포는 자기 표면에 있는 TCR(T세포 수용체)을 통해 세포의 밖으로 나온 MHC와 펩티드 조각이 결합해 이루어진 구조를 인식함으로써 바이러스 감염 여부를 판단한다. 만약 MHC와 결합된 펩티드가 바이러스 단백질의 것이라면 T세포는 활성화되면서 세포를 공격하는 단백질을 감염된 세포 속으로 보낸다. 이렇게 T세포의 공격을 받은 세포는 곧 죽게 되며 그 안의 바이러스 역시 죽음을 맞이하게 된다.
>
> (라) 우리 몸은 자연적 치유의 기능을 가지고 있다. 자연적 치유는 우리 몸에 바이러스(항원)가 침투하더라도 외부의 도움 없이 이겨낼 수 있는 면역 시스템을 가지고 있다는 것을 의미한다. 그런데 이러한 면역 시스템에 관여하는 세포 중에서 매우 중요한 역할을 하는 세포가 있다. 그것은 바로 바이러스에 감염된 세포를 직접 찾아내 제거하는 킬러 T세포(Killer T Cells)이다.
>
> (마) 면역 시스템에서 먼저 활동을 시작하는 것은 세포 표면에 있는 MHC(주요 조직 적합성 유전자 복합체)이다. MHC는 꽃게 집게발 모양의 단백질 분자로 세포 안에 있는 단백질 조각을 세포 표면으로 끌고 나오는 역할을 한다. 본래 세포 속에는 자기 단백질이 대부분이지만, 바이러스에 감염되면 원래 없던 바이러스 단백질이 세포 안에 만들어진다. 이렇게 만들어진 자기 단백질과 바이러스 단백질은 단백질 분해효소에 의해 펩티드 조각으로 분해되어 세포 속을 떠돌아다니다가 MHC와 결합해 세포 표면으로 배달되는 것이다.

① (가) – (나) – (마) – (라) – (다)
② (나) – (다) – (가) – (라) – (마)
③ (다) – (가) – (마) – (나) – (라)
④ (라) – (가) – (마) – (다) – (나)
⑤ (라) – (나) – (가) – (다) – (마)

※ 다음은 2023년 분기별 각 국가의 환율에 대한 자료이다. 이어지는 질문에 답하시오. **[9~11]**

구분	2023년 1분기	2023년 2분기	2023년 3분기	2023년 4분기
미국(원/달러)	1,285	1,300	1,315	1,313
일본(원/엔)	910	908	905	907
중국(원/위안)	180	183	185	190
독일(원/유로)	1,420	1,420	1,420	1,420
영국(원/파운드)	1,650	1,637	1,620	1,615

〈분기별 각 국가의 환율〉

09 다음 중 자료에 대한 설명으로 옳지 않은 것은?

① 미국 달러에 대한 원화의 가치가 가장 낮은 분기는 2023년 3분기이다.
② 일본 엔화에 대한 원화의 가치가 가장 높은 분기는 2023년 3분기이다.
③ 원화에 대한 중국 위안화의 가치는 낮아지는 추세이다.
④ 독일 유로에 대한 원화 가치는 변하지 않았다.
⑤ 영국 파운드에 대한 원화 가치 변화는 중국과 반대이다.

10 2023년 2분기의 미국 1,300,000달러는 독일 유로로 얼마인가?(단, 환전수수료는 고려하지 않는다)

① 약 998,789.55유로
② 약 1,190,140.85유로
③ 약 1,257,386.15유로
④ 약 1,305,765.45유로
⑤ 약 1,447,872.75유로

11 S씨는 2023년 1분기에 1,800,000원을 엔화로 환전한 후, 2023년 4분기에 다시 원화로 환전하였다면, 손해를 본 원화는?(단, 환전수수료는 고려하지 않고 백 원 단위에서 반올림한다)

① 6,000원
② 9,000원
③ 12,000원
④ 15,000원
⑤ 20,000원

12 지수는 짝수일마다 통장에 10,000원씩 저축한다. 11월 1일부터 30일까지 저축한 금액이 얼마인지 알아보려고 할 때 ⓐ, ⓑ, ⓒ에 들어갈 내용이 바르게 연결된 것은?(단, 현재 통장잔액은 0원이다)

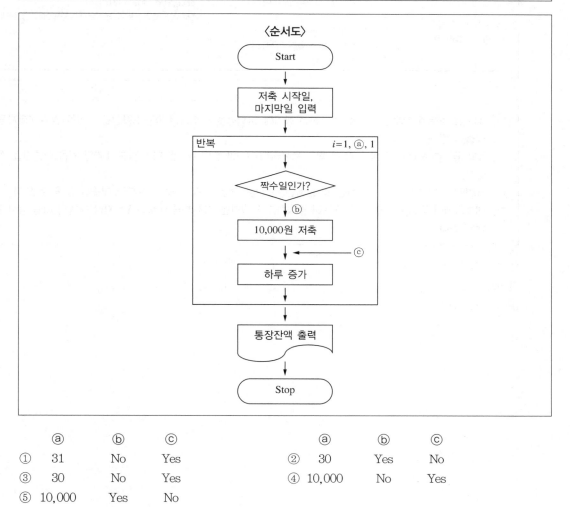

	ⓐ	ⓑ	ⓒ		ⓐ	ⓑ	ⓒ
①	31	No	Yes	②	30	Yes	No
③	30	No	Yes	④	10,000	No	Yes
⑤	10,000	Yes	No				

13 다음 국내 대학(원) 재학생 학자금 대출 조건을 근거로 판단할 때, 〈보기〉에서 옳은 것을 모두 고르면?[단, 갑 ~ 병은 국내 대학(원)의 재학생이다]

<국내 대학(원) 재학생 학자금 대출 조건>

구분		X학자금 대출	Y학자금 대출
신청 대상	신청 연령	35세 이하	55세 이하
	성적 기준	직전 학기 12학점 이상 이수 및 평균 C학점 이상(단, 장애인, 졸업학년인 경우 이수학점 기준 면제)	직전 학기 12학점 이상 이수 및 평균 C학점 이상 (단, 대학원생, 장애인, 졸업학년인 경우 이수학점 기준 면제)
	가구소득 기준	소득 1 ~ 8분위	소득 9 ~ 10분위
	신용 요건	제한 없음	금융채무불이행자, 저신용자 대출 불가
대출 한도	등록금	학기당 소요액 전액	학기당 소요액 전액
	생활비	학기당 150만 원	학기당 100만 원

상환 사항	상환 방식 (졸업 후)	• 기준소득을 초과하는 소득 발생 이전
		  : 유예
		• 기준소득을 초과하는 소득 발생 이후
		  : 기준소득 초과분의 20%를 원천징수
		※ 기준소득 : 연 n천만 원
			• 졸업 직후 매월 상환
			• 원금균등분할상환과 원리금균등분할상환 중 선택

〈보기〉

ㄱ. 34세로 소득 7분위인 대학생 갑이 직전 학기에 14학점을 이수하여 평균 B학점을 받았을 경우 X학자금 대출을 받을 수 있다.

ㄴ. X학자금 대출 대상이 된 을의 한 학기 등록금이 300만 원일 때, 한 학기당 총 450만 원을 대출받을 수 있다.

ㄷ. 50세로 소득 9분위인 대학원생 병(장애인)은 신용 요건에 관계없이 Y학자금 대출을 받을 수 있다.

ㄹ. 대출금액이 동일하고 졸업 후 소득이 발생하지 않았다면, X학자금 대출과 Y학자금 대출의 매월 상환금액은 같다.

① ㄱ, ㄴ
② ㄱ, ㄷ
③ ㄷ, ㄹ
④ ㄱ, ㄴ, ㄹ
⑤ ㄴ, ㄷ, ㄹ

14 다음을 토대로 판단한 내용으로 가장 적절한 것은?

> 환율이 1달러당 1,250원일 때 M사 ○○버거가 미국에서는 2.5달러에 판매되고, 한국에서는 2,500원에 판매된다.

① 원화의 평가절하로 우리나라의 햄버거 구매력 지수가 미국보다 상대적으로 낮다.
② 원화의 평가절상으로 우리나라의 햄버거 구매력 지수가 미국보다 상대적으로 높다.
③ 미국의 2.5달러를 기준으로 한국에서 판매할 경우 최소한 3천 원에 팔아야 한다.
④ 위 조건이라면 한국보다 미국은 대일(對日) 수입이 유리하다.
⑤ 햄버거 구매력 지수 비교는 차익거래를 가정하고 만들어졌다.

15 다음 환율 상승에 따른 변화에 대한 〈보기〉의 설명 중 옳은 것을 모두 고르면?

> ─────〈보기〉─────
> ㄱ. 우리나라에서 판매 중인 수입품의 가격이 하락한다.
> ㄴ. 외국에 수출하고 있는 우리나라 제품의 가격이 하락한다.
> ㄷ. 국내 여행 중인 외국인 관광객이 증가한다.
> ㄹ. 내국인의 외국 여행이 증가한다.

① ㄱ, ㄴ   ② ㄱ, ㄷ
③ ㄴ, ㄷ   ④ ㄴ, ㄹ
⑤ ㄷ, ㄹ

16 수현이는 10원짜리 2개, 50원짜리 1개, 100원짜리 2개, 500원짜리 1개를 가지고 있다. 이때 수현이가 지불할 수 있는 금액의 경우의 수는?(단, 0원은 지불금액에 포함하지 않는다)

① 32가지   ② 33가지
③ 34가지   ④ 35가지
⑤ 36가지

17 다음 글의 내용으로 적절하지 않은 것은?

경제학에서는 가격이 한계 비용과 일치할 때를 가장 이상적인 상태라고 본다. '한계 비용'이란 재화의 생산량을 한 단위 증가시킬 때 추가되는 비용을 말한다. 한계 비용 곡선과 수요 곡선이 만나는 점에서 가격이 정해지면 재화의 생산 과정에 들어가는 자원이 낭비 없이 효율적으로 배분되며, 이때 사회 전체의 만족도가 가장 커진다. 가격이 한계 비용보다 높아지면 상대적으로 높은 가격으로 인해 수요량이 줄면서 거래량이 따라 줄고, 결과적으로 생산량도 감소한다. 이는 사회 전체의 관점에서 볼 때 자원이 효율적으로 배분되지 못하는 상황이므로 사회 전체의 만족도가 떨어지는 결과를 낳는다.

위에서 설명한 일반 재화와 마찬가지로 수도, 전기, 철도와 같은 공익 서비스도 자원배분의 효율성을 생각하면 한계 비용 수준으로 가격(＝공공요금)을 결정하는 것이 바람직하다. 대부분의 공익 서비스는 초기 시설 투자비용은 막대한 반면 한계 비용은 매우 적다. 이러한 경우, 한계 비용으로 공공요금을 결정하면 공익 서비스를 제공하는 기업은 손실을 볼 수 있다.

예컨대 초기 시설 투자비용이 6억 달러이고, 톤당 1달러의 한계 비용으로 수돗물을 생산하는 상수도 서비스를 가정해보자. 이때 수돗물 생산량을 '1톤, 2톤, 3톤, …'으로 늘리면 총비용은 '6억 1달러, 6억 2달러, 6억 3달러, …'로 늘어나고, 톤당 평균 비용은 '6억 1달러, 3억 1달러, 2억 1달러, …'로 지속적으로 줄어든다. 그렇지만 평균 비용이 계속 줄어들더라도 한계 비용 아래로는 결코 내려가지 않는다. 따라서 한계 비용으로 수도 요금을 결정하면 총비용보다 총수입이 적으므로 수도 사업자는 손실을 보게 된다.

이를 해결하는 방법에는 크게 두 가지가 있다. 하나는 정부가 공익 서비스 제공 기업에 손실분만큼 보조금을 주는 것이고, 다른 하나는 공공요금을 평균 비용 수준으로 정하는 것이다. 전자의 경우 보조금을 세금으로 충당한다면 다른 부문에 들어갈 재원이 줄어드는 문제가 있다. 평균 비용 곡선과 수요 곡선이 교차하는 점에서 요금을 정하는 후자의 경우에는 총수입과 총비용이 같아져 기업이 손실을 보지는 않는다. 그러나 요금이 한계 비용보다 높기 때문에 사회 전체의 관점에서 자원의 효율적 배분에 문제가 생긴다.

① 자원이 효율적으로 배분될 때 사회 전체의 만족도가 극대화된다.

② 가격이 한계 비용보다 높은 경우에는 한계 비용과 같은 경우에 비해 결국 그 재화의 생산량이 줄어든다.

③ 공익 서비스와 일반 재화의 생산 과정에서 자원을 효율적으로 배분하기 위한 조건은 서로 같다.

④ 정부는 공공요금을 한계 비용 수준으로 유지하기 위하여 보조금 정책을 펼 수 있다.

⑤ 평균 비용이 한계 비용보다 큰 경우, 공공요금을 평균 비용 수준에서 결정하면 자원의 낭비를 방지할 수 있다.

18 다음 〈보기〉는 이번 주 기온에 대한 정보이다. 함수를 〈조건〉과 같이 정의할 때, 일교차가 가장 큰 값을 구하는 수식은?

---〈조건〉---

- 쇼(범위1, 조건, 범위2) : 범위1에서 조건을 충족하는 셀과 같은 행에 있는 범위2 셀의 합을 구하는 함수
- ○(셀1, 셀2) : 셀1과 셀2의 차를 구하는 함수
- ▲(범위) : 범위에서 가장 큰 값을 구하는 함수
- ▽(범위) : 범위에서 가장 작은 값을 구하는 함수
- ♡(셀1, 셀2, ⋯) : 셀의 합을 구하는 함수

---〈보기〉---

	A	B	C
1	요일	최고기온	최저기온
2	월	12	1
3	화	11	2
4	수	7	3
5	목	9	2
6	금	6	1
7	토	10	3
8	일	9	2

① = 쇼(A2 : A8, "월", C2 : C8)

② = ○(B2, C2)

③ = ♡(B2, C2)

④ = ▽(B2 : B8 − C2 : C8)

⑤ = ▲(B2 : B8 − C2 : C8)

19 직장인 H는 S은행 적금 베스트 상품 중 하나에 가입하려고 한다. 다음 3가지 상품 정보와 〈조건〉을 참고할 때, 가장 높은 이자를 받을 수 있는 적금 상품과 이자금액을 구하면?[단, 이자 소득에 대한 세금은 고려하지 않으며, $\dfrac{0.023}{12}=0.0019$, $\left(1+\dfrac{0.023}{12}\right)^{24}=1.047$, $1.026^{\frac{1}{12}}=1.002$, $1.026^2=1.05$로 계산하고, 소수점 셋째 자리에서 반올림한다]

<S은행 적금 베스트 3종>

구분	S직장인 월 복리 적금	e금리우대적금	S쏠쏠적금
상품유형	목돈 모으기		
상품특징	급여이체 및 교차거래 실적에 따라 금리가 우대되는 직장인 전용 월 복리 상품	당행 대표 비대면 적금 상품	S은행 S쏠쏠 신용카드 보유고객 대상 우대금리를 제공하는 S쏠쏠 패키지 내 자유적립식 상품
가입대상	만 18세 이상 개인	개인(1인 1계좌)	당행 S쏠쏠 신용카드를 보유한 개인(1인 1계좌)
가입기간	12개월 이상 36개월 이내 (월 단위)	12개월 이상 36개월 이내 (월 단위)	12개월 이상 36개월 이내 (월 단위)
예금자보호 여부	○	○	○
우대금리 (연 %p)	− 급여이체 여성 연계상품 : 0.3 − 당행 주택청약종합저축(청약저축 포함) 또는 적립식 펀드 중 1개 이상 가입 : 0.2 − 당행 신용 또는 체크카드 결제실적 100만 원 이상 : 0.3	− 급여이체 여성 연계상품 : 0.1 − 당행 신용 또는 체크카드 사용 : 0.1 − 당행 적립식 펀드 1개 이상 가입 : 0.2	− 급여이체 여성 연계상품 : 0.1 − S쏠쏠 신용카드 실적 월 30만 원 이상 50만 원 미만 : 0.1 (50만 원 이상 : 0.2) − S쏠쏠 패키지대출 보유 시 : 0.1
기본금리(연 %)	1.8	2.2	1.8

※ S직장인 월 복리 적금 외의 상품은 연 복리 적금 상품임

───〈조건〉───
- 직장인 H는 여성이다.
- S쏠쏠 신용카드로 매월 30만 원에서 40만 원 정도 사용한다.
- 급여이체로 S은행을 이용하고 있다.
- 당행 적립식 펀드를 가입한 지 3개월이 되었다.
- 매월 초 30만 원씩 자동이체로 2년 동안 적금 가입을 원한다.

	적금 상품	이자금액		적금 상품	이자금액
①	S직장인 월 복리적금	315,000원	②	e금리우대적금	315,000원
③	S직장인 월 복리적금	234,000원	④	e금리우대적금	234,000원
⑤	S쏠쏠적금	324,000원			

20 다음은 지역별 해외직접투자 현황에 대한 자료이다. 이에 대한 설명으로 옳지 않은 것은?

〈2022년 지역별 해외직접투자 현황〉

구분	신고건수(건)	신규법인 수(개)	신고금액(천 달러)	송금횟수(건)	투자금액(천 달러)
아시아	7,483	2,322	15,355,762	10,550	12,285,835
북미	1,925	560	14,380,926	2,621	15,765,726
중남미	583	131	8,986,726	813	7,000,207
유럽	966	269	8,523,533	1,173	6,843,634
대양주	172	60	1,110,459	285	912,932
중동	210	46	794,050	323	651,912
아프리카	131	23	276,180	138	236,103
합계	11,470	3,411	49,427,636	15,903	43,696,349

〈2023년 지역별 해외직접투자 현황〉

구분	신고건수(건)	신규법인 수(개)	신고금액(천 달러)	송금횟수(건)	투자금액(천 달러)
아시아	8,089	2,397	21,055,401	11,086	16,970,910
북미	2,028	568	14,444,840	2,638	11,328,002
중남미	679	138	7,869,775	865	8,137,758
유럽	1,348	326	14,348,891	1,569	11,684,820
대양주	241	65	495,375	313	663,007
중동	173	24	901,403	293	840,431
아프리카	149	22	147,318	185	156,667
합계	12,707	3,540	59,263,003	16,949	49,781,595

① 2022년 전체 송금횟수 중 북미와 중남미에서 송금한 횟수의 비율은 2023년의 비율보다 높다.
② 2023년 전년 대비 신규법인 수가 가장 많이 증가한 지역의 2023년 투자금액은 전체 지역 중 3위로 많다.
③ 2022년 아시아 신고금액은 대양주, 중동, 아프리카의 신고금액을 합한 것보다 120억 달러 이상 많다.
④ 2023년 전년 대비 신고건수 비율이 증가한 지역 중 세 번째로 높은 증가율을 보인 지역은 중남미이다.
⑤ 유럽의 2022년 신고건수당 신고금액은 2023년보다 1,500천 달러 이상 적다.

21 S기업 대외협력처 A과장, B대리, C대리, D주임, E주임, F주임, G사원 7명은 항공편을 이용해 멕시코로 출장을 가게 되었다. 대외협력처 직원들이 다음 〈조건〉에 따라 항공기의 1열 A석부터 3열 C석까지의 좌석에 앉는다고 할 때, 반드시 참인 것은?

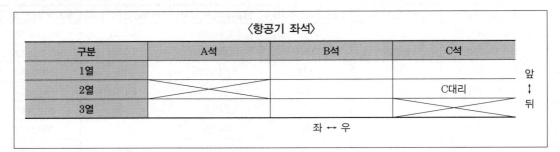

〈항공기 좌석〉

구분	A석	B석	C석	
1열				앞
2열	✕		C대리	↕
3열			✕	뒤

좌 ↔ 우

─〈조건〉─

- C대리는 2열 C석에 앉는다.
- 2열 A석과 3열 C석은 다른 승객이 이미 앉은 좌석이므로 대외협력처 직원이 앉을 수 없다.
- A과장은 3열에 앉는다.
- 사원은 대리보다 앞쪽에 앉는다.
- E주임은 이동 중 보고할 사항이 있으므로 B대리의 옆 좌석에 앉아야 한다.
- 대리끼리는 이웃해 앉을 수 없다.
- 이웃해 앉는다는 것은 앞뒤 혹은 좌우로 붙어 앉는 것을 의미한다.

① B대리가 1열 B석에 앉는다면 E주임은 1열 C석에 앉는다.
② A과장이 3열 A석에 앉는다면 F주임은 3열 B석에 앉는다.
③ G사원과 F주임은 이웃해 앉는다.
④ D주임은 F주임과 이웃해 앉을 수 없다.
⑤ E주임이 1열 A석에 앉는다면 G사원은 1열 C석에 앉는다.

22 다음 글을 읽고 추론한 내용으로 가장 적절한 것은?

> 모필은 붓을 말한다. 이 붓은 종이, 먹과 함께 문인들이 인격화해 불렀던 문방사우(文房四友)에 속하는데, 문인들은 이것을 품성과 진리를 탐구하는 데에 없어서는 안 되는 중요한 벗으로 여기고 이것들로 글씨를 쓰거나 그림을 그렸다. 이렇게 그려진 그림을 동양에서는 문인화(文人畵)라 불렀으며 이 방면에 뛰어난 면모를 보인 이들을 문인화가라고 지칭했다. 그리고 문인들은 화공(畵工)과는 달리 그림을, 심성을 기르고 심의(心意)와 감흥을 표현하는 교양적 매체로 보고, 전문적이고 정교한 기법이나 기교에 바탕을 둔 장식적인 채색풍을 의식적으로 멀리했다. 또한 시나 서예와의 관계를 중시하여 시서화일치(詩書畵一致)의 경지를 지향하고, 대상물의 정신과 고매한 인품을 지닌 작가의 내면을 구현하는 것이 그림이라고 보았다. 이런 의미에서 모필로 대표되는 지·필·묵(紙·筆·墨, 종이·붓·먹)은 문인들이 자신의 세계를 표현하는 데 알맞은 재료가 되면서 동양의 문화현상으로 자리 잡게 되었던 것이다.
>
> 중국 명나라 말기의 대표적 문인인 동기창(董其昌)은 정통적인 화공들의 그림보다 문인사대부들이 그린 그림을 더 높이 평가했다. 동양에서 전문적인 화공의 그림과 문인사대부들의 그림이 대립되는 양상을 형성한 것은 이에서 비롯되는데, 이처럼 두 개의 회화적 전통이 성립된 곳은 오로지 극동 문화권뿐이다. 전문 화가들의 그림보다 아마추어격인 문인사대부들의 그림을 더 높이 사는 이러한 풍조야말로 동양 특유의 문화 현상에서만 나타나는 것이다.
>
> 동양에서 지·필·묵은 단순한 그림의 재료라는 좁은 영역에 머무는 것이 아니라 동양의 문화를 대표한다는 보다 포괄적인 의미를 지닌다. 지·필·묵이 단순한 도구나 재료의 의미를 벗어나 그것을 통해 파생되는 모든 문화적 현상 자체를 대표하는 것이다. 나아가 수학(修學)의 도구로 사용되었던 지·필·묵이 점차 자신의 생각과 예술을 담아내는 표현수단으로 발전하면서 이미 그것은 단순한 도구가 아니라 하나의 사유 매체로서 기능을 하게 되었다. 말하자면 종이와 붓과 먹을 통해 사유하게 되었다는 것이다.

① 동기창(董其昌)은 정교한 기법이나 기교에 바탕을 둔 그림을 높이 평가했을 것이다.
② 동양 문화와 같이 서양 문화에도 두 개의 회화적 전통이 성립되어 있었을 것이다.
③ 정통적인 화공(畵工)들은 주로 문인화(文人畵)를 그렸을 것이다.
④ 서양 문화에서는 문인사대부들보다 전문 화가들의 그림을 더 높게 평가할 것이다.
⑤ 지·필·묵은 동서양의 문화적 차이를 극복하고 사유 매체로서의 기능을 담당하였을 것이다.

23 다음 중 거시경제의 총수요와 총공급에 대한 설명으로 옳은 것은?

① 명목임금 경직성하에서 물가수준이 하락하면 기업이윤이 줄어들어서 기업들의 재화와 서비스 공급이 감소하므로 단기총공급곡선은 왼쪽으로 이동한다.
② 폐쇄경제에서 확장적 재정정책의 구축효과는 변동환율제도에서 동일한 정책의 구축효과보다 더 크게 나타날 수 있다.
③ 케인스의 유동성 선호이론에 의하면 경제가 유동성 함정에 빠지는 경우 추가적 화폐공급이 투자적 화폐수요로 모두 흡수된다.
④ 장기균형 상태에 있던 경제에 원유가격이 일시적으로 상승하면 장기적으로 물가는 상승하고 국민소득은 감소한다.
⑤ 단기 경기변동에서 소비와 투자가 모두 경기순응적이며, 소비의 변동성은 투자의 변동성보다 크다.

24 다음은 2022년과 2023년의 국가별 국토 면적 현황에 대한 자료이다. 이에 대한 〈보기〉의 설명 중 옳은 것을 모두 고르면?(단, 소수점 둘째 자리에서 반올림한다)

〈2022년 국토 면적 현황〉

(단위 : 천 ha)

구분	총면적	육지 면적	농경지	경지	과수원	비농경지
한국	10,034	9,749	1,644	1,421	223	8,105
중국	960,001	942,470	135,698	119,492	16,206	806,772
인도	328,726	297,319	169,463	156,463	13,000	127,856
일본	37,797	36,456	4,471	4,184	287	31,985
필리핀	30,000	29,817	10,940	5,590	5,350	18,877
대만	3,596	3,541	794	589	205	2,747

〈2023년 국토 면적 현황〉

(단위 : 천 ha)

구분	총면적	육지 면적	농경지	경지	과수원	비농경지
한국	10,036	9,751	1,621	1,397	224	8,130
중국	960,001	942,470	135,697	119,491	16,206	806,773
인도	328,726	297,319	169,463	156,463	13,000	127,856
일본	37,797	36,456	4,444	4,161	283	32,012
필리핀	30,000	29,817	10,940	5,590	5,350	18,877
대만	3,596	3,541	793	588	205	2,748

※ [육지 면적 비율(%)] $= \dfrac{(육지\ 면적)}{(총면적)} \times 100$

※ [농경지 비율(%)] $= \dfrac{(농경지)}{(육지\ 면적)} \times 100$

※ [경지 비율(%)] $= \dfrac{(경지)}{(육지\ 면적)} \times 100 = \dfrac{(경지)}{(농경지)+(비농경지)} \times 100$

〈보기〉

ㄱ. 2022년 한국 농경지 비율과 2023년 중국 농경지 비율의 차이는 2%p 이상이다.
ㄴ. 2022년 경지 비율이 가장 낮은 국가의 같은 해 총면적에서 육지 면적 비율은 95% 미만이다.
ㄷ. 2023년 총면적이 전년 대비 증가한 국가의 농경지 면적은 감소하고, 비농경지 면적은 증가했다.
ㄹ. 2023년 농경지가 전년 대비 감소한 국가 중 경지와 과수원 면적이 모두 감소한 국가는 50% 이상이다.

---

① ㄱ   ② ㄷ

③ ㄱ, ㄴ   ④ ㄱ, ㄷ

⑤ ㄴ, ㄹ

25 다음 중 재화의 종류와 예시를 바르게 짝지은 것은?

① 보완재 – 자동차, 휘발유   ② 보완재 – 데스크탑, 노트북

③ 대체재 – 삼겹살, 상추   ④ 대체재 – 경찰서, 소방서

⑤ 자유재 – 공기, 공원

                                             제1회 모의고사

26 다음은 최근 12일 동안의 최고기온과 최저기온에 대한 자료이다. 함수를 〈조건〉과 같이 정의할 때, 가장 큰 일교차를 구하는 함수로 옳은 것은?

〈최근 12일 내 최저기온, 최고기온〉

	A	B	C
1	요일	최고기온(℃)	최저기온(℃)
2	월요일	18	11
3	화요일	20	12
4	수요일	21	14
5	목요일	19	8
6	금요일	22	9
7	토요일	20	12
8	일요일	21	13
9	월요일	24	10
10	화요일	23	11
12	수요일	19	10
12	목요일	21	11
13	금요일	20	13

〈조건〉

- ◇(인수1, 인수2, …) : 인수들의 최솟값을 구하는 함수
- ☆(인수1, 인수2, …) : 인수들의 최댓값을 구하는 함수
- {함수} : 배열(범위)로 구성된 함수끼리 계산할 때 적용하는 함수

① $= ☆(B2:B13) - ☆(C2:C13)$

② $\{= ◇(B2:B13) - ◇(C2:C13)\}$

③ $= ☆(B2:B13) - ◇(C2:C13)$

④ $\{= ☆(B2:B13 - C2:C13)\}$

⑤ $= ☆(B2:B13 - C2:C13)$

27 다음은 S은행의 계좌번호 생성 방법이다. 이를 통해 생성한 계좌번호와 그에 대한 내용으로 옳지 않은 것은?

〈계좌번호 생성 방법〉

000-00-000000
- 1 ~ 3번째 자리 : 지점번호
- 4 ~ 5번째 자리 : 계정과목
- 6 ~ 10번째 자리 : 일련번호(지점 내 발급 순서)
- 11번째 자리 : 체크기호(난수)

〈지점번호〉

지점	번호	지점	번호	지점	번호
국회	736	영등포	123	동대문	427
당산	486	삼성역	318	종로	553
여의도	583	신사동	271	보광동	110
신길동	954	청담동	152	신용산	294

〈계정과목〉

계정과목	보통예금	저축예금	적금	당좌예금	가계종합	기업자유
번호	01	02	04	05	06	07

---

① 271-04-540616 : S은행의 신사동지점에서 발행된 계좌번호이다.

② 553-01-480157 : 입금과 인출을 자유롭게 할 수 있는 통장을 개설하였다.

③ 954-04-126541 : 일정한 금액을 주기적으로 불입하는 조건으로 개설했다.

④ 294-05-004325 : 신용산지점에서 4,325번째 개설된 당좌예금이다.

⑤ 427-02-040483 : 마지막 자리 숫자 3은 앞의 10자리 숫자가 정확하게 기재되었는지 오류를 확인할 수 있는 기호이다.

28 다음은 어린이 안전지킴이집 현황에 대한 자료이다. 이에 대한 〈보기〉의 설명 중 옳지 않은 것을 모두 고르면?

〈어린이 안전지킴이집 현황〉

(단위 : 개)

구분		2019년	2020년	2021년	2022년	2023년
선정위치별	유치원	2,151	1,731	1,516	1,381	1,373
	학교	10,799	9,107	7,875	7,700	7,270
	아파트단지	2,730	2,390	2,359	2,460	2,356
	놀이터	777	818	708	665	627
	공원	1,044	896	893	958	918
	통학로	6,593	7,040	7,050	7,348	7,661
	합계	24,094	21,982	20,401	20,512	20,205
선정업소 형태별	24시 편의점	3,013	2,653	2,575	2,528	2,542
	약국	1,898	1,708	1,628	1,631	1,546
	문구점	4,311	3,840	3,285	3,137	3,012
	상가	9,173	7,707	6,999	6,783	6,770
	기타	5,699	6,074	5,914	6,433	6,335
	합계	24,094	21,982	20,401	20,512	20,205

〈보기〉

ㄱ. 선정위치별 어린이 안전지킴이집의 경우 통학로를 제외한 모든 곳에서 매년 감소하고 있다.
ㄴ. 선정업소 형태별 어린이 안전지킴이집 중 2019년 대비 2023년에 가장 많이 감소한 업소 형태는 상가이다.
ㄷ. 2022년 대비 2023년의 학교 안전지킴이집의 감소율은 2022년 대비 2023년의 유치원 안전지킴이집 감소율의 10배 이상이다.
ㄹ. 2023년 선정업소 형태별 전체 어린이 안전지킴이집 중 24시 편의점이 차지하는 비중은 2022년보다 감소하였다.

① ㄱ, ㄴ
② ㄱ, ㄹ
③ ㄴ, ㄷ
④ ㄱ, ㄴ, ㄹ
⑤ ㄱ, ㄷ, ㄹ

특허권은 발명에 대한 정보의 소유자가 특허 출원 및 담당관청의 심사를 통하여 획득한 특허를 일정 기간 독점적으로 사용할 수 있는 법률상 권리를 말한다. 한편 영업 비밀은 생산 방법, 판매 방법, 그 밖에 영업 활동에 유용한 기술상 또는 경영상의 정보 등으로, 일정 조건을 갖추면 법으로 보호받을 수 있다. 법으로 보호되는 특허권과 영업 비밀은 모두 지식 재산인데, 정보 통신 기술(ICT) 산업은 이 같은 지식 재산을 기반으로 창출된다. 지식 재산 보호 문제와 더불어 최근에는 ICT 다국적 기업이 지식 재산으로 거두는 수입에 대한 과세 문제가 불거지고 있다.

일부 국가에서는 ICT 다국적 기업에 대해 ㉠ 디지털세 도입을 진행 중이다. 디지털세는 이를 도입한 국가에서 ICT 다국적 기업이 거둔 수입에 대해 부과되는 세금이다. 디지털세의 배경에는 법인세 감소에 대한 각국의 우려가 있다. 법인세는 국가가 기업으로부터 걷는 세금 중 가장 중요한 것으로, 재화나 서비스의 판매 등을 통해 거둔 수입에서 제반 비용을 제외하고 남은 이윤에 대해 부과하는 세금이라 할 수 있다.

많은 ICT 다국적 기업이 법인세율이 현저하게 낮은 국가에 자회사를 설립하고 그 자회사에 이윤을 몰아주는 방식으로 법인세를 회피한다는 비판이 있어 왔다. 예를 들면 ICT 다국적 기업 Z사는 법인세율이 매우 낮은 A국에 자회사를 세워 특허의 사용 권한을 부여한다. 그리고 법인세율이 A국보다 높은 B국에 설립된 Z사의 자회사에서 특허 사용으로 수입이 발생하면 Z사는 B국의 자회사로 하여금 A국의 자회사에 특허 사용에 대한 수수료인 로열티를 지출하도록 한다. 그 결과 Z사는 B국의 자회사에 법인세가 부과될 이윤을 최소화한다. ICT 다국적 기업의 본사를 많이 보유한 국가에서도 해당 기업에 대한 법인세 징수는 문제가 된다. 그러나 그중 어떤 국가들은 ICT 다국적 기업의 활동이 해당 산업에서 자국이 주도권을 유지하는 데 중요하기 때문에라도 디지털세 도입에는 방어적이다.

ICT 산업을 주도하는 국가에서 더 중요한 문제는 ICT 지식 재산 보호의 국제적 강화일 수 있다. 이론적으로 봤을 때 지식 재산의 보호가 약할수록 유용한 지식 창출의 유인이 저해되어 지식의 진보가 정체되고, 지식 재산의 보호가 강할수록 해당 지식에 대한 접근을 막아 소수의 사람만이 혜택을 보게 된다. 전자로 발생한 손해를 유인 비용, 후자로 발생한 손해를 접근 비용이라고 한다면 지식 재산 보호의 최적 수준은 두 비용의 합이 최소가 될 때일 것이다. 각국은 그 수준에서 자국의 지식 재산 보호 수준을 설정한다. 특허 보호 정도와 국민 소득의 관계를 보여 주는 한 연구에서는 국민 소득이 일정 수준 이상인 상태에서는 국민 소득이 증가할수록 특허 보호 정도가 강해지는 경향이 있지만, 가장 낮은 소득 수준을 벗어난 국가들은 그들보다 소득 수준이 낮은 국가들보다 오히려 특허 보호가 약한 것으로 나타났다. 이는 지식 재산 보호의 최적 수준에 대해서도 국가별 입장이 다름을 시사한다.

29 다음 중 윗글에서 알 수 있는 내용으로 적절하지 않은 것은?

① 영업 비밀의 범위
② 디지털세를 도입하게 된 배경
③ 법으로 보호되는 특허권과 영업 비밀의 공통점
④ 영업 비밀이 법적 보호 대상으로 인정받기 위한 절차
⑤ 이론적으로 지식 재산 보호의 최적 수준을 설정하는 기준

30 다음 중 윗글의 ㉠에 대한 설명으로 적절하지 않은 것은?

① 여러 국가에 자회사를 설립하는 것과 관련이 있다.
② 도입된 국가에서 ICT 다국적 기업이 거둔 수입에 대해 부과된다.
③ 지식 재산 보호와는 관련이 없다.
④ 법인세 감소에 대한 우려가 디지털세를 도입하게 된 배경이다.
⑤ ICT 다국적 기업의 본사를 많이 보유한 국가 중에는 디지털세 도입에 방어적인 곳이 있다.

31 다음은 노동의 수요 공급곡선을 나타낸 그래프이다. 최저임금이 W_1에서 W_2가 되었을 때, 비자발적 실업자 수는 몇 명인가?

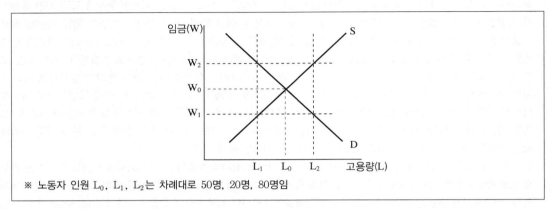

※ 노동자 인원 L_0, L_1, L_2는 차례대로 50명, 20명, 80명임

① 30명
② 60명
③ 70명
④ 100명
⑤ 120명

32 해외지사에서 근무하는 직원들 중 업무성과가 우수한 직원을 선발하여 국내로 초청하고자 한다. 다음 자료를 토대로 각국 직원들이 국내에 도착하는 순서로 가장 적절한 것은?

〈각국 해외지사 직원들의 비행 스케줄〉

출발지	출발지 기준 이륙시각	비행시간(출발지 → 대한민국)
독일(뮌헨)	10월 6일(목) 오후 04:20	11시간 30분
인도(뉴델리)	10월 6일(목) 오후 10:10	8시간 30분
미국(뉴욕)	10월 6일(목) 오전 07:40	14시간

〈동일시점에서의 각국의 현지시각〉

국가	현지시각
대한민국(서울)	10월 6일(목) 오전 06:20
독일(뮌헨)	10월 5일(수) 오후 11:20
인도(뉴델리)	10월 6일(목) 오전 03:50
미국(뉴욕)	10월 5일(수) 오후 05:20

① 인도 – 독일 – 미국
② 인도 – 미국 – 독일
③ 미국 – 독일 – 인도
④ 미국 – 인도 – 독일
⑤ 독일 – 미국 – 인도

33 세미나에 참석한 A사원, B사원, C주임, D주임, E대리는 각자 숙소를 배정받았다. A사원, D주임은 여자이고, B사원, C주임, E대리는 남자이다. 제시된 〈조건〉과 같이 숙소가 배정되었을 때, 다음 중 항상 옳지 않은 것은?

┌─────────────────── 〈조건〉 ───────────────────┐
- 숙소는 5층이며 각 층마다 1명씩 배정한다.
- E대리의 숙소는 D주임의 숙소보다 위층이다.
- 1층에는 주임을 배정한다.
- 1층과 3층에는 남직원을 배정한다.
- 5층에는 사원을 배정한다.
└───┘

① D주임은 2층에 배정된다.
② 5층에 A사원이 배정되면 4층에 B사원이 배정된다.
③ 5층에 B사원이 배정되면 4층에 A사원이 배정된다.
④ C주임은 1층에 배정된다.
⑤ 5층에 B사원이 배정되면 3층에 E대리가 배정된다.

34 다음 〈보기〉와 같은 폐쇄경제의 IS-LM 모형을 전제할 경우, 빈칸에 들어갈 용어로 옳은 것은?

┌─────────────────── 〈보기〉 ───────────────────┐
- IS 곡선 : $r=5-0.1Y$ (단, r은 이자율, Y는 국민소득)
- LM 곡선 : $r=0.1Y$
- 현재 경제상태가 국민소득은 30이고 이자율이 2.5라면, 상품시장은 ___㉠___ (이)고 화폐시장은 ___㉡___ 이다.
└───┘

	㉠	㉡		㉠	㉡
①	균형	균형	②	초과수요	초과수요
③	초과수요	초과공급	④	초과공급	초과수요
⑤	초과공급	초과공급			

35 S통신, L통신, K통신 3사는 모두 A ~ G카드와의 제휴를 통해 전월에 일정 금액 이상 카드 사용 시 통신비를 할인해주고 있다. 통신비의 할인조건과 최대 할인금액이 다음과 같을 때, 이에 대한 내용으로 가장 적절한 것은?

제휴카드	통신사	최대 할인금액	할인조건
A카드	S통신	20,000원	• 전월 카드 사용 100만 원 이상 시 2만 원 할인 • 전월 카드 사용 50만 원 이상 시 1만 원 할인
	L통신	9,000원	• 전월 카드 사용 30만 원 이상 시 할인
	K통신	8,000원	• 전월 카드 사용 30만 원 이상 시 할인
B카드	S통신	20,000원	• 전월 카드 사용 100만 원 이상 시 2만 원 할인 • 전월 카드 사용 50만 원 이상 시 1만 원 할인
	L통신	9,000원	• 전월 카드 사용 30만 원 이상 시 할인
	K통신	9,000원	• 전월 카드 사용 50만 원 이상 시 9천 원 할인 • 전월 카드 사용 30만 원 이상 시 6천 원 할인
C카드	S통신	22,000원	• 전월 카드 사용 100만 원 이상 시 2.2만 원 할인 • 전월 카드 사용 50만 원 이상 시 1만 원 할인 • 전월 카드 1회 사용 시 5천 원 할인
D카드	L통신	9,000원	• 전월 카드 사용 30만 원 이상 시 할인
	K통신	9,000원	• 전월 카드 사용 30만 원 이상 시 할인
E카드	K통신	8,000원	• 전월 카드 사용 30만 원 이상 시 할인
F카드	K통신	15,000원	• 전월 카드 사용 50만 원 이상 시 할인
G카드	L통신	15,000원	• 전월 카드 사용 70만 원 이상 시 1.5만 원 할인 • 전월 카드 사용 30만 원 이상 시 1만 원 할인

① S통신을 이용할 경우 가장 많은 통신비를 할인받을 수 있는 제휴카드는 A카드이다.
② 전월에 33만 원을 사용했을 경우 L통신에 대한 할인액은 G카드보다 D카드가 더 많다.
③ 전월에 52만 원을 사용했을 경우 K통신에 대한 할인금액이 가장 많은 제휴카드는 F카드이다.
④ S통신의 모든 제휴카드는 전월 실적이 50만 원 이상이어야 통신비 할인이 가능하다.
⑤ 전월에 23만 원을 사용했을 경우 K통신에 대해 통신비를 할인받을 수 있는 제휴카드는 1곳이다.

36 다음 글을 읽고 추론한 내용으로 적절하지 않은 것은?

현재 다양한 종류의 라이프로그가 있으며, 개인의 생활방식 변화와 새로운 기술의 출현에 따라 새로운 종류의 라이프로그가 계속 생겨나고 있다. 기본적인 라이프로그에는 사진, 비디오, 문서, 이메일, 일정 등이 있으며, 대화나 모임의 내용, 컴퓨터 사용 내역 등을 기록한 라이프로그도 있다. 또한 센서 기술의 발달로 다양한 센서에서 측정한 값이나 건강상태의 기록 같은 라이프로그도 생겨나고 있다. 개인 정보기기와 저장 기술이 발전하면서 개인 콘텐츠를 손쉽게 생성할 수 있게 되었고, 유비쿼터스 컴퓨팅 기술의 발달로 지속적인 라이프로그 생성이 가능해졌다. 이러한 라이프로그는 효과적인 관리를 통해 개인의 생산성 향상, 소셜 릴레이션십 강화, 문화 수준의 증진, 삶의 질 향상, 개인화된 비즈니스 창출 등 다양한 효과를 기대할 수 있다. 이렇게 라이프로그 관리의 중요성에 대한 인식이 확산되면서 라이프로그를 효과적으로 관리하기 위한 라이프로그 관리 시스템들이 제안되었다.

기존 라이프로그 관리 시스템들은 기반 데이터 모델에 따라 크게 세 가지 부류로 나눌 수 있다. 먼저, 관계 데이터 모델 기반 라이프로그 관리 시스템은 라이프로그를 관계 데이터 모델로 모델링하고, 라이프로그에 관한 질의를 SQL*로 변환해 처리한다. 이러한 시스템은 질의 처리 성능이 뛰어난 반면 라이프로그 간 복잡한 관계에 기반한 관계 질의 처리를 제대로 지원하지 못한다. 반면, 온톨로지 기반 라이프로그 관리 시스템은 라이프로그를 자유로운 구조를 가지는 그래프로 모델링함으로써 복잡한 관계 질의를 가능하게 한다. 하지만 이러한 시스템은 질의 작성이 어렵고 질의 처리 성능이 떨어진다. 마지막으로 구글 데스크톱이나 SIS와 같이 PC에 있는 모든 파일의 메타 데이터와 콘텐츠에 대해 텍스트 인덱스를 생성하고, 이를 기반으로 키워드 질의를 지원하는 파일 기반 라이프로그 관리 시스템도 존재한다. 이러한 시스템들은 라이프로그에 대한 키워드 검색만을 지원할 뿐 관계 질의를 지원하지 못한다.

개별 라이프로그들이 관리되는 상황에서 사람들이 더욱 관심을 가지게 되는 것은 여행, 결혼식, 돌잔치 등 기억에 남는 사건들일 것이다. 라이프로그 관리 시스템은 사용자의 이러한 요구사항을 충족시키기 위해 개별 라이프로그 관리에서 한발 더 나아가 라이프로그 그룹인 라이프 이벤트를 생성·편집·검색·플레이·공유할 수 있는 기능을 제공해야 한다. 기존 라이프로그 관리 시스템들은 라이프로그 그룹을 생성하고 브라우징하기 위한 간단한 기능만을 제공할 뿐 총체적인 라이프 이벤트 관리와 관계 데이터 모델 기반의 라이프로그 관리 시스템과 그 응용 기능을 제공하지 못하고 있다. 사용자 질의에 대해 풍부한 결과를 제공하기 위해서는 수집된 라이프로그에 충분한 정보가 태깅(Tagging)되어 있어야 한다. 또한 라이프로그에 태깅된 정보가 잘못되었을 경우 이를 수정할 수도 있어야 한다. 그러나 기존 라이프로그 관리 시스템에서는 라이프로그에 추가 정보를 간단히 태깅하는 기능만을 제공할 뿐 기존 태그 정보를 수정하는 방법을 제공하고 있지 않거나 편리한 태깅 인터페이스를 제공하지 못하고 있다.

*SQL(Structured Query Language, 구조화 질의어) : 관계형 데이터베이스 관리 시스템에서 자료의 검색과 관리, 데이터베이스 스키마 생성과 수정, 데이터베이스 객체 접근 조정 관리를 위해 고안된 컴퓨터 언어

① 라이프로그는 헬스케어 분야에서 활용될 수 있다.
② 기존의 라이프로그 관리 시스템은 라이프로그 그룹 생성 기능을 갖추지 못했다.
③ 많은 사람들이 라이프로그 관리의 중요성을 인식하고 있다.
④ 기존 라이프로그 관리 시스템은 태깅된 정보 수정에 한계가 있다.
⑤ 라이프로그 간의 관계에 대한 관리가 중요해질 것이다.

37 다음은 개발부에서 근무하는 S사원의 4월 근태기록이다. 규정을 참고할 때, S사원이 받을 시간외근무수당은?(단, 정규근로시간은 09:00 ~ 18:00이다)

〈시간외근무규정〉

- 시간외근무(조기출근 포함)는 1일 4시간, 월 57시간을 초과할 수 없다.
- 시간외근무수당은 1일 1시간 이상 시간외근무를 한 경우에 발생하며, 1시간을 공제한 후 매분 단위까지 합산하여 계산한다(단, 월 단위 계산 시 1시간 미만은 절사함).
- 시간외근무수당 지급단가 : 사원(7,000원), 대리(8,000원), 과장(10,000원)

〈S사원의 4월 근태기록(출근시간 / 퇴근시간)〉

- 4월 1일부터 4월 15일까지의 시간외근무시간은 12시간 50분(1일 1시간 공제 적용)이다.

18일(월)	19일(화)	20일(수)	21일(목)	22일(금)
09:00 / 19:10	09:00 / 18:00	08:00 / 18:20	08:30 / 19:10	09:00 / 18:00
25일(월)	26일(화)	27일(수)	28일(목)	29일(금)
08:00 / 19:30	08:30 / 20:40	08:30 / 19:40	09:00 / 18:00	09:00 / 18:00

※ 주말 특근은 고려하지 않음

① 112,000원 ② 119,000원
③ 126,000원 ④ 133,000원
⑤ 140,000원

38 다음 〈보기〉는 한 전자제품 매장의 11월 고객클레임을 정리한 표이다. 직원 S씨는 클레임 사유 중 '지연'이 원인인 경우가 몇 건인지 알고자 한다. 함수를 〈조건〉과 같이 정의할 때, S씨가 사용할 수식은?

〈보기〉

	A	B	C
1	고객명	성별	클레임 사유
2	권사랑	여	약속 불이행
3	강민석	남	약속 불이행
4	이정아	여	A/S 미흡
5	최우진	남	교환 지연
6	왕석진	남	배송 지연
7	이봄	여	반품 지연 및 불친절

〈조건〉

- □(범위1, 조건1, …) : 범위에서 조건을 충족하는 셀의 개수를 세는 함수
- ○(셀1, x) : 셀1 안의 문자열을 오른쪽으로부터 x만큼 문자를 반환하는 함수
- ♤(조건, 인수1, 인수2) : 조건이 참이면 인수1, 그 외에는 인수2를 반환하는 함수
- ◇(조건, 인수1, 인수2) : 조건이 참이면 인수2, 그 외에는 인수1을 반환하는 함수

① = □(C2 : C7, "*지연*")

② = □(C2 : C7, "지연*")

③ = ○(C2, 2)

④ = ♤(○(C2, 2)="지연", "+1", " ")

⑤ = ◇(○(C2, 2)="지연", "+1", " ")

39 다음 상황을 의미하는 경제용어로 적절한 것은?

> 일본의 장기불황과 미국의 금융위기 사례에서와 같이 금리를 충분히 낮추는 확장적 통화정책을 실시해도 가계와 기업이 시중에 돈을 풀어놓지 않는 상황을 말한다. 특히 일본의 경우 1990년대 제로금리를 고수했음에도 불구하고 소위 '잃어버린 10년'이라고 불리는 장기불황을 겪었다. 불황 탈출을 위해 확장적 통화정책을 실시했지만 경제성장률은 계속 낮았다. 이후 경기 비관론이 팽배해지고 디플레이션이 심화되면서 모든 경제주체가 투자보다는 현금을 보유하려는 유동성 선호경향이 강해졌다.

① 유동성 함정   ② 공개시장조작
③ 죄수의 딜레마   ④ 동태적 비일관성
⑤ 구축효과

40 다음 〈조건〉을 보고 S은행의 대기자들이 업무를 보는 순서를 바르게 나열한 것은?

> ────────〈조건〉────────
> • 예금 대기 순번과 공과금 대기 순번은 별개로 카운트된다.
> • 1인당 업무 처리 시간은 모두 동일하게 주어진다.
> • 예금 창구에서는 2번 대기자가 업무를 보고 있다.
> • 공과금 창구에서는 3번 대기자가 업무를 보고 있다.
> • A는 예금 업무를 보려고 한다.
> • A보다 B, D가 늦게 발권하였다.
> • B의 다음 대기자는 C이다.
> • D는 예금 업무를 보려고 한다.
> • A가 발권한 대기번호는 6번이다.
> • B가 발권한 대기번호는 4번이다.
> • E가 발권한 대기번호는 5번이다.

① A - B - C - D - E   ② B - C - E - A - D
③ B - E - A - C - D   ④ E - A - B - C - D
⑤ E - A - D - B - C

41 S은행 직원 A ~ E가 이번 달 성과급에 대해 이야기를 나누고 있다. 성과급은 반드시 늘거나 줄어들었고, 직원 중 1명만 거짓말을 하고 있을 때, 항상 참인 것은?

- 직원 A : 나는 이번에 성과급이 늘어났어. 그래도 B만큼은 오르지는 않았네.
- 직원 B : 맞아. 난 성과급이 좀 늘어났지. D보다 조금 더 늘었어.
- 직원 C : 좋겠다. 오~ E도 성과급이 늘어났네.
- 직원 D : 무슨 소리야! E는 C와 같이 성과급이 줄어들었는데.
- 직원 E : 그런 것보다 D가 A보다 성과급이 조금 올랐는데?

① 직원 B의 성과급이 가장 많이 올랐다.
② 직원 D의 성과급이 가장 많이 올랐다.
③ 직원 A의 성과급이 오른 사람 중 가장 적게 올랐다.
④ 직원 C의 성과급은 줄어들었다.
⑤ 직원 E의 성과급 순위를 알 수 없다.

42 다른 조건이 일정할 때, 통화승수의 증가를 가져오는 요인으로 옳은 것을 〈보기〉에서 모두 고르면?

――――〈보기〉――――
ㄱ. 법정지급준비금 증가
ㄴ. 초과지급준비율 증가
ㄷ. 현금통화비율 하락

① ㄱ   ② ㄴ
③ ㄷ   ④ ㄱ, ㄴ
⑤ ㄴ, ㄷ

43 다음 글을 읽고 이해한 내용으로 가장 적절한 것은?

『대학』은 본래 『예기(禮記)』의 편명(篇名) 중 하나에 해당하였는데, 남송의 주희(朱熹)가 번성하던 불교와 도교에 맞서 유학의 새로운 체계를 집대성하면서 『대학』의 장구(章句)와 주석을 낸 뒤, 『대학』이 사서(四書)의 하나로 격상되면서 삼강령·팔조목이 사용되기 시작했다.

삼강령·팔조목은 『대학』, 즉 큰 학문을 이루어가는 과정으로 횡적으로는 삼강령과 팔조목이 서로 독립된 항목이지만, 종적으로는 서로 밀접한 관계를 형성하고 있어 한 항목이라도 없으면 과정에 차질이 생기게 된다.

그러나 『대학』은 처음부터 삼강령·팔조목으로 설정하여 엮은 것이 아니다. 다만 후학들의 이해에 도움이 되게 하기 위하여 편의상 분류한 것이기 때문에 입장에 따라 얼마든지 다르게 볼 수 있다. 삼강령 중 명명덕과 신민은 본말(本末)의 관계에 있으며, 지어지선은 명명덕과 친민이 지향하는 표적(標的)이다. 또한, 팔조목 가운데 격물·치지·성의·정심·수신, 이 다섯 조목은 명덕을 밝히는 것들이고, 제가·치국·평천하는 백성의 명덕을 밝혀 백성과 한마음이 되는 것이다. 또한, 격물·치지를 함으로써 지선의 소재를 인식하게 되고, 성의·정심·수신·제가·치국·평천하를 함으로써 지선을 얻어 머무르게 된다.

삼강령·팔조목의 각각에 대한 내용을 보자면, 『대학』의 근본사상을 구체적으로 표현한 세 가지 커다란 줄기라는 뜻의 삼강령 중 그 첫 번째는 명명덕(明明德)이다. 명명덕은 천하에 명덕을 밝힌다는 의미로, 명덕이란 본래부터 타고난 선한 본성을 말한다. 두 번째는 신민(親民)으로, 백성을 새롭게 한다는 의미이다. 사람들을 나누면 먼저 깨닫고 아는 사람과 나중에 깨달아 아는 사람이 있으므로, 먼저 깨달은 사람이 그것을 다른 사람에게 베풀어 그들도 함께 태어나도록 인도해야 할 의무를 가리킨다. 그리고 세 번째인 지어지선(止於至善)은 지선(지극히 선한 곳, 인간이 추구하는 가장 이상적인 세계)에 도달하는 것을 목표로 삼는다는 의미이다. 이 삼강령을 완성하게 되면 도덕성 각성과 실천으로 충만하게 된다.

또한, 이를 실천하기 위한 여덟 가지 항목인 팔조목은 앎의 단계인 격물, 치지를 거쳐 실천의 단계인 성의, 정심, 수신을 거친다. 그리고 마지막으로 백성을 다스리는 단계인 제가, 치국, 평천하를 거치게 된다. 우선 첫 번째로 격물(格物)은 천하 사물의 이치를 깊이 파고들어 모든 것에 이르지 않는 데가 없게 하는 것이다. 그리고 두 번째인 치지(致知)는 앎을 완성한다는 뜻으로 사물의 이치를 인식하는 마음이 있고, 사물에는 객관적 이치가 있기에 격물치지(格物致知)가 가능해진다. 세 번째 성의(誠意)는 선을 따르는 각 개인의 마음과 뜻을 성실히 유지하는 것이며, 네 번째 정심(正心)은 마음을 올바르게 하는 것으로, 마음을 바로잡아야 몸도 바로 설 수 있기에 마음을 바로 해야 바른 인식과 행동이 가능해진다. 다섯 번째 수신(修身)은 몸을 바르게 닦는 일로, 자신의 단점을 알고 보완하는 인격 수양을 뜻하며, 여섯 번째 제가(齊家)는 집안의 질서를 바로잡는 것으로, 인간의 개인윤리가 사회윤리로 전환하는 단계이다. 그리고 일곱 번째 치국(治國)은 나라를 바르게 다스리는 것으로, 집안을 잘 다스리는 것은 나라를 잘 다스리는 것과 같으며, 마지막인 평천하(平天下)는 온 세상을 평안하게 다스리면 나라가 평안해 지는 것을 말한다. 이는 반드시 순서에 따라 이루어지는 것은 아니며, 서로 유기적으로 연관되어 있는 것이므로 함께 또는 동시에 갖추어야 할 실천 항목이라 볼 수 있다.

① 삼강령과 팔조목은 『대학』이 『예기』에 속해있을 때부터 사용되기 시작하였다.

② 삼강령과 팔조목은 서로 밀접한 관계를 형성하고 있기에, 각각을 분리한다면 그 이치를 바로 볼 수 없다.

③ 삼강령은 대학의 근본사상을, 팔조목은 이를 실천하기 위한 항목을 나타낸 것이다.

④ 격물과 치지를 함으로써 백성의 명덕을 밝혀 백성과 한마음이 될 수 있다.

⑤ 팔조목은 서로 유기적으로 연관되어 있으므로 반드시 순서에 따라 이루어져야 삼강령을 실천할 수 있다.

44 다음은 사용자별 사물인터넷 관련 지출액에 대한 자료이다. 이에 대한 설명으로 옳지 않은 것은?

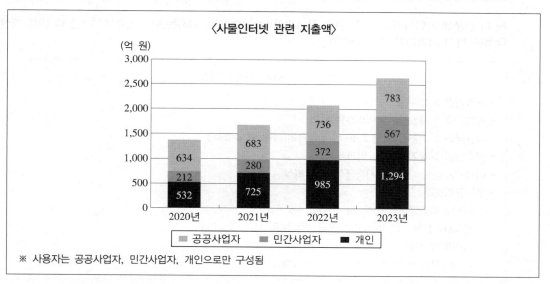

① 2021 ~ 2023년 동안 '공공사업자' 지출액의 전년 대비 증가폭이 가장 큰 해는 2022년이다.
② 2023년 사용자별 지출액의 전년 대비 증가율은 '개인'이 가장 높다.
③ 2021 ~ 2023년 동안 사용자별 지출액의 전년 대비 증가율은 매년 '공공사업자'가 가장 낮다.
④ '공공사업자'와 '민간사업자'의 지출액 합은 매년 '개인'의 지출액보다 크다.
⑤ 2023년 모든 사용자의 지출액 합은 2020년 대비 80% 이상 증가하였다.

45 S은행은 '더 커지는 적금'을 새롭게 출시하였다. A씨는 이 적금의 모든 우대금리조건을 만족하여 이번 달부터 이 상품에 가입하려고 한다. 만기 시 A씨가 얻을 수 있는 이자는?(단, $1.024^{\frac{1}{12}}=1.0019$로 계산하고, 금액은 백의 자리에서 반올림한다)

〈더 커지는 적금〉

- 가입기간 : 12개월
- 가입금액 : 매월 초 200,000원 납입
- 적용금리 : 기본금리(연 2.1%)+우대금리(최대 연 0.3%p)
- 저축방법 : 정기적립식, 비과세
- 이자지급방식 : 만기일시지급식, 연복리식
- 우대금리조건
  - S은행 입출금통장 보유 시 : +0.1%p
  - 연 500만 원 이상의 S은행 예금상품 보유 시 : +0.1%p
  - 급여통장 지정 시 : +0.1%p
  - 이체실적이 20만 원 이상 시 : +0.1%p

① 131,000원
② 132,000원
③ 138,000원
④ 141,000원
⑤ 142,000원

46 B학원에서는 매주 월요일과 수요일마다 컴퓨터로 시험을 본다. 1문제를 풀면 다음 문제로 넘길 수 있지만, 문제를 넘기면 이전 문제로는 돌아갈 수 없으며, 1회당 10문제를 풀어야 한다. 월요일 시험에서 70점 이상 획득하면, 수요일 시험은 면제되지만, 그렇지 않으면 수요일에 시험을 또 봐야 한다. 이에 대한 순서도가 다음과 같을 때 ⓐ, ⓑ, ⓒ에 들어갈 내용이 바르게 연결된 것은?

〈순서도 기호〉

기호	설명	기호	설명
	시작과 끝을 나타낸다.		어느 것을 택할 것인지를 판단한다.
	데이터를 입력하거나 계산하는 등의 처리를 한다.		선택한 값을 출력한다.
←	각종 기호의 처리 흐름을 연결한다.	i=초깃값, 최종값, 증가치	i가 초깃값부터 최종값까지 증가치만큼 증가하며, 기호 안의 명령문을 반복해서 수행한다.

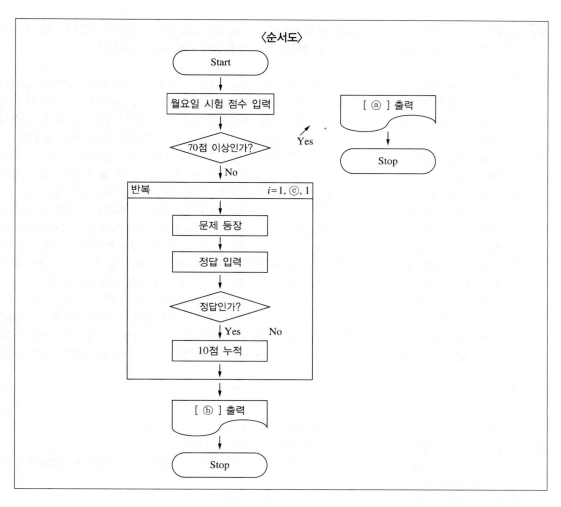

〈순서도〉

	ⓐ	ⓑ	ⓒ
①	월요일 시험 결과	수요일 시험 면제	10
②	수요일 시험 결과	수요일 시험 면제	70
③	수요일 시험 면제	수요일 시험 결과	70
④	수요일 시험 결과	수요일 시험 면제	10
⑤	수요일 시험 면제	수요일 시험 결과	10

47 다음은 국내 금융기관에 대한 SWOT 분석 자료이다. 이를 바탕으로 SWOT 전략을 세운다고 할 때, 〈보기〉에서 분석 결과에 대응하는 전략과 그 내용이 바르게 연결된 것을 모두 고르면?

국내 대부분의 예금과 대출을 국내 은행이 차지하고 있을 정도로 국내 금융기관에 대한 우리나라 국민들의 충성도는 높은 편이다. 또한 국내 금융기관은 철저한 신용 리스크 관리로 해외 금융기관과 비교해 자산건전성 지표가 매우 우수한 편이다. 시장 리스크 관리도 해외 선진 금융기관 수준에 도달한 것으로 평가받는다. 국내 금융기관은 외환위기와 글로벌 금융위기 등을 거치며 꾸준히 자산건전성을 강화해왔기 때문이다.

그러나 은행과 이자 이익에 수익이 편중돼 있다는 점은 국내 금융기관의 가장 큰 약점이 된다. 대부분 예금과 대출 거래 중심의 영업구조로 되어 있기 때문이다. 취약한 해외 비즈니스도 문제로 들 수 있다. 최근 동남아 시장을 중심으로 해외 진출에 박차를 가하고 있지만, 아직은 눈에 띄는 성과가 많지 않은 상황이다.

많은 어려움에도 불구하고 국내 금융기관의 발전 가능성은 아직 무궁무진하다. 우선 해외 시장으로 눈을 돌리면 다양한 기회가 열려 있다. 전 세계 신용·단기 자금 확대, 글로벌 무역 회복세로 국내 금융기관의 해외 진출 여건은 양호한 편이다. 따라서 해외 시장 개척을 통해 어떻게 신규 수익원을 확보하느냐가 성장의 새로운 기회로 작용할 전망이다. IT 기술 발달에 따른 핀테크의 등장도 새로운 기회가 될 수 있다. 국내의 발달된 인터넷과 모바일뱅킹 서비스, IT 인프라를 활용한 새로운 수익 창출 가능성이 열려 있는 것이다.

역설적으로 핀테크의 등장은 오히려 국내 금융기관의 발목을 잡을 수 있다. 블록체인 기술에 기반한 암호화폐, 간편결제와 송금, 로보어드바이저, 인터넷 은행, P2P 대출 등 다양한 핀테크 분야의 새로운 서비스들이 기존 금융 서비스의 대체재로서 출현하고 있기 때문이다. 금융시장 개방에 따른 글로벌 금융기관과의 경쟁 심화도 넘어야 할 산이다. 특히 중국 은행을 비롯한 중국 금융이 급성장하고 있어 이에 대한 대비책 마련이 시급하다.

─────〈보기〉─────

ㄱ. SO전략 – 높은 국내 시장 점유율을 기반으로 국내 핀테크 사업에 진출한다.
ㄴ. WO전략 – 위기 관리 역량을 강화하여 해외 금융시장에 진출한다.
ㄷ. ST전략 – 해외 금융기관과 비교해 우수한 자산건전성을 강조하여 글로벌 금융기관과의 경쟁에서 우위를 차지한다.
ㄹ. WT전략 – 해외 비즈니스 역량을 강화하여 해외 금융시장에 진출한다.

① ㄱ, ㄴ
② ㄱ, ㄷ
③ ㄴ, ㄷ
④ ㄴ, ㄹ
⑤ ㄷ, ㄹ

48 다음 글의 논지를 비판하는 진술로 가장 적절한 것은?

> 자신의 스마트폰 없이는 도무지 일과를 진행하지 못하는 K의 경우를 생각해 보자. 그의 일과표는 전부 그의 스마트폰에 저장되어 있어서 그의 스마트폰은 적절한 때가 되면 그가 해야 할 일을 알려줄 뿐만 아니라 약속 장소로 가기 위해 무엇을 타고 어떻게 움직여야 할지까지 알려 준다. K는 어릴 때 보통 사람보다 기억력이 매우 나쁘다는 진단을 받았지만 스마트폰 덕분에 어느 동료에게도 뒤지지 않는 업무 능력을 발휘하고 있다. 이와 같은 경우, K는 스마트폰 덕분에 인지 능력이 보강된 것으로 볼 수 있는데, 그 보강된 인지 능력을 K 자신의 것으로 볼 수 있는가? 이 물음에 대한 답은 긍정이다. 즉, 우리는 K의 스마트폰이 그 자체로 K의 인지 능력 일부를 실현하고 있다고 보아야 한다. 그런 판단의 기준은 명료하다. 스마트폰의 메커니즘이 K의 손바닥 위나 책상 위가 아니라 그의 두뇌 속에서 작동하고 있다고 가정해 보면 된다. 물론 사실과 다른 가정이지만 만일 그렇게 가정한다면 우리는 필경 K 자신이 모든 일과를 정확하게 기억하고 있고 또 약속 장소를 잘 찾아간다고 평가할 것이다. 이처럼 '만일 K의 두뇌 속에서 일어난다면'이라는 상황을 가정했을 때 그것을 K 자신의 기억이나 판단이라고 인정할 수 있다면, 그런 과정은 K 자신의 인지 능력이라고 평가해야 한다.

① K가 자신이 미리 적어 놓은 메모를 참조해서 기억력 시험 문제에 답한다면 누구도 K가 그 문제의 답을 기억한다고 인정하지 않는다.

② K가 종이 위에 연필로 써가며 253×87 같은 곱셈을 할 경우 종이와 연필의 도움을 받은 연산 능력 역시 K 자신의 인지 능력으로 인정해야 한다.

③ K가 집에 두고 나온 스마트폰에 원격으로 접속하여 거기 담긴 모든 정보를 알아낼 수 있다면 그는 그 스마트폰을 손에 가지고 있는 것과 다름없다.

④ 스마트폰의 모든 기능을 두뇌 속에서 작동하게 하는 것이 두뇌 밖에서 작동하게 하는 경우보다 우리의 기억력과 인지 능력을 향상시키지 않는다.

⑤ 전화번호를 찾으려는 사람의 이름조차 기억이 나지 않을 때에도 스마트폰에 저장된 전화번호 목록을 보면서 그 사람의 이름을 상기하고 전화번호를 알아낼 수 있다.

※ 다음은 S은행에서 판매하는 적금상품을 정리한 자료이다. 이어지는 질문에 답하시오. **[49~50]**

〈적금상품 정보〉

적금상품	대상연령	입금가능금액		이자율(%)		만기기간	만족도
		최소	최대	만기	중도해지		
A	만 19세 이상	2만 원	20만 원	4	1	3년	★★
B	제한 없음	5만 원	50만 원	2.5	1	2년	★★
C	20대	5만 원	20만 원	5	2	2년	★★★
D	20 ~ 30대	2만 원	30만 원	3.5	0.5	3년	★
E	만 20세 이상	2만 원	40만 원	3	1	2년	★★★

〈항목별 환산점수 방법〉

ⓐ 대상연령 폭이 넓은 순대로 5점부터 1점까지 정수로 점수를 부여한다.
ⓑ 입금가능금액의 최소·최대 금액 차이가 큰 순서대로 5점부터 1점까지 정수로 점수를 부여한다.
ⓒ 만기이자율이 높은 순서대로 5점부터 1점까지 정수로 점수를 부여한다.
ⓓ [(만기이자율)−(중도해지이자율)]의 값으로 점수를 부여하며, 1%당 1점으로 계산한다(단, 2.5%는 2.5점이다).
ⓔ 5−(만기기간)의 값으로 점수를 부여하며, 1년마다 1점으로 계산한다.
ⓕ 만족도의 ★의 개수로 1점씩 부여한다.

49 다음 중 환산점수 총점이 가장 높은 적금상품은?

① A적금 　　　　　　　　　　　 ② B적금
③ C적금 　　　　　　　　　　　 ④ D적금
⑤ E적금

50 다음 고객이 원하는 조건을 고려하여 추천해 줄 수 있는 적금으로 가장 적절한 것은?(단, 만족도는 '★ : 낮음, ★★ : 보통, ★★★ : 높음'이다)

> 고객 : 안녕하세요. 전 만 35세이고요, 적금을 들고 싶습니다. 처음 가입하려고 보니 걱정되어 만기기간은 짧고, 만족도는 보통 이상인 상품 중에 만기이자율이 높은 상품을 들고 싶어요. 어떤 상품이 괜찮을까요?

① A적금 　　　　　　　　　　　 ② B적금
③ C적금 　　　　　　　　　　　 ④ D적금
⑤ E적금

51 다음은 성인 500명이 응답한 온라인 도박과 오프라인 도박 관련 조사결과에 대한 자료이다. 이에 대한 〈보기〉의 설명 중 옳은 것을 모두 고르면?

〈온라인 도박과 오프라인 도박 관련 조사결과〉

(단위 : 명)

온라인 ＼ 오프라인	×	△	○	합계
×	250	21	2	( )
△	113	25	6	144
○	59	16	8	( )
합계	422	( )	( )	500

※ × : 경험이 없고 충동을 느낀 적도 없음
※ △ : 경험은 없으나 충동을 느낀 적이 있음
※ ○ : 경험이 있음

───── 〈보기〉 ─────

ㄱ. 온라인 도박 경험이 있다고 응답한 사람은 83명이다.
ㄴ. 오프라인 도박에 대해, '경험은 없으나 충동을 느낀 적이 있음'으로 응답한 사람은 전체 응답자의 10% 미만이다.
ㄷ. 온라인 도박 경험이 있다고 응답한 사람 중 오프라인 도박 경험이 있다고 응답한 사람의 비중은 전체 응답자 중 오프라인 도박 경험이 있다고 응답한 사람의 비중보다 크다.
ㄹ. 온라인 도박에 대해, '경험이 없고 충동을 느낀 적도 없음'으로 응답한 사람은 전체 응답자의 50% 이하이다.

① ㄱ, ㄴ
② ㄱ, ㄷ
③ ㄷ, ㄹ
④ ㄱ, ㄴ, ㄷ
⑤ ㄱ, ㄷ, ㄹ

52 다음 문단을 논리적 순서대로 바르게 나열한 것은?

(가) 개념사를 역사학의 한 분과로 발전시킨 독일의 역사학자 코젤렉은 '개념은 실재의 지표이자 요소'라고 하였다. 이 말은 실타래처럼 얽혀 있는 개념과 정치·사회적 실재, 개념과 역사적 실재의 관계를 정리하기 위한 중요한 지침으로 작용한다. 그에 의하면 개념은 정치적 사건이나 사회적 변화 등의 실재를 반영하는 거울인 동시에 정치·사회적 사건과 변화의 실제적 요소이다.

(나) 개념은 정치적 사건과 사회적 변화 등에 직접 관련되어 있거나 그것을 기록, 해석하는 다양한 주체들에 의해 사용된다. 이러한 주체들, 즉 '역사 행위자'들이 사용하는 개념은 여러 의미가 포개어진 층을 이룬다. 개념사에서는 사회·역사적 현실과 관련하여 이러한 층들을 파헤치면서 개념이 어떻게 사용되어 왔는가, 이 과정에서 그 의미가 어떻게 변화했는가, 어떤 함의들이 거기에 투영되었는가, 그 개념이 어떠한 방식으로 작동했는가 등에 대해 탐구한다.

(다) 이상에서 보듯이 개념사에서는 개념과 실재를 대조하고 과거와 현재의 개념을 대조함으로써, 그 개념이 대응하는 실재를 정확히 드러내고 있는가, 아니면 실재의 이해를 방해하고 더 나아가 왜곡하는가를 탐구한다. 이를 통해 코젤렉은 과거에 대한 '단 하나의 올바른 묘사'를 주장하는 근대 역사학의 방법을 비판하고, 과거의 역사 행위자가 구성한 역사적 실재와 현재 역사가가 만든 역사적 실재를 의미있게 소통시키고자 했다.

(라) 사람들이 '자유', '민주', '평화' 등과 같은 개념들을 사용할 때, 그 개념이 서로 같은 의미를 갖는 것은 아니다. '자유'의 경우, '구속받지 않는 상태'를 강조하는 개념으로 쓰이는가 하면, '자발성'이나 '적극적인 참여'를 강조하는 개념으로 쓰이기도 한다. 이러한 정의와 해석의 차이로 인해 개념에 대한 논란과 논쟁이 늘 있어 왔다. 바로 이러한 현상에 주목하여 출현한 것이 코젤렉의 '개념사'이다.

(마) 또한 개념사에서는 '무엇을 이야기 하는가.'보다는 '어떤 개념을 사용하면서 그것을 이야기하는가.'에 관심을 갖는다. 개념사에서는 과거의 역사 행위자가 자신이 경험한 '현재'를 서술할 때 사용한 개념과 오늘날의 입장에서 '과거'의 역사 서술을 이해하기 위해 사용한 개념의 차이를 밝힌다. 그리고 과거의 역사를 현재의 역사로 번역하면서 양자가 어떻게 수렴될 수 있는가를 밝히는 절차를 밟는다.

① (라) - (가) - (나) - (마) - (다)
② (라) - (나) - (가) - (다) - (마)
③ (라) - (다) - (나) - (가) - (마)
④ (마) - (나) - (가) - (다) - (라)
⑤ (마) - (라) - (나) - (다) - (가)

53 완전경쟁시장에 100개의 개별기업이 존재하며, 모든 기업은 동일한 비용함수 $C = 5q^2 + 10$(단, C는 생산비용, q는 산출량)을 가진다. 시장의 수요함수가 $Q = 350 - 60P$(단, P는 시장가격, Q는 시장산출량)일 경우 완전경쟁시장의 단기균형가격은?

① 5 ② 10

③ 15 ④ 20

⑤ 25

54 다음 중 스태그플레이션 현상을 나타내는 두 단어로 가장 적절한 것은?

① 경기호황, 인플레이션 ② 경기호황, 디플레이션

③ 경기불황, 인플레이션 ④ 경기불황, 디플레이션

⑤ 경기불황, 바이플레이션

55 김과장은 월급의 $\frac{1}{4}$은 저금하고, 나머지의 $\frac{1}{4}$은 모임회비, $\frac{2}{3}$는 월세로 내며, 그 나머지의 $\frac{1}{2}$은 부모님께 드린다고 한다. 나머지를 생활비로 쓴다면 생활비는 월급의 얼마인가?

① $\frac{1}{32}$ ② $\frac{1}{16}$

③ $\frac{1}{12}$ ④ $\frac{1}{8}$

⑤ $\frac{1}{6}$

56 서울에 사는 A ~ E 다섯 사람의 고향은 각각 대전, 대구, 부산, 광주, 춘천 중 한 곳이다. 설날을 맞아 열차 1, 2, 3을 타고 고향에 내려가고자 할 때, 다음 중 옳지 않은 것은?

- 열차 2는 대전, 춘천을 경유하여 부산까지 가는 열차이다.
- A의 고향은 부산이다.
- E는 어떤 열차를 타도 고향에 갈 수 있다.
- 열차 1에는 D를 포함한 세 사람이 탄다.
- C와 D가 함께 탈 수 있는 열차는 없다.
- B가 탈 수 있는 열차는 열차 2뿐이다.
- 열차 2와 열차 3이 지나는 지역은 대전을 제외하고 중복되지 않는다.

① B의 고향은 춘천이다.
② 열차 1은 대전, 대구, 부산만을 경유한다.
③ 열차 1을 이용하는 사람은 A, D, E이다.
④ E의 고향은 대전이다.
⑤ 열차 3은 두 개 지역을 이동한다.

다음은 폐기물협회에서 제공하는 전국 폐기물 발생 현황 자료이다. 빈칸에 해당하는 값으로 옳은 것은?(단, 소수점 둘째 자리에서 반올림한다)

<전국 폐기물 발생 현황>

(단위 : 톤 / 일, %)

구분		2018년	2019년	2020년	2021년	2022년	2023년
총계	발생량	359,296	357,861	365,154	373,312	382,009	382,081
	증감률	6.6	−0.4	2.0	2.2	2.3	0.02
의료 폐기물	발생량	52,072	50,906	49,159	48,934	48,990	48,728
	증감률	3.4	−2.2	−3.4	(가)	0.1	−0.5
사업장 배출시설계 폐기물	발생량	130,777	123,604	137,875	137,961	146,390	149,815
	증감률	13.9	(나)	11.5	0.1	6.1	2.3
건설 폐기물	발생량	176,447	183,351	178,120	186,417	186,629	183,538
	증감률	2.6	3.9	−2.9	4.7	0.1	−1.7

　　 (가)　　　(나)

① −0.5　　−5.5

② −0.5　　−4.5

③ −0.6　　−5.5

④ −0.6　　−4.5

⑤ −0.6　　−4.0

58 다음은 S은행의 보험상품인 '노란우산'에 대한 자료이다. 빈칸 (가) ~ (다)에 들어갈 내용으로 바르게 연결된 것은?

〈노란우산〉

• 상품설명
  소기업·소상공인이 폐업이나 노령 등의 생계위협으로부터 생활의 안정을 기하고, 사업재기의 기회를 얻을 수 있도록 중소기업협동조합법 제115조에 따라 중소기업중앙회가 관리 운용하는 사업주의 퇴직금(목돈) 마련을 위한 공제제도
• 상품혜택
  – 연간 최대 500만 원 소득공제
  – 납입부금에 대해 연간 최대 500만 원 소득공제 혜택을 부여하므로 세 부담 높은 사업자의 절세 전략으로 탁월

구분	사업(또는 근로) 소득금액	최대소득공제한도	예상세율	최대절세효과
개인·법인	4천만 원 이하	(가)	6.6 ~ 16.5%	330,000 ~ 825,000원
개인	4천만 원 초과 1억 원 이하	300만 원	16.5 ~ 38.5%	(나)
법인	4천만 원 초과 5,675만 원 이하			
개인	1억 원 초과	200만 원	(다)	770,000 ~ 924,000원

  ※ 위 예시는 노란우산 소득공제만 받았을 경우의 예상 절세효과 금액임
  ※ 2023년 종합소득세율(지방소득세 포함) 적용 시 절세효과이며, 세법 제·개정에 따라 변경될 수 있음
  ※ 법인대표자는 총급여 약 7천만 원(근로소득금액 5,675만 원) 초과 시 근로소득금액에서 소득공제를 받을 수 없음
  ※ 부동산임대업소득은 소득공제를 받을 수 없음

① (가) : 450만 원
② (나) : 495,000 ~ 1,135,000원
③ (나) : 475,000 ~ 1,155,000원
④ (다) : 38.5 ~ 46.2%
⑤ (다) : 37.5 ~ 43.2%

59 S사는 최근 새로운 건물로 이사하면서 팀별 층 배치를 변경하기로 하였다. 층 배치 변경 사항과 현재 층 배치가 다음과 같을 때 이사 후 층 배치에 대한 설명으로 적절하지 않은 것은?

〈층 배치 변경 사항〉

• 인사팀과 생산팀이 위치한 층 사이에 한 팀을 배치합니다.
• 연구팀과 영업팀은 기존 층보다 아래층으로 배치합니다.
• 총무팀은 6층에 배치합니다.
• 탕비실은 4층에 배치합니다.
• 생산팀은 연구팀보다 높은 층에 배치합니다.
• 전산팀은 2층에 배치합니다.

〈현재 층 배치도〉

층수	부서
7층	전산팀
6층	영업팀
5층	연구팀
4층	탕비실
3층	생산팀
2층	인사팀
1층	총무팀

---

① 생산팀은 7층에 배치될 수 있다.
② 인사팀은 5층에 배치될 수 있다.
③ 영업팀은 3층에 배치될 수 있다.
④ 생산팀은 3층에 배치될 수 있다.
⑤ 연구팀은 1층에 배치될 수 있다.

인과 관계를 나타내는 인과 진술 '사건 X는 사건 Y의 원인이다.'를 우리는 어떻게 이해해야 할까? '사건 X는 사건 Y의 원인이다.'라는 진술은 곧 '사건 X는 사건 Y보다 먼저 일어났고, X로부터 Y를 예측할 수 있다.'를 뜻한다. 여기서 'X로부터 Y를 예측할 수 있다.'는 것은 '관련된 자료와 법칙을 모두 동원하여 X로부터 Y를 논리적으로 도출할 수 있다.'를 뜻한다.

하지만 관련 자료와 법칙을 우리가 어떻게 모두 알 수 있겠는가? 만일 우리가 그 자료나 법칙을 알 수 없다면, 진술 'X는 Y의 원인이다.'를 입증하지도 반증하지도 못하는 것이 아닐까? 경험주의자들이 이미 주장했듯이 입증하거나 반증하는 증거를 원리상 찾을 수 없는 진술은 무의미하다. 예컨대 '역사는 절대정신의 발현 과정이다.'라는 진술은 입증 증거도 반증 증거도 아예 찾을 수 없고 이 때문에 이 진술은 무의미하다. 그렇다면 만일 관련 자료와 법칙을 모두 알아낼 수 없거나 거짓 자료나 틀린 법칙을 갖고 있다면, 우리가 'X는 Y의 원인이다.'를 유의미하게 진술할 방법이 없는 것처럼 보인다.

하지만 꼭 그렇다고 말할 수는 없다. 다음과 같은 상황을 생각해 보자. 오늘날 우리는 관련된 참된 법칙과 자료를 써서 A로부터 B를 논리적으로 도출함으로써 A가 B의 원인이라는 것을 입증했다. 하지만 1600년에 살았던 갑은 지금은 틀린 것으로 밝혀진 법칙을 써서 A로부터 B를 논리적으로 도출함으로써 '사건 A는 사건 B의 원인이다.'를 주장했다. 이 경우 갑의 진술이 무의미하다고 주장할 필요가 없다. 왜냐하면 갑의 진술 'A는 B의 원인이다.'는 오늘날 참이고 1600년에도 참이었기 때문이다.

따라서 우리는 갑의 진술 'A는 B의 원인이다.'가 1600년 당시에 무의미했다고 말해서는 안 되고, 입증할 수 있는 진술을 그 당시에 갑이 입증하지는 못했다고 말하는 것이 옳다. 갑이 거짓 법칙을 써서라도 A로부터 B를 도출할 수 있다면, 그의 진술은 입증할 수 있는 진술이고, 이 점에서 그의 진술은 유의미하다. 이처럼 우리가 관련 법칙과 자료를 모르거나 틀린 법칙을 썼다고 해서 우리의 인과 진술이 무의미하다고 주장해서는 안 된다. 우리가 관련 법칙과 자료를 지금 모두 알 수 없다 하더라도 우리는 여전히 유의미하게 인과 관계를 주장할 수 있다.

'A는 B의 원인이다.'의 참 또는 거짓 여부가 오늘 결정될 수 없다는 이유에서 그 진술이 무의미하다고 주장해서는 안 된다. 미래의 어느 시점에 그 진술을 입증 또는 반증하는 증거가 나타날 여지가 있다면 그 진술은 유의미하다. 이 진술이 단지 유의미한 진술을 넘어서 참된 진술로 입증되려면, 지금이 아니더라도 언젠가 참인 법칙과 자료로부터 논리적으로 도출할 수 있어야 하겠지만 말이다.

60 다음 중 윗글로부터 알 수 있는 내용으로 가장 적절한 것은?

① 관련 법칙을 명시할 수 없다면 인과 진술은 무의미하다.

② 반증할 수 있는 인과 진술은 입증할 수 있는 인과 진술과 마찬가지로 유의미한 진술이다.

③ 논리적 도출을 통해 입증된 인과 진술들 가운데 나중에 일어난 사건이 원인이 되는 경우가 있다.

④ 가까운 미래에는 입증될 수 없는 진술 '지구와 가장 가까운 행성계에도 지적 생명체가 산다.'는 무의미하다.

⑤ 관련된 자료들이 현재 알려지지 않아서 앞선 사건으로부터 나중 사건을 논리적으로 도출할 수 없다면, 두 사건 사이에는 인과 관계가 있을 수 없다.

61 윗글을 읽고 다음 〈사례〉에 대한 평가에 대한 〈보기〉의 설명 중 옳은 것을 모두 고르면?

〈사례〉

과학자 병호는 사건 A로부터 사건 B를 예측한 다음 'A는 B의 원인이다.'라고 주장했다. 반면에 과학자 정호는 사건 C로부터 사건 D를 예측한 다음 'C는 D의 원인이다.'라고 주장했다. 그런데 병호가 A로부터 B를 논리적으로 도출하기 위해 사용한 법칙과 자료는 거짓인 반면 정호가 C로부터 D를 논리적으로 도출하기 위해 사용한 법칙과 자료는 참이다.

〈보기〉

ㄱ. 'A는 B의 원인이다.'와 'C는 D의 원인이다.'는 둘 다 유의미하다.

ㄴ. 'A는 B의 원인이다.'는 거짓이다.

ㄷ. 'C는 D의 원인이다.'는 참이다.

---

① ㄱ

② ㄴ

③ ㄱ, ㄷ

④ ㄴ, ㄷ

⑤ ㄱ, ㄴ, ㄷ

62 S기업 부사장이 해외출장에서 귀국하는 날짜가 정해져 8월 5일 이후에 워크숍 날짜를 다시 정하기로 하였다. 〈조건〉에 따라 A ~ C부서의 과장 이상 직급인 직원들이 참석할 수 있는 날짜로 정한다고 할 때, 다음 중 적절한 기간은 언제인가?

〈8월 일정표〉						
월	화	수	목	금	토	일
						1
2 부사장 귀국	3 차장 이상 오후 회의	4	5 부사장 외부 일정	6 부사장 외부 일정	7 부사장 외부 일정	8
9	10 B부서 과장 연차	11	12	13	14	15
16	17 B부서 부장 연차	18	19	20 A, C부서 전체 회식	21	22
23	24	25	26 C부서 차장 외부 출장	27 A부서 차장 외부 출장	28	29
30	31 부사장 외부 일정					

※ 일정에 제시되지 않은 임직원은 워크숍에 참석할 수 있음

〈조건〉

- 워크숍에 참석하는 부서는 A, B, C부서이다.
- A부서는 과장 2명과 차장 1명, B부서와 C부서는 각각 과장 1명, 차장 1명, 부장 1명이 있다.
- 회사 일정이 있는 날과 회식 전날에는 워크숍 진행이 불가능하다.
- 워크숍은 1박 2일 일정이며, 일요일은 제외한다.
- 부사장과 부장이 모두 참석할 수 있는 날짜로 정한다.
- B부서와 C부서의 과장은 워크숍에 참여하지 않는다.

① 8월 6 ~ 7일
② 8월 9 ~ 10일
③ 8월 14 ~ 15일
④ 8월 18 ~ 19일
⑤ 8월 30 ~ 31일

63 다음 중 (가)와 (나)에 대한 추론으로 옳은 것은?

최근 경제신문에는 기업의 사회적 책임을 반영한 마케팅 용어들이 등장하고 있다. 그중 하나인 코즈 마케팅 (Cause Marketing)은 기업이 환경, 보건, 빈곤 등과 같은 사회적인 이슈, 즉 코즈(Cause)를 기업의 이익 추구를 위해 활용하는 마케팅 기법으로, 기업이 추구하는 사익과 사회가 추구하는 공익을 동시에 얻는 것을 목표로 한다. 소비자는 사회적인 문제들을 해결하려는 기업의 노력에 호의적인 반응을 보이게 되고, 결국 기업의 선한 이미지가 제품 구매에 영향을 미치는 것이다.

미국의 카드 회사인 (가) 아메리칸 익스프레스는 1850년 설립 이후 전 세계에 걸쳐 개인 및 기업에 대한 여행 이나 금융 서비스를 제공하고 있다. 1983년 아메리칸 익스프레스사는 기존 고객이 자사의 신용카드로 소비 할 때마다 1센트씩, 신규 고객이 가입할 때마다 1달러씩 '자유의 여신상' 보수 공사를 위해 기부하기로 하였 다. 해당 기간 동안 기존 고객의 카드 사용률은 전년 동기 대비 28% 증가하였고, 신규 카드의 발급 규모는 45% 증가하였다.

코즈 마케팅을 활발하게 펼치고 있는 대표적인 사회적 기업으로는 미국의 신발 회사인 (나) 탐스(TOMS)가 있다. 탐스의 창업자는 여행을 하던 중 가난한 아이들이 신발을 신지도 못한 채로 거친 땅을 밟으면서 각종 감염에 노출되는 것을 보고 그들을 돕기 위해 신발을 만들었고, 신발 하나를 구매하면 아프리카 아이들에게 도 신발 하나를 선물한다는 'One for One' 마케팅을 시도했다. 이를 통해 백만 켤레가 넘는 신발이 기부되었 고, 소비자는 만족감을 얻는 동시에 어려운 아이들을 도왔다는 충족감을 얻게 되었다. 전 세계의 많은 소비자 들이 동참하면서 탐스는 3년 만에 4,000%의 매출을 올렸다.

① (가)는 기업의 사익보다 공익을 우위에 둔 마케팅을 펼침으로써 신규 고객을 확보할 수 있었다.

② (가)가 큰 이익을 얻을 수 있었던 이유는 소비자의 니즈(Needs)를 정확히 파악했기 때문이다.

③ (나)는 기업의 설립 목적과 어울리는 코즈(Cause)를 연계시킴으로써 높은 매출을 올릴 수 있었다.

④ (나)는 높은 매출을 올렸으나, 기업의 일방적인 기부 활동으로 인해 소비자의 공감을 이끌어 내는 데 실패 하였다.

⑤ (나)는 기업의 사회적 책임을 강조하기 위해 기업의 실익을 포기하였지만, 오히려 반대의 효과를 얻을 수 있었다.

64 S컨벤션기업의 정대리는 국제회의 행사대행 용역업체 선정을 위해 입찰업체 평가를 하려고 한다. 입찰가격 평가방법을 근거로 판단할 때, 〈보기〉의 설명 중 옳지 않은 것을 모두 고르면?

〈입찰업체 평가〉

- 기술능력 평가와 입찰가격 평가의 합산점수가 가장 높은 업체가 우선협상 대상자가 된다.
- 현재 A, B, C업체에 대한 기술능력 평가가 끝났고, 입찰가격 평가만 남았다.
- 발주기관이 당해 입찰에서 예상하는 추정가격은 4억 원이다.

평가 항목		배점	업체		
			A업체	B업체	C업체
기술능력 평가	제안서 평가	60점	55점	52점	49점
	서면 평가	20점	14점	18점	15점
입찰가격 평가		20점	?	?	?
합계		100점	?	?	?

〈입찰가격 평가방법〉

- 당해 입찰가격이 추정가격의 80% 이상인 경우

$$(\text{평점})=20\times\left(\frac{\text{최저 입찰가격}}{\text{당해 입찰가격}}\right)$$

   ※ 최저 입찰가격 : 입찰자 중 최저 입찰가격
   ※ 당해 입찰가격 : 당해 평가대상자의 입찰가격
- 당해 입찰가격이 추정가격의 80% 미만인 경우

$$(\text{평점})=20\times\left(\frac{\text{최저 입찰가격}}{\text{추정가격의 }80\%}\right)+\left\{2\times\left(\frac{\text{추정가격의 }80\%-\text{당해 입찰가격}}{\text{추정가격의 }80\%-\text{추정가격의 }60\%}\right)\right\}$$

   ※ 최저 입찰가격 : 입찰자 중 최저 입찰가격
   ※ 당해 입찰가격 : 당해 평가대상자의 입찰가격으로 하되, 입찰가격이 추정가격의 60% 미만일 경우에는 60%로 계산
   ※ 점수의 소수점 이하는 버림

〈보기〉

ㄱ. B업체가 세 업체 중에 가장 낮은 가격으로 입찰하면, B업체는 어떤 경우에도 우선협상 대상자가 된다.

ㄴ. 한 업체가 추정가격의 80% 미만으로 입찰한다면 다른 업체와 관계없이 해당 업체의 입찰가격 평가점수는 항상 가장 높다.

ㄷ. A업체에서 추정가격의 60% 미만으로 입찰하고, B업체가 3억 2천만 원으로 입찰하면, C업체의 입찰가격과 관계없이 B업체가 우선협상 대상자가 된다.

① ㄱ   ② ㄴ

③ ㄷ   ④ ㄱ, ㄷ

⑤ ㄴ, ㄷ

65 S씨는 미국에서 사업을 하고 있는 지인으로부터 투자 제의를 받았다. 투자성이 높다고 판단한 S씨는 5월 4일에 지인에게 1,000만 원을 달러로 환전하여 송금하였다. 이후 5월 20일에 지인으로부터 원금과 투자수익 10%를 달러로 돌려받고 당일 원화로 환전하였다. S씨는 원화기준으로 원금 대비 몇 %의 투자수익을 달성하였는가?(단, 매매기준율로 환전하며 기타수수료는 발생하지 않고, 환전 시 소수점 이하는 버림한다)

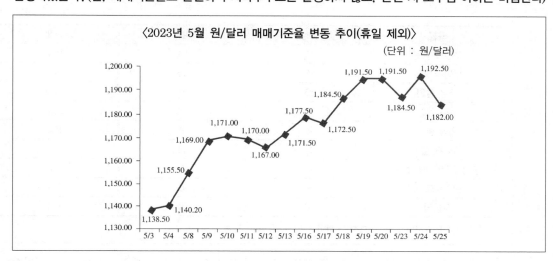

〈2023년 5월 원/달러 매매기준율 변동 추이(휴일 제외)〉
(단위 : 원/달러)

① 10%   ② 13%

③ 15%   ④ 18%

⑤ 20%

66 S기업의 영업1팀은 강팀장, 김대리, 이대리, 박사원, 유사원으로 이루어져 있었으나 최근 인사이동으로 인해 팀원 구성에 변화가 일어났고, 이로 인해 자리를 새롭게 배치하려고 한다. 주어진 〈조건〉이 아래와 같을 때, 다음 중 항상 옳은 것은?

〈조건〉
- 영업1팀의 김대리는 영업2팀의 팀장으로 승진하였다.
- 이번 달 영업1팀에 김사원과 이사원이 새로 입사하였다.
- 자리는 일렬로 위치해 있으며, 영업1팀은 영업2팀과 마주하고 있다.
- 자리의 가장 안쪽 옆은 벽이며, 반대편 끝자리의 옆은 복도이다.
- 각 팀의 팀장은 가장 안쪽인 왼쪽 끝에 앉는다.
- 이대리는 영업2팀 김팀장의 대각선에 앉는다.
- 박사원의 양 옆은 신입사원이 앉는다.
- 김사원의 자리는 이사원의 자리보다 왼쪽에 있다.

① 유사원과 이대리는 서로 인접한다.
② 박사원의 자리는 유사원의 자리보다 왼쪽에 있다.
③ 이사원의 양 옆 중 한쪽은 복도이다.
④ 김사원은 유사원과 인접하지 않는다.
⑤ 이대리는 강팀장과 서로 인접한다.

67 S카드회사에서는 새로운 카드상품을 개발하기 위해 고객 1,000명을 대상으로 카드 이용 시 선호하는 부가서비스에 대해 조사하였다. 조사 결과를 토대로 S카드회사 상품개발팀 직원들이 나눈 대화 중 적절한 것은?

〈카드 이용 시 고객이 선호하는 부가서비스〉

(단위 : %)

구분	남성	여성	전체
포인트 적립	19	21	19.8
무이자 할부	17	18	17.4
주유 할인	15	6	11.4
쇼핑 할인	8	15	10.8
외식 할인	8	9	8.4
영화관 할인	8	11	9.2
통화료 / 인터넷 할인	7	8	7.4
은행수수료 할인	8	6	7.2
무응답	10	6	8.4

※ 총 8가지 부가서비스 중 선호하는 서비스 택 1, 무응답 가능

① P대리 : 이번 조사 자료는 S카드를 이용하고 계신 고객 중 1,000명을 대상으로 선호하는 부가서비스에 대해 조사한 것으로 성별 비율은 각각 50%입니다.
② K사원 : 조사 과정에서 응답하지 않은 고객은 남성 50명, 여성 34명으로 총 84명입니다.
③ S주임 : 남성과 여성 모두 가장 선호하는 부가서비스는 포인트 적립이며, 두 번째로는 남성은 주유 할인, 여성은 무이자 할부로 차이를 보이고 있습니다.
④ K과장 : 부가서비스별로 선호하는 비중의 표준편차가 남성에 비해 여성이 더 큽니다.
⑤ R부장 : 이번 조사 결과를 참고했을 때, 남성과 여성이 선호하는 부가서비스가 서로 정반대인 것으로 보이니 성별을 구분하여 적합한 부가서비스를 갖추도록 개발해야겠습니다.

68 다음 중 빈칸에 들어갈 내용으로 가장 적절한 것은?

MZ세대 직장인을 중심으로 '조용한 사직'이 유행하고 있다. '조용한 사직'이라는 신조어는 2022년 7월 한 미국인이 SNS에 소개하면서 큰 호응을 얻은 것으로 실제로 퇴사하진 않지만 최소한의 일만 하는 업무 태도를 말한다. 실제로 MZ세대 직장인은 적당히 하자라는 생각으로 주어진 업무는 하되 더 찾아서 하거나 스트레스 받을 수준으로 많은 일을 맡지 않고, 사내 행사도 꼭 필요할 때만 참여해 일과 삶을 철저히 분리하고 있다. 한 채용플랫폼의 설문조사 결과에 따르면 직장인 10명 중 7명이 '월급받는 만큼만 일하면 끝'이라고 답했고, 20대 응답자 중 78.5%, 30대 응답자 중 77.1%가 '받은 만큼만 일한다.'라고 답했다.

설문조사 결과 연령대가 높아질수록 그 비율은 감소해 젊은 층을 중심으로 이 같은 인식이 확산하고 있음을 짐작할 수 있다.

이러한 인식이 확산하는 데는 인플레이션으로 인한 임금 감소, '돈을 많이 모아도 집 한 채를 살 수 있을까?' 등 전반적인 경제적 불만이 기저에 있다고 전문가들은 말했다. 또 MZ세대가 '노력에 상응하는 보상을 받고 있는지'에 민감하게 반응하는 특성을 가지고 있는 것도 한몫하고 있다.

문제점은 이러한 '조용한 사직' 분위기가 기업의 전반적인 생산성 저하로 이어지고 있는 것이다. 이에 맞서 기업도 '조용한 사직'으로 대응해 게으른 직원에게 업무를 주지 않는 '조용한 해고'를 하는 상황이 발생하고 있다. 이에 전문가들은 MZ세대 직장인을 나태하다고 구분 짓는 사고방식은 잘못되었다고 지적하며, 기업 차원에서는 '_____'이, 개인 차원에서는 '스스로 일과 삶을 잘 조율하는 현명함을 만드는 것'이 필요하다고 언급했다.

① 직원이 일한 만큼 급여를 올려주는 것
② 직원이 스트레스를 받지 않게 적당량의 업무를 배당하는 것
③ 젊은 세대의 채용을 신중히 하는 것
④ 젊은 세대의 특성을 이해하고 온전히 받아들이는 것
⑤ 젊은 세대가 함께할 수 있도록 분위기를 만드는 것

※ 다음은 S사에서 제공하는 임직원 복지 혜택에 대한 설명이다. 이어지는 질문에 답하시오. **[69~70]**

〈임직원 복지 혜택 세부사항〉

구분	내용	대상	금액
명절 상여금	설날·추석 명절 상여금으로 매년 1월과 9월에 월급여의 일정 비율만큼 월급여에 합하여 지급함	해당 월 입사 3년 차 이상인 자	월급여의 10%
경조사비	부모, 배우자, 자녀의 경조사의 경우 직급에 따라 일정 금액을 경조사일이 속한 달의 다음 달 급여에 월급여와 합하여 지급함(결혼, 돌, 장례식 등)	제한 없음	– 사원, 주임, 대리 : 부모·배우자 (200,000원), 자녀(100,000원) – 과장 이상 : 300,000원
여름·겨울 휴가비	여름·겨울 휴가비로 매년 7월과 12월에 직급에 따라 일정 금액을 월급여와 합하여 지급함	해당 월 입사 2년 차 이상인 자	〈여름〉 – 사원, 주임 : 250,000원 – 대리 : 350,000원 – 과장 이상 : 500,000원 〈겨울〉 – 사원, 주임 : 150,000원 – 대리 : 250,000원 – 과장 이상 : 500,000원
문화생활비	임직원 문화생활 활성화를 위해 입사일 다음 해부터 매년 입사일이 속한 달의 월급여에 합하여 지급함	해당 월 입사 2년 차 이상인 자	100,000원
자기계발비	임직원 자기계발을 위해 직급에 따라 일정 금액을 매년 3월 급여에 합하여 지급함	제한 없음	– 사원, 주임 : 300,000원 – 대리 이상 : 200,000원
출산축하금 (경조사비와는 별개)	재직기간 중 출산했을 경우 휴가 1년(남성은 3개월)과는 별개로 추가 휴가 6개월(남성은 2개월) 또는 출산축하금 중 택 1하여 지원함(출산축하금의 경우 출산일이 속한 달 월급여에 합하여 지급함)	제한 없음	– 여성 : 5,000,000원 – 남성 : 2,000,000원 부부 모두 재직 시 부부 합산을 여성 월급여 통장에 입금
자녀학자금	대학생 자녀가 있을 경우, 매년 4월과 10월에 월급여에 합하여 지원함	과장 이상	등록금에서 장학금을 제외한 금액의 70%를 지원함

69 다음은 2024년 1월 2일에 A주임이 회계팀에 문의한 내용이다. 상반기에 복지 혜택까지 포함된 A주임의 총급여는?(단, 상반기는 1 ~ 6월이며, 출산예정일은 변동이 없다)

〈문의 내용〉

안녕하세요? 재작년 3월 2일에 입사한 영업팀 A주임입니다. 올 상반기 제가 받을 급여가 총 얼마인지 알고 싶어 문의하게 되었습니다. 현재 월급여는 320만 원이고, 5월부터는 대리로 진급함과 동시에 350만 원으로 인상될 것이라고 전달받았습니다. 작년 12월 저희 아버님이 돌아가셨고, 올해 6월에 타 회사에 근무 중인 아내가 첫 아이를 출산할 예정입니다. 그리고 출산축하금으로 받을 거예요.

① 1,940만 원   ② 2,120만 원

③ 2,240만 원   ④ 2,460만 원

⑤ 2,620만 원

70 임직원 복지 혜택 세부사항의 일부 내용이 다음과 같이 변경되었다면, 상반기에 복지 혜택까지 포함된 **69**번 A주임의 총급여는?

〈변경 후 내용〉

- 명절상여금 : 입사 2년 차 이상, 월급여의 5%
- 경조사비 : 직급·사유 관계없이 200,000원
- 여름·겨울 휴가비 : 입사 2년 차 미만은 직급 관계없이 100,000원, 입사 2년 차 이상은 기존 내용과 동일
- 문화생활비 : 항목 삭제
- 자기계발비 : 사원 직급에게만 매년 3월 500,000원 한도 내에서 업무 관련 자기계발비 증명자료 제출 시 지급
- 출산축하금 : 여성·남성 관계없이 3,000,000원 지급 및 부부 모두 재직 시 각각 지급
- 자녀학자금 : 매년 3월 2,000,000원 지급

---

① 1,985만 원

② 2,104만 원

③ 2,255만 원

④ 2,316만 원

⑤ 2,562만 원

2권

제2회
신한은행 SLT
필기시험

www.sdedu.co.kr

〈문항 수 및 시험시간〉

영역		문항 수	시험시간	모바일 OMR 답안채점 / 성적분석 서비스
NCS 직업기초능력평가	의사소통능력 / 수리능력 / 문제해결능력	70문항	90분	
금융상식	경영일반 / 경제일반 / 금융상식			
디지털 리터러시 평가	논리적 사고 / 알고리즘 설계			

※ 본 모의고사는 2024년 상·하반기 신한은행 일반직 신입행원 채용공고를 기준으로 구성되어 있습니다.

※ 쉬는 시간 없이 진행되며, 시험 종료 후 OMR 답안카드에 마킹하는 행동은 부정행위로 간주합니다.

제2회 모의고사

| 문항 수 : 70문항 |
| 시험시간 : 90분 |

※ 다음은 S씨의 올해 1 ~ 8월 지출 내역이다. 이어지는 질문에 답하시오. **[1~2]**

〈1 ~ 8월 지출 내역〉

종류	내역
신용카드	2,500,000원
체크카드	3,500,000원
현금영수증	–

※ 연봉의 25%를 초과한 금액에 한해 신용카드 15% 및 현금영수증·체크카드 30% 공제
※ 공제는 초과한 금액에 대해 공제율이 높은 종류를 우선적으로 적용

01 S씨의 연봉 예상 금액이 35,000,000원일 때, 연말정산에 대비하기 위한 전략으로 적절하지 않은 것은?

① 신용카드와 체크카드 사용금액이 연봉의 25%를 넘어야 공제가 가능하다.

② 현재 사용금액에서 2,750,000원보다 더 사용해야 소득공제가 가능하다.

③ 체크카드를 5,000,000원 더 사용하면, 2,250,000원이 소득공제금액에 포함되고 공제액은 675,000원이다.

④ 신용카드를 5,750,000원 더 사용하면, 3,000,000원이 소득공제금액에 포함되고 공제액은 900,000원이다.

⑤ 신용카드 사용금액이 더 적기 때문에 체크카드보다 신용카드를 많이 사용하는 것이 공제에 유리하다.

02 S씨는 8월 이후로 신용카드를 4,000,000원 더 사용했고, 현금영수증 금액을 확인해보니 5,000,000원이었다. 또한 연봉이 40,000,000원으로 인상되었다. 다음 세율을 적용하여 신용카드, 현금영수증 등 소득공제 금액에 대한 세금을 구하면?

과표	세율
연봉 1,200만 원 이하	6%
연봉 4,600만 원 이하	15%
연봉 8,800만 원 이하	24%
연봉 15,000만 원 이하	35%
연봉 15,000만 원 초과	38%

① 90,000원
② 225,000원
③ 247,500원
④ 450,000원
⑤ 1,500,000원

03 다음 글에 대한 설명으로 적절하지 않은 것은?

> 지대는 3가지 생산요소, 즉 토지, 자본, 노동의 소유자인 지주, 자본가, 노동자에게 돌아가는 정상적인 분배 몫을 제외하고 남는 잉여 부분을 말한다. 가령 시장에서 인기가 많은 과일이 어느 특정 지역에서만 생산된다면 이곳에 땅을 가진 사람들은 자신들이 정상적으로 땅을 빌려주고 받을 수 있는 소득보다 훨씬 높은 잉여이익을 챙길 수 있을 것이다. 강남에 부동산을 가진 사람들은 그곳에 좋은 학군이 있고 좋은 사설학원들이 있기 때문에 다른 곳보다 훨씬 비싼 값에 부동산을 팔거나 임대할 수 있다. 정상적인 이익을 넘어서는 과도한 이익, 이것이 전통적인 지대 개념이다.
>
> 영국의 경제학자 알프레드 마샬(Alfred Marshall)은 경제가 발전하고 복잡해짐에 따라 원래 땅에서 생겨난 이 지대 개념을 다른 산업분야로 확장하고, 땅으로부터의 잉여이익과 차별화하기 위해 '준지대'라는 이름을 붙였다. 즉, 특정 산업부문에 진입 장벽이나 규제가 있어 진입 장벽을 넘은 사람들이 실제보다 더 많은 잉여이익을 얻는 경우를 모두 총괄해서 준지대라고 하는 것이다. 가령 정부가 변호사와 의사 숫자를 대폭 제한하는 법이나 규제를 만들 경우 이미 진입 장벽을 넘은 변호사나 의사들은 자신들이 제공하는 전문적 서비스 이상으로 소득이 늘게 되는데 이것이 준지대가 되는 것이다. 또 특정 IT 기술자에 대한 수요가 급증했는데 자격을 가진 사람이 적어서 노동 공급이 한정된 경우 임금이 정상적 상태를 넘어서 대폭 상승한다. 이때의 임금상승은 생산요소의 한정적 공급에 따른 것으로 역시 준지대적 성격을 가진다.
>
> 원래 마샬이 생각했던 준지대는 일시적 현상으로서 시간이 지나면 해소되는 것이었다. 이를 테면 특정 IT 기술자에 대한 수요가 오랫동안 꾸준할 경우 이 기술을 배우려는 사람이 늘어나고 노동 공급이 증가해 임금이 하락하게 된다. 시간이 지나면서 준지대가 해소되는 것이다. 그러나 정부가 어떤 이유로든 규제 장치나 법률을 제정해서 장벽을 쌓으면 준지대는 계속 유지될 수 있을 것이다. 이렇게 특정 산업의 로비스트들이 준지대를 유지하기 위하여 정부에 로비하고 정치권에 영향력을 행사하는 행위를 '지대추구'라고 한다.
>
> 역사적으로 지대추구의 대표적인 사례는 길드조직이었다. 남들보다 먼저 도시에 자리잡은 수공업자들은 각종 길드를 만들어 업종 칸막이를 했다. 한 길드는 비슷한 품목을 만들어내는 다른 길드의 영역을 침범할 수 없었고 심지어 큰 포도주 통을 만드는 사람은 작은 포도주 통을 만들지 못하도록 금지되었다. 당시 길드의 가장 큰 목적은 새로운 인력의 진입을 봉쇄하는 것이었다.
>
> 중세 봉건사회가 해체되면서 도시로 몰려들고 있는 저임금 노동자들이 더 싼 임금으로 수공업에 진출하려고 하자, 기득권을 지닌 도시 수공업자들이 귀족들의 비호 아래 길드조직을 법으로 보호해 저임금 신규인력 진출을 막고 자신들의 높은 이익을 보호하려 한 것이다.

① 지대는 토지와 자본, 노동의 대가를 제외한 나머지 부분을 일컫는다.

② 전통적으로 지대를 통해 비정상적으로 과도한 이익을 얻는 경우가 많았다.

③ 특정 농산물의 수요가 증가한다면, 그 지역의 지대는 평소보다 증가한다.

④ 준지대는 시간이 지나면 반드시 해소되는 것은 아니다.

⑤ 정부는 규제 장치나 법률 제정으로 지대추구 행위를 해소하려고 노력한다.

04 다음 〈보기〉는 3반 학생들의 기말고사 점수이다. 국어점수가 80점 이상이고, 사회점수가 85점 이상인 학생들을 문과반 부장 후보로 선출하고, 결과를 '후보'열에 다음과 같이 입력하려고 한다. 함수를 〈조건〉과 같이 정의할 때, 사용할 수식으로 옳은 것은?

〈보기〉

	A	B	C	D	E
1	이름	국어	수학	사회	후보
2	이우진	85	68	85	TRUE
3	김사윤	78	89	97	FALSE
4	박지현	90	89	67	FALSE
5	민경희	87	70	98	TRUE
6	안상현	39	95	79	FALSE
7	박수빈	98	87	67	FALSE

〈조건〉

- ■(인수1, 인수2, …) : 인수 중 하나라도 참이면 TRUE를 반환하는 함수
- ○(인수1, 인수2, …) : 인수가 모두 참이어야 TRUE를 반환하는 함수
- ▲(조건, 인수1, 인수2) : 조건이 참이면 인수1, 그 외에는 인수2를 반환하는 함수
- △(인수1, 인수2, …) : 인수들의 평균을 구하는 함수
- ▽(인수1, 인수2, …) : 인수들의 합을 구하는 함수

① = ○(C2> = 80, D2> = 85)

② = ▲(▽(B2, D2)> = 85, "TRUE", "FALSE")

③ = ▲(△(B2, D2)> = 80, "TRUE", "FALSE")

④ = ○(B2> = 80, D2> = 85)

⑤ = ■(B2> = 80, D2> = 85)

05 다음은 데이트 폭력 신고건수에 대한 그래프이다. 이에 대한 설명으로 옳지 않은 것은?(단, 비율은 소수점 둘째 자리에서 반올림한다)

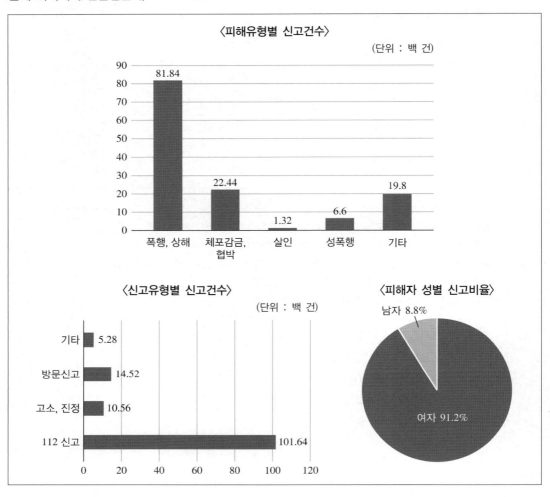

① 데이트 폭력 신고건수는 총 13,200건이다.

② 112 신고로 접수된 건수는 체포감금, 협박 피해자로 신고한 건수의 4배 이상이다.

③ 남성 피해자의 50%가 폭행, 상해로 신고했을 때, 폭행, 상해 전체 신고건수에서 남성의 비율은 약 7.1%이다.

④ 방문신고 건수의 25%가 성폭행 피해자일 때, 이들은 전체 신고건수에서 약 2.8%를 차지한다.

⑤ 살인 신고건수에서 여성 피해자가 남성 피해자의 2배일 때, 전체 남성 피해자 신고건수에서 살인 신고건수가 차지하는 비율은 3% 미만이다.

06 다음 〈보기〉 중 소비자·생산자 잉여에 대한 설명으로 옳은 것을 모두 고르면?

─〈보기〉─

ㄱ. 외부효과가 발생하는 완전경쟁시장에서의 경제적 후생은 소비자 잉여와 생산자 잉여의 합이다.
ㄴ. 경제적 후생은 소비자 잉여와 생산자 잉여로 측정한다.
ㄷ. 가격이 하락하면 소비자 잉여는 증가한다.
ㄹ. 생산자 잉여는 소비자의 지불가능 금액에서 실제 지불금액을 뺀 것을 말한다.

① ㄱ, ㄴ   ② ㄱ, ㄷ
③ ㄴ, ㄷ   ④ ㄴ, ㄹ
⑤ ㄷ, ㄹ

07 다음 글의 서술상 특징으로 가장 적절한 것은?

제2차 세계대전이 끝나고 나서 미국과 소련 및 그 동맹국들 사이에서 공공연하게 전개된 제한적 대결 상태를 냉전이라고 한다. 냉전의 기원에 관한 논의는 냉전이 시작된 직후부터 최근까지 계속 진행되었다. 이는 단순히 냉전의 발발 시기와 이유에 대한 논의만이 아니라, 그 책임 소재를 묻는 것이기도 하다. 그 연구의 결과를 편의상 세 가지로 나누어 볼 수 있다.

가장 먼저 나타난 전통주의는 냉전을 유발한 근본적 책임이 소련의 팽창주의에 있다고 보았다. 소련은 세계를 공산화하기 위한 계획을 수립했고, 이 계획을 실행하기 위해 특히 동유럽 지역을 시작으로 적극적인 팽창 정책을 수행하였다. 그리고 미국이 자유 민주주의 세계를 지켜야 한다는 도덕적 책임감에 기초하여 그에 대한 봉쇄 정책을 추구하는 와중에 냉전이 발생했다고 본다. 그리고 미국의 봉쇄 정책이 성공적으로 수행된 결과 냉전이 종식되었다는 것이 이들의 입장이다.

여기에 비판을 가한 수정주의는 기본적으로 냉전의 책임이 미국 쪽에 있고, 미국의 정책은 경제적 동기에서 비롯되었다고 주장했다. 즉, 미국은 전후 세계를 자신들이 주도해 나가야 한다고 생각했고, 전쟁 중에 급증한 생산력을 유지할 수 있는 시장을 얻기 위해 세계를 개방 경제 체제로 만들고자 했다. 그러므로 미국 정책 수립의 기저에 깔린 것은 이념이 아니라는 것이다. 무엇보다 소련은 미국에 비해 국력이 미약했으므로 적극적 팽창 정책을 수행할 능력이 없었다는 것이 수정주의의 기본적 입장이었다. 오히려 미국이 유럽에서 공격적인 정책을 수행했고, 소련은 이에 대응했다는 것이다.

냉전의 기원에 관한 또 다른 주장인 탈수정주의는 위의 두 가지 주장에 대한 절충적 시도로서, 냉전의 책임을 일방적으로 어느 한쪽에 부과해서는 안 된다고 보았다. 즉, 냉전은 양국이 추진한 정책의 '상호작용'에 의해 발생했다는 것이다. 또한, 경제를 중심으로만 냉전을 보아서는 안 되며 안보 문제 등도 같이 고려하여 파악해야 한다고 보았다. 소련의 목적은 주로 안보 면에서 제한적으로 추구되었는데, 미국은 소련의 행동에 과잉 반응했고, 이것이 상황을 악화시켰다는 것이다. 이로 인해 냉전 책임론은 크게 후퇴하고 구체적인 정책 형성에 대한 연구가 부각되었다.

① 하나의 현상에 대한 다양한 견해를 제시하고 있다.
② 여러 가지 의견을 비교하면서 그 우월성을 논하고 있다.
③ 기존의 견해를 비판하면서 새로운 견해를 제시하고 있다.
④ 현상의 원인을 분석하여 다양한 해결책을 제시하고 있다.
⑤ 충분한 사례를 들어 자신의 주장을 뒷받침하고 있다.

08 다음은 4개 국가 국제선에 대한 통계 자료이다. 이에 대한 설명으로 옳은 것은?

〈국가별 여객 및 화물 현황〉

(단위 : 명, 톤)

국가	여객			화물		
	도착	출발	합계	도착	출발	합계
일본	3,661,457	3,683,674	7,345,131	49,302.6	49,812.3	99,114.9
미주	222	107	329	106.7	18.4	125.1
동남아	2,785,258	2,757,248	5,542,506	36,265.7	40,503.5	76,769.2
중국	1,884,697	1,834,699	3,719,396	25,217.6	31,315.8	56,533.4

〈국가별 운항 현황〉

(단위 : 편)

국가	운항편수		
	도착	출발	합계
일본	21,425	21,433	42,858
미주	5	1	6
동남아	16,713	16,705	33,418
중국	12,427	12,446	24,873

① 중국 국제선의 출발 여객 1명당 출발 화물량은 도착 여객 1명당 도착 화물량보다 적다.

② 미주 국제선의 전체 화물 중 도착 화물이 차지하는 비중은 90%를 초과한다.

③ 동남아 국제선의 도착 운항 1편당 도착 화물량은 2톤 이상이다.

④ 중국 국제선의 도착 운항편수는 일본 국제선의 도착 운항편수의 70% 이상이다.

⑤ 각 국가의 전체 화물 중 도착 화물이 차지하는 비중은 동남아 국제선이 일본 국제선보다 높다.

※ 다음은 2024년 하반기 S사 신입사원 채용공고이다. 이어지는 질문에 답하시오. [9~10]

〈2024년 하반기 S사 신입사원 채용공고〉

- 채용인원 및 선발분야 : 총 ○○명(기능직 ○○명, 행정직 ○○명)
- 지원자격

구분	주요내용
학력	• 기능직 : 해당 분야 전공자 또는 관련 자격 소지자 • 행정직 : 학력 및 전공 제한 없음
자격	• 기능직의 경우 관련 자격증 소지 여부 확인 • 외국어 능력 성적 보유자에 한해 성적표 제출
연령	만 18세 이상(채용공고일 2024. 7. 23. 기준)
병역	병역법에 명시한 병역기피 사실이 없는 자 (단, 현재 군복무 중인 경우 채용예정일 이전 전역 예정자 지원 가능)
기타	2024년 하반기 신입사원 채용부터 지역별 지원 제한 폐지

- 채용전형 순서 : 서류전형 – 필기전형 – 면접전형 – 건강검진 – 최종합격
- 채용예정일 : 2024년 11월 15일

09 S사 채용 Q&A 게시판에 다음과 같은 질문이 올라왔다. 이에 대한 답변으로 옳은 것은?

> 안녕하세요. 이번 S사 채용공고를 확인하고 지원하려고 하는데 지원자격과 관련하여 여쭤보려고 합니다. 대학을 졸업하고 현재 군인 신분인 제가 이번 채용에 지원할 수 있는지 확인하고 싶어서요. 답변 부탁드립니다.

① 죄송하지만 이번 채용에서는 대학 졸업 예정자만을 대상으로 하고 있습니다.
② 채용예정일 이전 전역 예정자라면 지원 가능합니다.
③ 기능직의 경우 필요한 자격증을 보유하고 있다면 누구든지 지원 가능합니다.
④ 지역별로 지원 제한이 있으므로 확인하시고 지원하기 바랍니다.
⑤ 행정직의 경우 외국어 능력 성적 기준 제한이 있으므로 확인하시고 지원하기 바랍니다.

10 다음 중 S사에 지원할 수 없는 사람은?

① 최종학력이 고등학교 졸업인 A
② 관련 학과를 전공하고 기능직에 지원한 B
③ 2024년 11월 10일 기준으로 만 18세가 된 C
④ 현재 군인 신분으로 2024년 11월 5일 전역 예정인 D
⑤ 외국어 능력 성적 유효 기간이 경과한 E

11 다음은 자동차 외판원인 A ~ F의 판매실적에 대한 내용이다. 제시된 내용이 모두 참일 때, 옳은 것은?

> - A는 B보다 실적이 높다.
> - C는 D보다 실적이 낮다.
> - E는 F보다 실적이 낮지만, A보다는 높다.
> - B는 D보다 실적이 높지만, E보다는 낮다.

① 실적이 가장 높은 외판원은 F이다.
② C의 실적은 꼴찌가 아니다.
③ B의 실적보다 낮은 외판원은 3명이다.
④ E의 실적이 가장 높다.
⑤ A의 실적이 C의 실적보다 적다.

12 다음 간접금융에 대한 〈보기〉의 설명 중 옳지 않은 것을 모두 고르면?

> ─────〈보기〉─────
> ㄱ. 간접금융에 비해 직접금융은 금융비용이 적게 발생한다.
> ㄴ. 자금 수요자가 주식 또는 채권을 발행하여 자금을 조달하는 경우는 간접금융에 해당한다.
> ㄷ. 간접금융은 직접금융에 비해 불확실성이 더 적다고 할 수 있다.
> ㄹ. 금융시장이 발전할수록 직접금융에 비해 간접금융의 비중이 높아진다.

① ㄱ, ㄴ   ② ㄱ, ㄷ
③ ㄴ, ㄷ   ④ ㄴ, ㄹ
⑤ ㄷ, ㄹ

13 S은행은 신입사원들을 대상으로 3개월 동안 의무적으로 강연을 듣게 하였다. 강연은 월요일과 수요일에 1회씩 열리고 금요일에는 격주로 1회씩 열린다고 할 때, 8월 1일 월요일에 처음 강연을 들은 신입사원이 13번째 강연을 듣는 날은?(단, 첫째 주 금요일 강연은 열리지 않았다)

① 8월 31일   ② 9월 2일
③ 9월 5일   ④ 9월 7일
⑤ 9월 9일

14 다음 글에서 〈보기〉의 문장이 들어갈 위치로 가장 적절한 곳은?

점탄성이란 무엇일까? 어떤 물체가 힘과 변형의 관계에서 탄성체가 가지고 있는 '즉각성(힘과 변형의 관계가 즉각적으로 형성되는 성질)'과 점성체가 가지고 있는 '시간 지연성(힘과 변형의 관계가 시간에 따라 서서히 변하는 성질)'을 모두 지녔을 때 점탄성을 가지고 있다고 하고, 그 물체를 점탄성체라 한다. _____ (가) _____ 이러한 점탄성을 잘 보여 주는 물리적 현상으로 응력 완화와 크리프(Creep)를 예로 들 수 있다. 응력 완화는 변형된 상태가 고정되어 있을 때 물체가 받는 힘인 응력이 시간에 따라 감소하는 현상이다. 그리고 크리프는 응력이 고정되어 있을 때 변형이 서서히 증가하는 현상이다. _____ (나) _____

응력 완화를 이해하기 위해 고무줄에 힘을 주어 특정 길이만큼 당긴 후 이 길이를 유지하는 경우를 생각해 보자. 외부에서 힘을 주면 고무줄은 즉각적으로 늘어나게 된다. 힘과 변형의 관계가 탄성의 특성인 '즉각성'을 보여 주는 것이다. 그런데 이때 늘어난 고무줄의 길이를 그대로 고정해 놓으면, 시간이 지남에 따라 겉보기에는 아무 변화가 없지만 고무줄의 분자들의 배열 구조가 점차 변하며 응력이 서서히 감소하게 된다. 이는 점성의 특성인 '시간 지연성'을 보여 주는 것이다. _____ (다) _____

이제는 고무줄에 추를 매달아 고무줄이 일정한 응력을 받도록 하는 경우를 살펴보자. 고무줄은 순간적으로 일정 길이만큼 늘어난다. 이는 탄성체가 가지고 있는 특성을 보여 준다. 그러나 이후에는 시간이 지남에 따라 점성체와 같이 분자들의 위치가 점차 변하며 고무줄이 서서히 늘어나게 되는데, 이러한 현상이 크리프이다. 오랜 세월이 지나면 유리창 유리의 아랫부분이 두꺼워지는 것도 이와 같은 현상이다. _____ (라) _____

점탄성체의 변형에 걸리는 시간이 물질마다 다른 것은 분자나 원자 간의 결합 및 배열된 구조가 서로 다르기 때문이다. 나일론과 같은 물질의 응력 완화와 크리프는 상온(常溫)에서도 인지할 수 있지만, 금속의 경우 너무 느리게 일어나므로 상온에서는 관찰이 어렵다. 온도를 높이면 물질의 유동성이 증가하기 때문에, 나일론의 경우 온도를 높임에 따라 응력 완화와 크리프가 가속화되며, 금속도 고온에서는 응력 완화와 크리프를 인지할 수 있다. _____ (마) _____

〈보기〉

㉠ 이처럼 점탄성체의 변형이 그대로 유지될 때, 응력이 시간에 따라 서서히 감소하는 현상이 응력 완화이다.
㉡ 모든 물체는 본질적으로는 점탄성체이며 물체의 점탄성 현상이 우리가 인지할 정도로 빠르게 일어나는가 아닌가의 차이가 있을 뿐이다.

① ㉠ – (나), ㉡ – (라)
② ㉠ – (다), ㉡ – (가)
③ ㉠ – (다), ㉡ – (라)
④ ㉠ – (다), ㉡ – (마)
⑤ ㉠ – (라), ㉡ – (마)

※ 다음은 숙소 정보 및 숙소 배정조건에 대한 자료이다. 기획조정부 A과장, B대리, C대리, D주임, E주임, F사원이 포럼 참석을 위해 대전에 있는 숙소에서 숙박할 예정이라고 할 때, 이어지는 질문에 답하시오. [15~16]

〈숙소 정보〉

• 숙소는 1동, 2동, 3동으로 나뉘며, 각 동은 1층부터 2층까지 있다.
• 각 호실은 층마다 1개씩만 있다.

〈숙소 배정조건〉

• 직원들은 각자 1개 호실을 이용한다.
• A과장은 2층 호실을 이용한다.
• 주임끼리는 같은 동에 숙소를 배정받는다.
• F사원은 A과장과 같은 동에 숙소를 배정받는다.
• C대리는 1층 숙소를 배정받는다.
• D주임은 2동 2층 숙소를 이용한다.

15 숙소 배정조건에 따라 기획조정부 A과장, B대리, C대리, D주임, E주임, F사원의 숙소가 배정된다고 할 때, 〈보기〉의 설명 중 항상 참인 것을 모두 고르면?

─〈보기〉─

ㄱ. A과장은 1동 2층 호실을 이용한다.
ㄴ. F사원은 1동 2층 호실을 이용한다.
ㄷ. E주임은 2동 1층 호실을 이용한다.
ㄹ. B대리는 3동 2층 호실을 이용한다.

① ㄱ
② ㄷ
③ ㄱ, ㄴ
④ ㄷ, ㄹ
⑤ ㄴ, ㄷ, ㄹ

16 B대리가 다리를 다치는 바람에 의무실에서 가장 가까운 3동 1층 숙소를 이용하게 되었고, C대리는 1층이 아닌 2층 숙소를 배정받게 되었다고 한다. 이를 고려할 때, 다음 중 1동 1층 호실을 배정받을 직원은?

① A과장
② B대리
③ D주임
④ E주임
⑤ F사원

17 다음 순서도는 운동규칙에 따라 종목을 분류한 것이다. 순서도에 배드민턴, 축구, 수영을 넣었을 때, 출력되는 도형으로 바르게 짝지어진 것은?

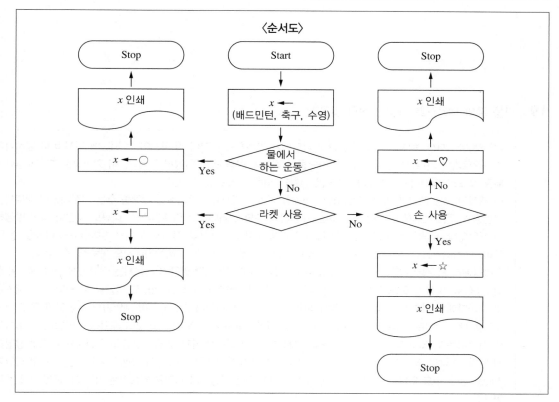

〈순서도 기호〉

기호	설명	기호	설명
(둥근 모서리 직사각형)	시작과 끝을 나타낸다.	(마름모)	어느 것을 택할 것인지를 판단한다.
(직사각형)	데이터를 입력하거나 계산하는 등의 처리를 한다.	(출력 기호)	선택한 값을 출력한다.

	배드민턴	축구	수영
①	□	♡	○
②	♡	☆	○
③	□	♡	☆
④	○	□	□
⑤	☆	♡	○

18 유동성함정에 대한 다음 〈보기〉의 설명 중 옳은 것을 모두 고르면?

─────〈보기〉─────

ㄱ. 유동성함정은 고전학파의 대표적인 이론으로 통화공급의 증가가 이자율을 낮출 수 있음을 설명한다.
ㄴ. 유동성함정은 시장참여자들이 미래 디플레이션을 예상할 때 혹은 수요부족, 경기불황 시 나타난다.
ㄷ. 유동성함정은 유동성이 충분하여 실질금리가 0인 상태를 말한다.
ㄹ. 유동성함정은 IS – LM 모형에서 LM 곡선이 수평이 된다.

① ㄱ, ㄴ ② ㄱ, ㄷ
③ ㄴ, ㄷ ④ ㄴ, ㄹ
⑤ ㄷ, ㄹ

19 다음 글의 내용으로 가장 적절한 것은?

지진해일은 지진, 해저 화산폭발 등으로 바다에서 발생하는 파장이 긴 파도이다. 지진에 의해 바다 밑바닥이 솟아오르거나 가라앉으면 바로 위의 바닷물이 갑자기 상승 또는 하강하게 된다. 이 영향으로 지진해일파가 빠른 속도로 퍼져나가 해안가에 엄청난 위험과 피해를 일으킬 수 있다.

전 세계의 모든 해안 지역이 지진해일의 피해를 받을 수 있지만, 우리에게 피해를 주는 지진해일의 대부분은 태평양과 주변 해역에서 발생한다. 이는 태평양의 규모가 거대하고 이 지역에서 대규모 지진이 많이 발생하기 때문이다. 태평양에서 발생한 지진해일은 발생 하루 만에 발생지점에서 지구의 반대편까지 이동할 수 있으며, 수심이 깊을 경우 파고가 낮고 주기가 길기 때문에 선박이나 비행기에서도 관측할 수 없다.

먼바다에서 지진해일 파고는 해수면으로부터 수십 cm 이하이지만 얕은 바다에서는 급격하게 높아진다. 수심이 6,000m 이상인 곳에서 지진해일은 비행기의 속도와 비슷한 시속 800km로 이동할 수 있다. 지진해일은 얕은 바다에서 파고가 급격히 높아짐에 따라 그 속도가 느려지며 지진해일이 해안가의 수심이 얕은 지역에 도달할 때 그 속도는 시속 45 ~ 60km까지 느려지면서 파도가 강해진다. 이것이 해안을 강타함에 따라 파도의 에너지는 더 짧고 더 얕은 곳으로 모여 무시무시한 파괴력을 가져 우리의 생명을 위협하는 파도로 발달하게 된다. 최악의 경우 파고가 15m 이상으로 높아지고 지진의 진앙 근처에서 발생한 지진해일의 경우 파고가 30m를 넘을 수도 있다. 파고가 3 ~ 6m 높이가 되면 많은 사상자와 피해를 일으키는 아주 파괴적인 지진해일이 될 수 있다.

지진해일의 파도 높이와 피해 정도는 에너지의 양, 지진해일의 전파 경로, 앞바다와 해안선의 모양 등으로 결정될 수 있다. 또한 암초, 항만, 하구나 해저의 모양, 해안의 경사 등 모든 것이 지진해일을 변형시키는 요인이 된다.

① 지진해일은 파장이 짧으며, 화산폭발 등으로 인해 발생한다.
② 태평양 인근에서 발생한 지진해일은 대부분 한 달에 걸쳐 지구 반대편으로 이동하게 된다.
③ 바다가 얕을수록 지진해일의 파고가 높아진다.
④ 지진해일이 해안가에 도달할수록 파도가 강해지며 속도는 800km에 달한다.
⑤ 해안의 경사는 지진해일에 아무런 영향을 주지 않는다.

20 다음은 국가 A ~ H의 GDP와 에너지 사용량에 대한 자료이다. 이에 대한 설명으로 옳지 않은 것은?

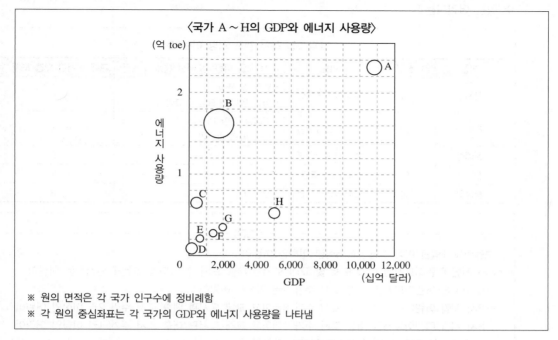

① 에너지 사용량이 가장 많은 국가는 A국이고, 가장 적은 국가는 D국이다.
② 1인당 에너지 사용량은 C국이 D국보다 많다.
③ GDP가 가장 낮은 국가는 D국이고, 가장 높은 국가는 A국이다.
④ 1인당 GDP는 H국이 B국보다 높다.
⑤ 에너지 사용량 대비 GDP는 A국이 B국보다 낮다.

21 S시에서 1박 2일 어린이 독서 캠프를 열고자 한다. 〈조건〉에 따라 참가 신청을 받을 때 캠프에 참가할 수 있는 어린이는?

이름	성별	학년	S시 시립 어린이도서관 대출 도서명	교내 도서관 대출 도서 수
강지후	남	초등학교 6학년	• 열두 살 인생 • 아이 돌보는 고양이 고마워	–
김바다	남	초등학교 1학년	• 아빠는 화만 내 • 나는 따로 할거야	5
신예준	남	초등학교 3학년	–	2
진다은	여	중학교 2학년	–	7
황윤하	여	초등학교 2학년	• 강아지똥	3

〈1박 2일 독서 캠프 희망 어린이〉

〈조건〉

• 초등학교 1학년 이상 초등학교 6학년 이하인 어린이
• S시 시립 어린이도서관 대출 도서 및 교내 도서관 대출 도서 수가 다음 조건을 만족하는 어린이
  – S시 시립 어린이도서관 대출 도서 수가 3권 이상인 어린이
  – S시 시립 어린이도서관 대출 도서 수가 2권이고 교내 도서관 대출 도서 수가 2권 이상인 어린이
  – S시 시립 어린이도서관 대출 도서 수가 1권이고 교내 도서관 대출 도서 수가 4권 이상인 어린이
  – 교내 도서관 대출 도서 수가 5권 이상인 어린이

① 강지후
② 김바다
③ 신예준
④ 진다은
⑤ 황윤하

22 다음 글을 읽고 추론한 내용으로 적절하지 않은 것은?

선거 기간 동안 여론 조사 결과의 공표를 금지하는 것이 사회적 쟁점이 되고 있다. 조사 결과의 공표가 유권자 투표 의사에 영향을 미쳐 선거의 공정성을 훼손한다는 주장과 공표 금지가 선거 정보에 대한 언론의 접근을 제한하여 알 권리를 침해한다는 주장이 맞서고 있기 때문이다.

찬성론자들은 먼저 '밴드왜건 효과'와 '열세자 효과' 등의 이론을 내세워 여론 조사 공표의 부정적인 영향을 부각시킨다. 밴드왜건 효과에 의하면, 선거일 전에 여론 조사 결과가 공표되면 사표(死票) 방지 심리로 인해 표심이 지지도가 높은 후보 쪽으로 이동하게 된다. 이와 반대로 열세자 효과에 따르면, 열세에 있는 후보자에 대한 동정심이 발동하여 표심이 그쪽으로 움직이게 된다.

각각의 이론을 통해 알 수 있듯이 여론 조사 결과의 공표가 어느 쪽으로든 투표 행위에 영향을 미치게 되고 선거일에 가까워질수록 공표가 갖는 부정적 효과가 극대화되기 때문에 이를 금지해야 한다는 것이다. 이들은 또한 공정한 여론 조사가 진행될 수 있는 제반 여건이 아직은 성숙되지 않았다는 점도 강조한다. 그리고 금권, 관권 부정 선거와 선거 운동의 과열 경쟁으로 인한 폐해가 많았다는 것이 경험적으로도 확인되었다는 사실을 그 이유로 든다.

이와 달리 반대론자들은 무엇보다 표현의 자유를 실현하는 수단으로서 알 권리의 중요성을 강조한다. 알 권리는 국민이 의사를 형성하는 데 전제가 되는 권리인 동시에 국민 주권 실천 과정에 참여하는 데 필요한 정보와 사상 및 의견을 자유롭게 구할 수 있음을 강조하는 권리이다. 그리고 이 권리는 언론 기관이 '공적 위탁 이론'에 근거해 국민들로부터 위임받아 행사하는 것이므로 정보에 대한 언론의 접근이 보장되어야 충족된다. 후보자의 지지도나 당선 가능성 등에 관한 여론의 동향 등은 이 알 권리의 대상에 포함된다. 따라서 언론이 위임받은 알 권리를 국민의 뜻에 따라 대행하는 것이기 때문에 여론 조사 결과의 공표를 금지하는 것은 결국 표현의 자유를 침해하여 위헌이라는 논리이다. 또한 이들은 조사 결과의 공표가 선거의 공정성을 방해한다는 분명한 증거가 제시되지 않고 있기 때문에 조사 결과의 공표가 선거에 부정적인 영향을 미친다는 점이 확실하게 증명되지 않는다는 점도 강조한다.

우리나라 현행 선거법은 선거일 전 6일부터 선거 당일까지 조사 결과의 공표를 금지하고 있다. 선거 기간 내내 공표를 제한했던 과거와 비교해 보면 금지 기간이 대폭 줄었음을 알 수 있다. 이는 공표 금지에 대한 찬반 논쟁에 시사하는 바가 크다.

① 언론 기관이 알 권리를 대행하기도 한다.
② 알 권리는 법률에 의해 제한되기도 한다.
③ 알 권리가 제한되면 표현의 자유가 약화된다.
④ 알 권리에는 정보 수집의 권리도 포함되어 있다.
⑤ 공표 금지 기간이 길어질수록 알 권리는 강화된다.

23 다음은 S은행이 판매하는 예·적금 상품에 대한 자료이다. S은행 상품에 가입하고자 하는 고객의 문의사항을 참고하여 고객에게 추천할 상품으로 가장 적절한 것은?

<table>
<tr><th colspan="2">〈S은행 예·적금 상품〉</th></tr>
<tr><th>구분</th><th>특징</th></tr>
<tr><td>스마트 적금</td><td>• 가입기간 : 6 ~ 12개월
• 가입금액 : 매일 앱으로 1,000원씩 자동입금
• 복잡한 우대금리 조건이 없는 스마트폰 전용 적금</td></tr>
<tr><td>나라지킴이 적금</td><td>• 가입기간 : 24개월
• 가입금액 : 최대 50만 원
• 군인인 경우에만 가입 가능</td></tr>
<tr><td>우리아이 정기예금</td><td>• 가입기간 : 12 ~ 36개월
• 가입금액 : 첫 예치 시 1,000만 원 이상
• 우대금리 : 신규고객으로 한정하며, 최초 통장 개설 시 200만 원 이상 예치금 입금</td></tr>
<tr><td>우리집 만들기 예금</td><td>• 가입기간 : 12 ~ 24개월
• 가입금액 : 제한 없음
• 우대금리 : 당행 계열사 카드 전월 실적 30만 원 이상 및 당행 예·적금 상품 신규고객을 대상으로 하며, 통장에 300만 원 이상 보유 시</td></tr>
<tr><td>청년 적금</td><td>• 가입기간 : 36개월
• 가입금액 : 월 300 ~ 1,000만 원
• 우대금리 : 만 19 ~ 28세 이하인 경우 우대</td></tr>
</table>

〈고객 문의〉

저는 이번에 S은행 예·적금 상품에 가입하고자 하며, 기간은 24개월로 하고 싶습니다. 저는 S은행 계열사 카드를 매달 40만 원씩 쓰고 있고, 통장에 500만 원 정도 있습니다. 현재 S은행 상품에 가입한 이력이 없습니다. 제대는 이미 오래전에 했고요, 지금 나이는 30살입니다. 가입금액은 월 10만 원씩 넣고 싶습니다.

① 스마트 적금
② 나라지킴이 적금
③ 우리아이 정기예금
④ 우리집 만들기 예금
⑤ 청년 적금

24 다음은 S시의 학교폭력 상담 및 신고 건수에 대한 자료이다. 이에 대한 설명으로 옳지 않은 것은?

〈학교폭력 상담 및 신고 건수〉

(단위 : 건)

구분	2022년 7월	2022년 8월	2022년 9월	2022년 10월	2022년 11월	2022년 12월
상담	977	805	3,009	2,526	1,007	871
상담 누계	977	1,782	4,791	7,317	8,324	9,195
신고	486	443	1,501	804	506	496
신고 누계	486	929	2,430	3,234	3,740	4,236
구분	2023년 1월	2023년 2월	2023년 3월	2023년 4월	2023년 5월	2023년 6월
상담	( )	( )	4,370	3,620	1,004	905
상담 누계	9,652	10,109	14,479	18,099	19,103	20,008
신고	305	208	2,781	1,183	557	601
신고 누계	4,541	4,749	7,530	( )	( )	( )

① 2023년 1월과 2023년 2월의 학교폭력 상담 건수는 같다.

② 학교폭력 상담 건수와 신고 건수 모두 2023년 3월에 가장 많다.

③ 2023년 6월까지의 학교폭력 신고 누계 건수는 10,000건 이상이다.

④ 전월 대비 학교폭력 상담 건수가 증가한 달은 학교폭력 신고 건수도 같이 증가하였다.

⑤ 전월 대비 학교폭력 상담 건수가 가장 크게 감소한 달과 학교폭력 신고 건수가 가장 크게 감소한 달은 다르다.

25 다음 중 유가증권에 대한 설명으로 옳지 않은 것은?

① 유가증권은 사법상 재산권을 표시한 증권으로서 권리의 발생, 행사, 이전 등을 증권에 의해서만 행사할 수 있다.

② 증권거래법은 유가증권 범위를 열거하고 있으며 주식, 채권, 파생금융상품, 신용결합증권 등 그 범위가 확대되고 있다.

③ 유가증권 공모를 모집으로 하는 경우 50명 이상에게 신규발행 유가증권의 청약을 권유해야 한다.

④ 상품권은 현금과 동일한 유가증권으로 현금으로 상품권을 구입할 경우 현금영수증을 발급받을 수 있다.

⑤ 유가증권 시장을 흔히 코스피(KOSPI) 시장이라고 부른다.

26 다음 글의 내용으로 적절하지 않은 것은?

저작권이란 저작물을 보호하기 위해 저작자에게 부여된 독점적 권리를 말한다. 저작권은 소유한 물건을 자기 마음대로 이용하거나 처분할 수 있는 권리인 소유권과는 구별된다. 소설책을 구매한 사람은 책에 대한 소유권은 획득했지만, 그렇다고 소설에 대한 저작권을 획득한 것은 아니다. 따라서 구매자는 다른 사람에게 책을 빌려줄 수는 있으나, 저작자의 허락 없이 그 소설을 상업적 목적으로 변형하거나 가공하여 유통할 수는 없다. 이는 책에 대해서는 물건에 대한 소유권인 물권법이, 소설에 대해서는 저작권법이 각각 적용되기 때문이다. 저작권법에서 보호하는 저작물은 남의 것을 베낀 것이 아니라 저작자 자신의 것이어야 한다. 그리고 저작물의 수준이 높아야 할 필요는 없지만, 저작권법에 의한 보호를 받을 가치가 있는 정도로 최소한의 창작성을 지니고 있어야 한다.

저작자란 사실상의 저작 행위를 하여 저작물을 생산해 낸 사람을 가리킨다. 직업적인 문인뿐만 아니라 저작 행위를 하면 누구든지 저작자가 될 수 있다. 자연인으로서의 개인뿐만 아니라 법인도 저작자가 될 수 있다. 그리고 저작물에는 1차적 저작물뿐만 아니라 2차적 저작물도 포함되므로 2차적 저작물의 작성자도 저작자가 될 수 있다. 그러나 저작을 하는 동안 옆에서 도와주었거나 자료를 제공한 사람 등은 저작자가 될 수 없다. 저작자에게 저작권이라는 권리를 부여하여 보호하는 이유는 저작물이 곧 문화 발전의 원동력이 되기 때문이다. 저작물이 많이 나와야 그 사회가 문화적으로 풍요로워질 수 있다. 또 다른 이유는 저작자의 창작 노력에 대해 적절한 보상을 해 줌으로써 창작 행위를 계속할 수 있는 동기를 제공하는 데 있다.

① 남의 것을 베끼더라도 최소한의 창작성을 지닌 저작물이라면 저작권법에 의해 보호받을 수 있다.

② 소설책을 구매한 사람이 다른 사람에게 책을 빌려줄 수 있는 이유는 책에 대해 물권법이 적용되기 때문이다.

③ 저작권은 저작자에게 부여된 독점적 권리로, 소유권과 구별된다.

④ 2차적 저작물의 작성자도 저작자가 될 수 있지만, 저작의 과정에서 자료를 제공한 사람은 저작자가 될 수 없다.

⑤ 저작자에게 권리를 부여함으로써 저작자의 지속적인 창작 동기를 유발하고, 사회의 문화 발전에 기여하도록 한다.

27 철수는 친구들을 초대하여 생일 파티를 열 계획이다. 10,000원짜리 피자와 7,000원짜리 치킨 그리고 5,000원짜리 햄버거 여러 개를 주문하고자 하며, 주문한 피자와 치킨, 햄버거의 총개수는 10개이다. 음식마다 적어도 1개 이상을 주문해야 하고 피자는 치킨 개수의 2배를 주문할 때, 총금액이 가장 큰 경우와 가장 적은 경우의 차액은?

① 6,000원

② 8,000원

③ 12,000원

④ 24,000원

⑤ 36,000원

28 다과회를 준비하는 총무팀의 S사원은 인터넷 쇼핑몰을 통해 사과와 배, 귤을 각각 20개 이상씩 총 20,000원의 예산에 딱 맞춰 구입하였다. 인터넷 쇼핑몰에서 판매하는 사과와 배, 귤의 가격이 각각 개당 120원, 260원, 40원이고, 배를 가장 많이 구입하였다면 구입한 배의 최소 개수는?

① 47개

② 48개

③ 49개

④ 50개

⑤ 51개

29 다음은 임직원 출장여비 지급규정과 S차장의 출장비 지출 내역이다. S차장이 받을 수 있는 여비는?

〈임직원 출장여비 지급규정〉

- 출장여비는 일비, 숙박비, 식비, 교통비로 구성된다.
- 일비는 출장일수에 따라 매일 10만 원씩 지급한다.
- 숙박비는 숙박일수에 따라 실비 지급한다. 다만, 항공 또는 선박 여행 시 항공기 내 또는 선박 내에서의 숙박은 숙박비를 지급하지 아니한다.
- 식비는 일수에 따라 식사 여부에 상관없이 1일 3식으로 지급하며, 1끼니당 1만 원씩 지급한다. 단, 항공 또는 선박 여행 시에는 기내식이 포함되지 않을 경우만 지급하며, 출장 마지막 날 저녁은 지급하지 않는다.
- 교통비는 교통편의 운임 혹은 유류비 산출액을 실비 지급한다.

〈S차장의 2박 3일 출장비 지출 내역〉

8월 8일	8월 9일	8월 10일
• 인천 – 일본 항공편 : 84,000원(아침 기내식 포함 ×) • 점심 식사 : 7,500원 • 일본 J공항 – B호텔 택시비 : 10,000원 • 저녁 식사 : 12,000원 • B호텔 숙박비 : 250,000원	• 아침 식사 : 8,300원 • 호텔 – 거래처 택시비 : 16,300원 • 점심 식사 : 10,000원 • 거래처 – 호텔 택시비 : 17,000원 • B호텔 숙박비 : 250,000원	• 아침 식사 : 5,000원 • 일본 – 인천 항공편 : 89,000원(점심 기내식 포함)

① 880,000원

② 1,053,000원

③ 1,059,100원

④ 1,086,300원

⑤ 1,106,300원

30 다음에서 설명하는 화폐의 기능은?

예를 들면, 물물교환 경제에서 쌀을 가진 사람이 옷을 구하고자 할 때, 자신이 가진 쌀로 얼마만큼의 옷을 살 수 있는지를 알기 위해서는 다른 상품 간의 교환비율까지 모두 알아야 한다. 그러나 화폐경제에서는 모든 물건의 가치가 같은 화폐 단위로 표시되므로 모든 상품 간의 교환비율을 즉시 알 수 있다.

① 교환매개
② 가치저장
③ 가치척도
④ 지급수단
⑤ 결제수단

31 다음은 A국의 사과 시장 국내 수요곡선(D)과 공급곡선(S)이다. A국은 소국이므로 국제 시장가격에 영향을 미치지 못한다고 할 때, 이에 대한 설명으로 옳지 않은 것은?

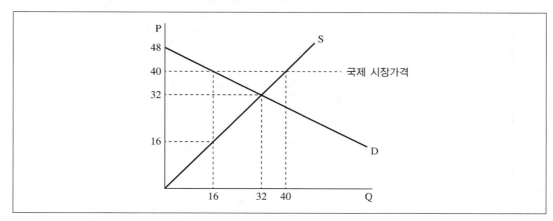

① 사과의 자유무역이 시작되기 전 A국 사과 시장의 국내가격은 32이다.
② 사과의 자유무역이 시작되면 국내 소비량은 기존보다 16만큼 감소한다.
③ 사과의 자유무역이 시작되면 A국은 사과를 8만큼 수출한다.
④ 사과의 자유무역이 시작되면 A국의 소비자잉여는 감소한다.
⑤ 사과의 자유무역이 시작되면 A국의 총잉여는 증가한다.

32 비타민을 매일 먹는 민경이는 비타민 C와 B를 교차로 섭취한다. 예를 들어, 오늘 비타민 C를 먹으면 내일은 비타민 B를 먹는다. 다음은 민경이의 비타민 C 섭취횟수를 구하는 순서도이다. 10월 5일부터 25일까지 비타민 C 섭취횟수를 알아보려 할 때 ⓐ, ⓑ, ⓒ에 들어갈 내용으로 바르게 짝지어진 것은?

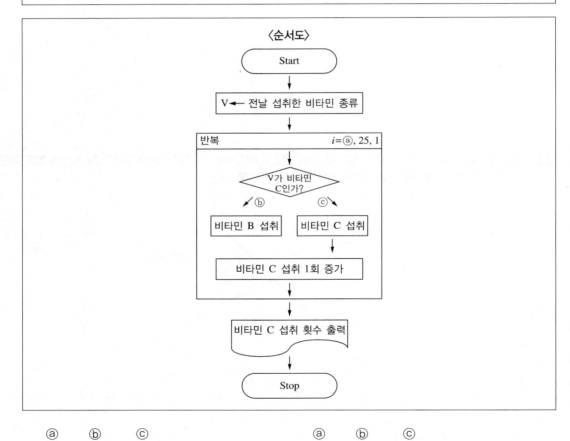

	ⓐ	ⓑ	ⓒ			ⓐ	ⓑ	ⓒ
①	1	No	Yes		②	1	Yes	No
③	0	Yes	No		④	5	Yes	No
⑤	5	No	Yes					

33 다음은 저탄소 녹색성장 10대 기술 분야의 특허 출원 및 등록 현황에 대한 자료이다. 이에 대한 〈보기〉의 설명 중 옳지 않은 것을 모두 고르면?

〈저탄소 녹색성장 10대 기술 분야의 특허 출원 및 등록 현황〉

(단위 : 건)

기술 분야 \ 연도 구분	2021년		2022년		2023년	
	출원	등록	출원	등록	출원	등록
태양광/열/전지	1,079	1,534	898	1,482	1,424	950
수소바이오/연료전지	1,669	900	1,527	1,227	1,393	805
CO_2 포집저장처리	552	478	623	409	646	371
그린홈/빌딩/시티	792	720	952	740	867	283
원전플랜트	343	294	448	324	591	282
전력IT	502	217	502	356	484	256
석탄가스화	107	99	106	95	195	88
풍력	133	46	219	85	363	87
수력 및 해양에너지	126	25	176	45	248	33
지열	15	7	23	15	36	11
전체	5,318	4,320	5,474	4,778	6,247	3,166

─〈보기〉─

ㄱ. 2021 ~ 2023년 동안 출원 건수와 등록 건수가 모두 매년 증가한 기술 분야는 없다.

ㄴ. 2022년에 출원 건수가 전년 대비 감소한 기술 분야에서는 2023년 등록 건수도 전년 대비 감소하였다.

ㄷ. 2023년 등록 건수가 많은 상위 3개 기술 분야의 등록 건수 합은 2023년 전체 등록 건수의 70% 이상을 차지한다.

ㄹ. 2023년 출원 건수가 전년 대비 50% 이상 증가한 기술 분야의 수는 3개이다.

① ㄱ, ㄴ

② ㄱ, ㄷ

③ ㄴ, ㄹ

④ ㄱ, ㄷ, ㄹ

⑤ ㄴ, ㄷ, ㄹ

34 다음은 S은행의 직장인우대MY통장 상품 설명의 일부이다. 해당 상품에 가입한 A ~ D의 정보가 〈보기〉와 같을 때, 가입자 중 우대금리가 가장 높은 사람은?

〈직장인우대MY통장〉

- 계약기간 : 1년(12개월)
- 신규금액 : 최소 1만 원 이상
- 납입한도 : 매월 1 ~ 20만 원(만 원 단위)
- 가입대상 : 실명의 개인(1인 1계좌, 개인사업자 제외)
- 이자지급방법 : 만기일시지급식
- 기본금리 : 연 3.55%
- 우대금리 : 최대 연 1.8%p
  계약기간 동안 아래 조건을 충족한 고객이 만기해지하는 경우 제공

우대조건	우대금리
가입시점에 직장인으로 확인되는 경우	연 0.3%p
당행 실명등록일로부터 3개월 이내 신규가입 또는 상품가입 직전월 기준 6개월 이상 총수신평잔 0원인 경우	연 0.3%p
계약기간 동안 당행 계좌로 6개월 이상 급여이체 실적(50만 원 이상)이 있는 경우	연 0.5%p
계약기간 동안 당행 신용(체크)카드 이용실적이 300만 원 이상인 경우 (단, 이용실적은 매출표 접수기준으로 결제계좌가 당행인 경우에 한하며 현금서비스 실적은 제외)	연 0.2%p
만기일 전일까지 계약기간 내 S은행 앱 내 마이데이터 수집 동의 이력 보유 (만기일 전까지 마이데이터 동의 이력 보유만 인정)	연 0.5%p

※ 유의사항 : 계좌에 압류, 가압류, 질권설정 등이 등록된 경우 원금 및 이자 지급 제한
　　　　　　예금 잔액 증명서 발급 당일에는 입금·출금·이체 등 잔액 변동 불가

〈직장인우대MY통장 가입자 정보〉

가입자	내용
A	• K사 사원 재직 확인(월 실수령 225만 원 이상) • 1년 전부터 S은행을 주거래은행으로 이용 중 • 현재 S은행 계좌로 급여를 이체받고 있으며, 향후 급여계좌 변동 예정 없음 • S은행 신용카드로 매월 20만 원 미만 고정 지출 내역 확인
B	• 15일 후 N사 신입사원으로 입사 예정(월 실수령 200만 원 이상) • 12개월 이상 잔고 0원인 S은행 계좌 보유 • 상품가입 시 급여계좌를 S은행으로 설정하여 계약기간 동안 유지 예정 • S은행 신용카드로 매월 30만 원 이상 고정 지출 내역 확인
C	• P사 과장 재직 확인(월 실수령 275만 원 이상) • 해당 상품가입 전 S은행 이용 이력 없음 • 타행 계좌로 100개월분 급여이체 내역 확인 • S은행 신용카드로 매월 50만 원 이상 고정 지출 내역 확인
D	• O사 과장 재직 확인(월 실수령 330만 원 이상) • 3년 전부터 S은행을 주거래은행으로 이용 중 • 현재 S은행 계좌로 급여를 이체받고 있으며, 향후 급여계좌 변동 예정 없음 • S은행 계좌 압류 상태 확인 • S은행 신용카드 및 체크카드 미발급

※ 모든 가입자는 S은행 앱 내 마이데이터 수집에 동의함
※ 상품가입 이후 A ~ D의 정보는 변동되지 않는 것으로 가정함

① A   ② B
③ C   ④ D
⑤ 알 수 없음

35 다음 글의 빈칸에 들어갈 말로 가장 적절한 것은?

조선 시대의 금속활자는 제작 방법이나 비용의 문제로 민간에서 제작하기도 어려웠지만, 그 제작 및 소유를 금지하였다. 때문에 금속활자는 왕실의 위엄과 권위를 상징하는 것이었고 조선의 왕들은 금속활자 제작에 각별한 관심을 가졌다. 태종이 1403년 최초의 금속활자인 계미자(癸未字)를 주조한 것을 시작으로 조선은 왕의 주도하에 수십 차례에 걸쳐 활자를 제작하였고, 특히 정조는 금속활자 제작에 많은 공을 들였다. 세손 시절 영조에게 건의하여 임진자(壬辰字) 15만 자를 제작하였고, 즉위 후에도 정유자(丁酉字), 한구자(韓構字), 생생자(生生字) 등을 만들었으며, 이들 활자를 합하면 100만 자가 넘는다. 정조가 많은 활자를 만들고 관리하는 데 신경을 쓴 것 역시 권위와 관련이 있다. 정조가 만든 수많은 활자 중에서도 정리자(整理字)는 이러한 측면을 가장 잘 보여주는 활자라 할 수 있다. 정리(整理)라는 말은 조선 시대에 국왕이 바깥으로 행차할 때 호조에서 국왕이 머물 행궁을 정돈하고 수리해서 새롭게 만드는 일을 의미한다. 1795년 정조는 어머니인 혜경궁 홍씨의 회갑을 기념하기 위해 대대적인 화성 행차를 계획하였다. 행사를 마친 후 행사와 관련된 여러 사항을 기록한 의궤를『원행을묘정리의궤(園幸乙卯整理儀軌)』라 이름하였고, 이를 인쇄하기 위해 제작한 활자가 바로 정리자이다. 왕실의 행사를 기록한 의궤를 금속활자로 간행했다는 것은 그만큼 이 책을 널리 보급하겠다는 뜻이며, 왕실의 위엄을 널리 알리겠다는 것으로 받아들여진다. 이후 정리자는『화성성역의궤(華城城役儀軌)』,『진작의궤(進爵儀軌)』,『진찬의궤(進饌儀軌)』의 간행에 사용되어 왕실의 위엄과 권위를 널리 알리는 효과를 발휘하였다. 정리자가 주조된 이후에도 고종 이전에는 과거 합격자를 기록한『사마방목(司馬榜目)』을 대부분 임진자로 간행하였는데, 화성 행차가 있었던 을묘년 식년시의 방목만은 유독 정리자로 간행하였다. 이 역시 화성 행차의 의미를 부각하고자 했던 것으로 생각된다. 정조가 세상을 떠난 후 출간된 그의 문집『홍재전서(弘齋全書)』를 정리자로 간행한 것은 아마도 이 활자가 _____

_____

① 정조를 가장 잘 나타내기 때문이 아닐까?
② 정조가 가장 중시하고 분신처럼 여겼던 활자이기 때문이 아닐까?
③ 문집 제작에 적절한 서체였기 때문이 아닐까?
④ 문집 제작에 널리 쓰였기 때문이 아닐까?
⑤ 희귀하였기 때문이 아닐까?

36 다음은 철수와 영희의 시간당 최대 생산량을 나타낸 것이다. 이에 대한 옳은 설명은?

구분	철수	영희
A재화	4	2
B재화	4	3

① 영희는 B재화 생산에 비교우위가 있다.
② 철수는 B재화 생산에만 절대우위가 있다.
③ 영희는 A재화 생산에 비교우위가 있다.
④ 철수는 A재화 생산에만 절대우위가 있다
⑤ B재화 생산은 철수가 담당하는 것이 합리적이다.

37 다음 〈보기〉는 S산부인과에서 오늘 태어난 신생아의 정보이다. 출생 시 남아의 표준 체중은 3.4kg이다. 함수를 〈조건〉과 같이 정의할 때, 체중이 표준 이상인 남아의 수를 구하는 수식으로 옳은 것은?

〈보기〉

	A	B	C	D
1	이름	성별	체중(kg)	신장(cm)
2	서하린	여	3.32	50.5
3	이지안	남	3.45	48.7
4	김하윤	여	2.99	52.3
5	최도윤	남	3.67	53.4
6	김은우	남	2.78	49.5
7	박수아	여	3.01	47.9

〈조건〉

- □(범위1, 조건1, …) : 범위에서 조건을 충족하는 셀의 개수를 세는 함수
- △(범위1, 조건, 범위2) : 범위1에서 조건을 충족하는 셀과 같은 행에 있는 범위2 셀의 평균을 구하는 함수
- ●(조건, 인수1, 인수2) : 조건이 참이면 인수1, 그 외에는 인수2를 반환하는 함수
- ♡(셀1, 셀2, …) : 셀의 합을 구하는 함수
- ■(셀1, 셀2) : 셀1과 셀2를 비교하여 큰 값을 반환하는 함수
- ▽(셀1, 셀2) : 셀1과 셀2를 비교하여 작은 값을 반환하는 함수

① $= ●(▽(C2, D2) > = 3.4, ♡(C2, D2), ▽(C2, D2))$

② $= ●(■(C2, D2) > = 3.4, "남", "여")$

③ $= △(B2 : B7, "남", C2 : C7)$

④ $= □(B2 : B7, "남", C2 : C7, "< = 3.4")$

⑤ $= □(B2 : B7, "남", C2 : C7, "> = 3.4")$

38 다음 글의 주제로 가장 적절한 것은?

유전학자들의 최종 목표는 결함이 있는 유전자를 정상적인 유전자로 대체하는 것이다. 이렇게 가장 기본적인 세포 내 차원에서 유전병을 치료하는 것을 '유전자 치료'라 일컫는다. 유전자 치료를 하기 위해서는 이상이 있는 유전자를 찾아야 한다. 이를 위해 과학자들은 DNA의 특성을 이용한다.

DNA는 두 가닥이 나선형으로 꼬여 있는 이중 나선 구조로 이루어진 분자이다. 그런데 이 두 가닥에 늘어서 있는 염기들은 임의적으로 배열되어 있는 것이 아니다. 한쪽에 늘어선 염기에 따라, 다른 쪽 가닥에 늘어선 염기들의 배열이 결정되는 것이다. 즉, 한쪽에 A염기가 존재하면 거기에 연결되는 반대쪽에는 반드시 T염기가 그리고 C염기에 대응해서는 반드시 G염기가 존재하게 된다. 염기들이 짝을 지을 때 나타나는 이러한 선택적 특성을 이용하여 유전병을 일으키는 유전자를 찾아낼 수 있다.

유전자를 찾기 위해 사용하는 첫 번째 도구는 DNA 한 가닥 중 극히 일부이다. '프로브(Probe)'라 불리는 이 DNA 조각은 염색체상의 위치가 알려져 있는 이십여 개의 염기들로 이루어진다. 한 가닥으로 이루어져 있는 특성으로 인해, 프로브는 자신의 염기 배열에 대응하는 다른 쪽 가닥의 DNA 부분에 가서 결합할 것이다. 대응하는 두 가닥의 DNA가 이렇게 결합하는 것을 '교잡'이라고 일컫는다. 조사 대상인 염색체로부터 추출한 많은 한 가닥의 염색체 조각들과 프로브를 섞어 놓았을 때, 프로브는 신비스러울 정도로 자신의 짝을 정확하게 찾아 교잡한다. 두 번째 도구는 '겔 전기영동'이라는 방법이다. 생물을 구성하고 있는 단백질·핵산 등 많은 분자들은 전하를 띠고 있어서 전기장 속에서 각 분자마다 독특하게 이동을 한다. 이러한 성질을 이용해 생물을 구성하고 있는 물질의 분자량, 각 물질의 전하량이나 형태의 차이를 이용하여 물질을 분리하는 것이 전기영동법이다. 이를 활용하여 DNA를 분리하려면 우선 DNA 조각들을 전기장에서 이동시키고, 이것을 젤라틴 판을 통과하게 함으로써 분리하면 된다.

유전학자들은 이러한 조사 도구들을 갖추고서, 유전병을 일으키는 유전자를 추적하는 데 나섰다. 유전학자들은 먼저 겔 전기영동법으로 유전병을 일으키는 유전자로 의심되는 부분과 동일한 부분에 존재하는 프로브를 건강한 사람에게서 떼어내었다. 그리고 건강한 사람에게서 떼어낸 프로브에 방사성이나 형광성을 띠게 하였다. 그 후에 유전병 환자들에게서 채취한 DNA 조각들과 함께 교잡 실험을 반복하였다. 유전병과 관련된 유전 정보가 담긴 부분의 염기 서열이 정상인과 다르므로 이 부분은 프로브와 교잡하지 않는다는 점을 이용하는 것이다. 교잡이 일어난 후 프로브가 위치하는 곳은 X선 필름을 통해 쉽게 찾아낼 수 있고, 이로써 DNA의 특정 조각은 염색체상에서 프로브와 같은 위치에 존재한다는 것을 알 수 있다.

언뜻 보기에는 대단한 진보를 이룬 것 같지 않지만, 유전자 치료는 최근 들어 공상 과학을 방불케 하는 첨단 의료 기술의 대표적인 주자로 부각되고 있다. DNA 연구 결과로 인해, 우리는 지금까지 절망적이라고 여겨 온 질병들을 치료할 수 있다는 희망을 갖게 되었다.

① 유전자 추적의 도구와 방법
② 유전자의 종류와 기능
③ 유전자 치료의 의의와 한계
④ 유전자 치료의 상업적 가치
⑤ 유전 질환의 종류와 발병 원인

39 다음은 S사의 연도별 재무자료이다. 이를 바르게 이해하지 못한 사람은?

<S사 연도별 재무자료>

(단위 : 억 원, %)

연도	자산	부채	자본	부채 비율
2014년	41,298	15,738	25,560	61.6
2015년	46,852	23,467	23,385	100.4
2016년	46,787	21,701	25,086	86.5
2017년	50,096	23,818	26,278	80.6
2018년	60,388	26,828	33,560	79.9
2019년	64,416	30,385	34,031	89.3
2020년	73,602	39,063	34,539	113.1
2021년	87,033	52,299	34,734	150.6
2022년	92,161	55,259	36,902	149.7
2023년	98,065	56,381	41,684	135.3

① A : S사의 자본금은 2018년에 전년 대비 7,000억 원 이상 증가했는데, 이는 10년간 자본금 추이를 볼 때 두드러진 변화야.
② B : 부채 비율이 전년 대비 가장 많이 증가한 해는 2015년이네.
③ C : 10년간 평균 부채 비율은 90% 미만이야.
④ D : 2023년의 자산과 자본은 10년 중 가장 많았지만, 그만큼 부채도 가장 많았네.
⑤ E : S사의 자산과 부채는 2016년부터 8년간 꾸준히 증가했어.

40 K는 게임 동호회 회장으로 주말에 진행되는 게임 행사에 동호회 회원인 A ~ E의 참여 가능 여부를 조사하려고 한다. 다음 내용을 참고하여 E가 행사에 참여하지 않는다고 할 때, 행사에 참여 가능한 사람은 몇 명인가?

- A가 행사에 참여하지 않으면, B가 행사에 참여한다.
- A가 행사에 참여하면, C는 행사에 참여하지 않는다.
- B가 행사에 참여하면, D는 행사에 참여하지 않는다.
- D가 행사에 참여하지 않으면, E가 행사에 참여한다.

① 1명
② 2명
③ 3명
④ 4명
⑤ 5명

41 다이어트를 하기로 마음먹은 A ~ D는 매일 '보건소 – 성당 – 우체국 – 경찰서 – 약수터' 코스를 함께 운동하며 이동하기로 했다. 이들은 각 코스를 이동하는 데 '뒤로 걷기, 파워워킹, 러닝, 자전거 타기'의 방법을 모두 사용하며, 동일 구간을 이동하는 동안에는 각각 서로 다른 하나의 이동 방법을 선택한다. 다음 〈조건〉이 항상 참일 때, C가 경찰서에서 약수터로 이동 시 사용 가능한 방법끼리 묶은 것은?

〈조건〉
- A와 C가 사용한 이동 방법의 순서는 서로 반대이다.
- B는 보건소에서 성당까지 파워워킹으로 이동했다.
- 우체국에서 경찰서까지 러닝으로 이동한 사람은 A이다.
- C가 경찰서에서 약수터로 이동한 방법과 D가 우체국에서 경찰서까지 이동한 방법은 같다.
- C는 러닝을 한 후 바로 파워워킹을 했다.

① 뒤로 걷기, 자전거 타기   ② 파워워킹, 러닝
③ 러닝, 자전거 타기   ④ 뒤로 걷기, 파워워킹
⑤ 뒤로 걷기, 러닝

42 다음 글에서 〈보기〉의 문장이 들어갈 위치로 가장 적절한 곳은?

기억이 착오를 일으키는 프로세스는 인상적인 사물을 받아들이는 단계부터 이미 시작된다. (가) 감각적인 지각의 대부분은 무의식중에 기록되고 오래 유지되지 않는다. (나) 대개는 수 시간 안에 사라져 버리며, 약간의 본질만이 남아 장기 기억이 된다. 무엇이 남을지는 선택에 의해서 그 사람의 견해에 따라서도 달라진다. (다) 분주하고 정신이 없는 장면을 보여 주고, 나중에 그 모습에 대해서 이야기하게 해 보자. (라) 어느 부분에 주목하고, 또 어떻게 그것을 해석했는지에 따라 즐겁기도 하고 무섭기도 하다. (마) 단순히 정신 사나운 장면으로만 보이는 경우도 있다. 기억이란 원래 일어난 일을 단순하게 기록하는 것이 아니다.

〈보기〉
일어난 일에 대한 묘사는 본 사람이 무엇을 중요하게 판단하고, 무엇에 흥미를 가졌느냐에 따라 크게 다르다.

① (가)   ② (나)
③ (다)   ④ (라)
⑤ (마)

43 주식에서는 종목의 특성에 따라 색깔을 붙여 부른다. 다음 중 현금창출능력을 갖추고 건전한 재무구조와 성장성을 가지면서 일반적으로 저평가된 부분들이 많은 종목을 일컫는 용어는?

① 블랙칩
② 그린칩
③ 레드칩
④ 블루칩
⑤ 옐로칩

44 다음은 한국, 미국, 일본, 프랑스가 화장품산업 경쟁력 4대 분야에서 획득한 점수에 대한 자료이다. 이에 대한 설명으로 옳은 것은?

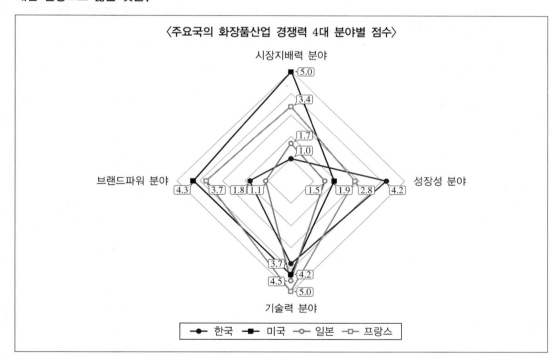

① 기술력 분야에서는 한국의 점수가 가장 높다.
② 성장성 분야에서 점수가 가장 높은 국가는 시장지배력 분야에서도 점수가 가장 높다.
③ 브랜드파워 분야에서 각국 점수 중 최댓값과 최솟값의 차이는 3점 이하이다.
④ 미국이 4대 분야에서 획득한 점수의 합은 프랑스가 4대 분야에서 획득한 점수의 합보다 높다.
⑤ 시장지배력 분야의 점수는 일본이 프랑스보다 높지만 미국보다는 낮다.

45 S사의 직원들(과장 1명, 대리 2명, 사원 2명) 5명이 10월 중에 연차를 쓰려고 한다. 다음 〈조건〉을 참고할 때 직원들이 나눈 대화 중 옳지 않은 말을 한 직원을 모두 고르면?

───〈조건〉───
- 연차는 하루이다.
- 10월 1일은 월요일이며, 3일과 9일은 공휴일이다.
- 대리는 교육을 신청한 주에 연차를 신청할 수 없다.
- 같은 주에 3명 이상 교육 및 연차를 신청할 수 없다.
- 워크숍은 5주 차 월요일, 화요일이다.
- 연차는 연이어 쓸 수 없다.
- 대리급 교육은 매주 이틀 동안 목 ~ 금요일에 있으며, 교육은 한 번만 받으면 된다.
- 연차와 교육 신청 순서는 대화 내용에서 말한 차례대로 적용한다.

A과장 : 난 9일에 시골로 내려가야 해서 10일에 쓰려고 하네. 나머지 사람들은 그날 제외하고 서로 조율해서 신청하면 좋겠네.

A대리 : 저는 18 ~ 19일에 교육받으러 갈 예정입니다. 그리고 그 다음 주 수요일 날 연차 쓰겠습니다. 그럼 저 교육받는 주에 다른 사람 2명이 신청 가능할 것 같은데요.

A사원 : 오, 그럼 제가 15일에 쓰겠습니다.

B대리 : 저는 연이어서 16일에 신청할 수 없으니까 17일에 쓰고, 교육은 11 ~ 12일에 받겠습니다.

B사원 : 저만 정하면 끝나네요. 2일로 하겠습니다.

① A과장, A대리
② A대리, B대리
③ B대리, A사원
④ A사원, B사원
⑤ A사원, A대리

46 다음 글에서 설명하는 현상을 방지할 수 있는 대책으로 옳지 않은 것은?

1913년 프랑스의 농업엔지니어 막스밀리앙 링겔만이 말(馬)의 능력을 연구하다가 특이한 현상을 발견했다. 상식적으로는 말 한 마리가 수레를 끌 때 100의 힘이 발휘됐다면, 두 마리가 끌 때는 힘의 합이 200이어야 한다. 그런데 그에 못 미쳤다. 두 마리일 때 말이 전력을 다하지 않았다.

사람을 대상으로 한 줄다리기 실험에서도 비슷한 현상이 나타났다. 밧줄을 혼자서 당길 때 100의 힘이 발휘됐다면, 둘이 당길 때는 각각 93%의 힘밖에 쓰지 않았다. 셋일 땐 83%, 여덟 명일 땐 49%에 불과했다. 숫자가 늘어날수록 자기 힘을 아꼈다. 박수 치는 실험 등 여러 형태의 실험에서도 마찬가지였다.

이처럼 집단 속에 참여하는 개인의 수가 늘어갈수록 성과에 대한 1인당 공헌도가 오히려 떨어지는 현상을 '링겔만 효과(Ringelmann Effect)'라고 부른다. 쉽게 말하면, 혼자 일할 때보다 여럿이 함께 일할 때 개인의 노력과 효율이 감소한다는 얘기다.

집단 속에서 함께 일하면 개인의 공헌도가 분명히 드러나지도 않고, 과업의 결과에 대해서도 책임소재가 불분명해지기에 나타나는 현상이어서 '사회적 태만(Social Loafing)'이라고도 말한다.

업무효율을 최대한 끌어올려야 할 경영자로서는 집단의 방패막 뒤에서 태만하게 지내고, 익명의 커튼 뒤로 숨어 책임을 회피하려는 부정적 심리를 차단할 필요가 있다.

① 집단의 크기를 최적화한다.
② 업무를 개인별로 할당한다.
③ 성과 배분의 의사결정 권한을 집단 관리자에게 일임한다.
④ 집단을 평가할 때, 구성원 개개인의 평가점수도 공개한다.
⑤ 직무기술서 작성을 통해 개개인의 업무를 명확히 정의한다.

47 다음 글을 읽고 옵트인 방식을 도입하자는 주장에 대한 근거로 적절하지 않은 것은?

스팸 메일 규제와 관련한 논의는 스팸 메일 발송자의 표현의 자유와 수신자의 인격권 중 어느 것을 우위에 둘 것인가를 중심으로 전개되어 왔다. 스팸 메일의 규제 방식은 옵트인(Opt-in) 방식과 옵트아웃(Opt-out) 방식으로 구분된다. 전자는 광고성 메일을 금지하지는 않되 수신자의 동의를 받아야만 발송할 수 있게 하는 방식으로, 영국 및 EU 국가들에서 시행하고 있다. 그러나 이 방식은 수신 동의 과정에서 발송자와 수신자 양자에게 모두 비용이 발생하며, 시행 이후에도 스팸 메일이 줄지 않았다는 조사 결과도 나오고 있어 규제 효과가 크지 않을 수 있다.

반면, 옵트아웃 방식은 일단 스팸 메일을 발송할 수 있게 하되 수신자가 이를 거부하면 이후에는 메일을 재발송할 수 없도록 하는 방식으로, 미국에서 시행되고 있다. 그런데 이러한 방식은 스팸 메일과 일반적 광고 메일의 선별이 어렵고, 수신자가 수신 거부를 하는 데 따르는 불편과 비용을 초래하며 불법적으로 재발송되는 메일을 통제하기 힘들다. 또한, 육체적·정신적으로 취약한 청소년들이 스팸 메일에 무차별적으로 노출되어 피해를 입을 수 있다.

① 옵트아웃 방식을 사용한다면 수신자가 수신 거부를 하는 것이 더 불편해질 것이다.

② 옵트인 방식은 수신에 동의하는 데 따르는 수신자의 경제적 손실을 막을 수 있다.

③ 옵트아웃 방식을 사용한다면 재발송 방지가 효과적으로 이루어지지 않을 것이다.

④ 옵트인 방식은 수신자 인격권 보호에 효과적이다.

⑤ 날로 수법이 교묘해져가는 스팸 메일을 규제하기 위해서는 수신자 사전 동의를 받아야 하는 옵트인 방식을 채택하는 것이 효과적이다.

48 S초등학교 과학시간에 리트머스 시험지를 이용하여 산성과 염기성을 판별하는 실험을 했다. 빨간 시험지는 염기성 물질에 반응하여 파란색으로, 파란 시험지는 산성 물질에 반응하여 빨간색으로 변한다. 홀수 조는 빨간색, 짝수 조는 파란색 시험지를 받았다. 4조인 민영이는 (산성, 염기성, 산성, 산성, 염기성) 물질로 실험했다. 이에 대한 순서도가 다음과 같을 때 ⓐ, ⓑ, ⓒ에 들어갈 내용으로 바르게 짝지어진 것은?

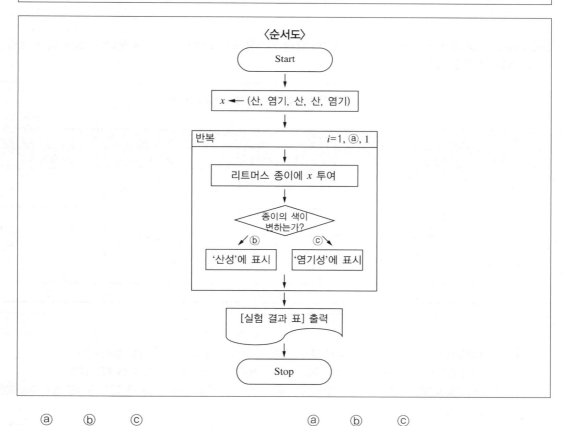

	ⓐ	ⓑ	ⓒ		ⓐ	ⓑ	ⓒ
①	6	No	Yes	②	6	Yes	No
③	5	Yes	No	④	5	No	Yes
⑤	4	No	Yes				

49 다음 〈조건〉을 바탕으로 팀장의 나이를 바르게 추론한 것은?

———————————〈조건〉———————————
- 팀장의 나이는 과장보다 4살이 많다.
- 대리의 나이는 31세이다.
- 사원은 대리보다 6살 어리다.
- 과장과 팀장 나이의 합은 사원과 대리의 나이 합의 2배이다.

① 56세 ② 57세
③ 58세 ④ 59세
⑤ 60세

50 다음은 S유통에서 발생하는 작업 환경의 유해 원인을 작업장별로 나타낸 자료이다. 이에 대한 〈보기〉의 설명 중 옳은 것을 모두 고르면?

〈작업장별 작업 환경의 유해 원인〉

(단위 : 건)

구분	작업 환경의 유해 원인	사례 수		
		A작업장	B작업장	합계
1	소음(물리적 요인)	3	1	4
2	분진(화학적 요인)	1	2	3
3	진동(물리적 요인)	3	0	3
4	바이러스(생물학적 요인)	0	5	5
5	부자연스러운 자세 (인간공학적 요인)	5	3	8
	합계	12	11	23

———————————〈보기〉———————————
ㄱ. A작업장에서 발생하는 작업 환경 유해 사례는 화학적 요인에서 가장 많이 발생되었다.
ㄴ. B작업장에서 발생하는 작업 환경 유해 사례는 생물학적 요인에서 가장 많이 발생되었다.
ㄷ. A작업장과 B작업장에서 화학적 요인으로 발생되는 작업 환경의 유해 요인은 집진 장치를 설치하여 예방할 수 있다.

① ㄱ ② ㄴ
③ ㄱ, ㄷ ④ ㄴ, ㄷ
⑤ ㄱ, ㄴ, ㄷ

51 X재는 다음과 같이 우하향하는 수요곡선과 수직의 공급곡선을 갖는다. X재 한 단위당 5만큼의 세금이 부과될 때, 나타나는 변화로 옳은 것은?

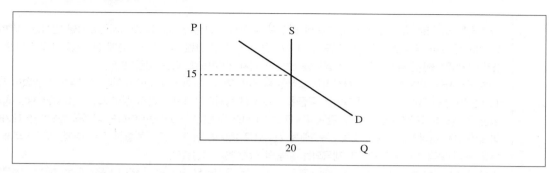

① 소비자가 지불하는 가격이 상승한다.

② 생산자잉여가 감소한다.

③ 소비자와 공급자가 조세를 3 : 4 비율로 나누어 부담한다.

④ 정부의 조세수입은 100보다 작다.

⑤ 초과부담(사중손실)이 발생한다.

52 S사의 사내 식당에서는 이번 주 식단표를 짤 때, 쌀밥, 콩밥, 보리밥, 조밥, 수수밥의 5가지 종류의 밥을 지난주에 제공된 요일과 겹치지 않게 제공하려고 한다. 다음 〈조건〉을 참고할 때, 항상 참인 것은?

──〈조건〉──

• 월요일부터 금요일까지, 5가지 종류의 밥은 겹치지 않게 제공된다.

• 쌀밥과 콩밥은 지난주 월요일과 목요일에 제공된 적이 있다.

• 보리밥과 수수밥은 화요일과 금요일에 제공된 적이 있다.

• 조밥은 이번 주 수요일에 제공된다.

• 콩밥은 이번 주 화요일에 제공된다.

① 월요일에 먹을 수 있는 것은 보리밥 또는 수수밥이다.

② 금요일에 먹을 수 있는 것은 보리밥 또는 쌀밥이다.

③ 쌀밥은 지난주 화요일에 제공된 적이 있다.

④ 콩밥은 지난주 수요일에 제공된 적이 있다.

⑤ 수수밥은 지난주 목요일에 제공된 적이 있다.

53 다음은 '부정청탁 및 금품 등 수수의 금지에 관한 법률(김영란법)'에 대한 글이다. 이에 대한 사례로 적절하지 않은 것은?

'부정청탁 및 금품 등 수수의 금지에 관한 법률'은 공직자와 언론사·사립학교·사립유치원 임직원, 사학재단 이사진 등이 부정한 청탁을 받고도 신고하지 않거나, 직무 관련성이나 대가성에 상관없이 1회 100만 원(연간 300만 원)이 넘는 금품이나 향응을 받으면 형사처벌하도록 하는 법률이다.

우선 공직자를 비롯해 언론인·사립학교 교직원 등 법안 대상자들이 직무 관련성이나 대가성에 상관없이 1회 100만 원(연간 300만 원)을 초과하는 금품을 수수하면 형사처벌(3년 이하의 징역 또는 3,000만 원 이하의 벌금)을 받도록 규정했다. 또 직무 관련자에게 1회 100만 원(연간 300만 원) 이하의 금품을 받았다면 대가성이 입증되지 않더라도 수수금액의 2 ~ 5배를 과태료로 물도록 했다. 다만, 원활한 직무 수행, 사교·의례·부조 등의 목적으로 공직자에게 제공되는 금품의 상한액을 설정했다.

또한, 법안 시행 초기에는 식사·다과·주류·음료 등 음식물은 3만 원, 금전 및 음식물을 제외한 선물은 5만 원, 축의금·조의금 등 부조금과 화환·조화를 포함한 경조사비는 10만 원을 기준으로 했다. 그러나 국민권익위원회는 2017년 12월 선물 상한액은 농수축산물에 한해 10만 원으로 오르고 경조사비는 5만 원으로 낮아지는 내용의 개정안을 의결해 입법예고했다.

이에 따르면 선물비의 경우 상한액을 5만 원으로 유지하되 농축수산물(화훼 포함)에 한해 5만 원에서 10만 원으로 상향한다. 여기에는 농수축산물 원재료가 50% 이상인 가공품도 함께 해당된다. 경조사비는 기존 10만 원에서 5만 원으로 상한액이 낮아지는데 현금 5만 원과 함께 5만 원짜리 화환은 제공할 수 있다. 만약 현금 없이 경조사 화환만 제공할 경우에는 10만 원까지 인정된다. 다만 음식물은 유일하게 현행 상한액(3만 원)이 유지된다.

외부 강사의 경우 사례금 상한액은 장관급 이상은 시간당 50만 원, 차관급과 공직유관단체 기관장은 40만 원, 4급 이상 공무원과 공직유관단체 임원은 30만 원, 5급 이하와 공직유관단체 직원은 20만 원으로 제한했다. 사립학교 교직원, 학교법인 임직원, 언론사 임직원의 외부강의 사례금 상한액은 시간당 100만 원이다.

① 논문심사 중인 대학교수가 심사대상 대학원생에게 1만 원 이하의 도시락세트를 받은 것은 김영란법에 위배되는 행위이다.

② 직무 관련자들과 1인당 5만 원가량의 식사를 하고 각자 식사비를 지불한 것은 김영란법에 위배되는 행위이다.

③ 퇴직 예정자가 부하 직원들이 각출한 50만 원 상당의 선물을 받는 것은 김영란법에 위배되는 행위이다.

④ 졸업한 학생선수가 학교운동부지도자에게 3만 원 상당의 선물을 제공하는 것은 김영란법에 위배되지 않는다.

⑤ A신문사 사장이 B대학에서 1시간 강의 후 그 대가로 90만 원을 지급받은 것은 김영란법에 위배되지 않는다.

54 S사는 사옥 옥상 정원에 있는 가로 644cm, 세로 476cm인 직사각형 모양의 뜰 가장자리에 조명을 설치하려고 한다. 네 모퉁이에는 반드시 조명을 설치하고, 일정한 간격으로 조명을 추가 배열하려고 할 때, 필요한 조명의 최소 개수는?(단, 조명의 크기는 고려하지 않는다)

① 68개   ② 72개

③ 76개   ④ 80개

⑤ 84개

55 다음은 A ~ E자동차의 성능을 비교한 자료이다. S씨의 가족은 서울에서 거리가 140km 떨어진 곳으로 여행을 가려고 한다. 가족 구성원은 총 4명이며 모두가 탈 수 있는 차를 렌트하려고 할 때, 어떤 자동차를 이용하는 것이 가장 비용이 적게 드는가?

〈자동차 성능 현황〉

구분	종류	연료	연비
A자동차	하이브리드 자동차	일반 휘발유	25km/L
B자동차	전기 자동차	전기	6km/kW
C자동차	가솔린 자동차	고급 휘발유	19km/L
D자동차	가솔린 자동차	일반 휘발유	20km/L
E자동차	가솔린 자동차	고급 휘발유	22km/L

〈연료별 비용〉

구분	비용
전기	500원/kW
일반 휘발유	1,640원/L
고급 휘발유	1,870원/L

〈자동차 인원〉

구분	인원
A자동차	5인용
B자동차	2인용
C자동차	4인용
D자동차	6인용
E자동차	4인용

① A자동차   ② B자동차

③ C자동차   ④ D자동차

⑤ E자동차

56 다음 〈보기〉는 토토카페의 지점별 고객만족도이다. 토토카페 사장인 미정씨는 각 지점을 고객만족도가 높은 순으로 정렬했을 때, 1 ~ 3위의 고객만족도 평균을 계산하고 싶다. 함수를 〈조건〉과 같이 정의할 때, 미정씨가 사용할 수식으로 옳은 것은?

〈보기〉

	A	B	C	D
1	no.	지점명	고객만족도	고객만족도 순위
2	1	우만주공점	8.5	5
3	2	매탄2동점	7.5	6
4	3	행궁동점	9.7	1
5	4	우만점	8.6	4
6	5	금곡동점	8.8	3
7	6	인계동점	9.2	2

〈조건〉

- △(범위1,조건,범위2) : 범위1에서 조건을 만족하는 셀과 같은 행에 있는 범위2 셀의 평균을 구하는 함수
- □(셀1,범위,정렬기준) : 정렬기준으로 범위를 정렬했을 때, 셀1이 몇 위를 차지하는지 구하는 함수(정렬기준은 오름차순일 경우 1, 내림차순일 경우 0이다)
- ♤(셀1,셀2,…) : 셀의 평균을 구하는 함수
- ■(셀1,셀2) : 셀1과 셀2을 비교하여 큰 값을 반환하는 함수
- ♡(범위,셀1) : 범위에서 셀1이 몇 번째로 큰 값인지 구하는 함수
- ▲(조건,인수1,인수2) : 조건이 참이면 인수1, 그 외에는 인수2를 반환하는 함수

① $= △(D2 : D7, "< = 3", C2 : C7)$

② $= □(C2, \$C\$2 : \$C\$7, 1)$

③ $= ♤(C2 : C7)$

④ $= ■(C2, D2)$

⑤ $= ▲(♡(D2 : D7, D2) < = 3, ♤(C2 : C7), D2)$

57 다음 중 밑줄 친 ⊙ ~ ⓔ에 대한 판단으로 가장 적절한 것은?

동물실험이란 교육, 시험, 연구 및 생물학적 제제의 생산 등 과학적 목적을 위해 동물을 대상으로 실시하는 실험 및 그 절차를 말한다. 동물실험은 오랜 역사를 가진 만큼 이에 대한 찬반 입장이 복잡하게 얽혀있다. 인간과 동물의 몸이 자동 기계라고 보았던 근대 철학자 ⊙ 데카르트는 동물은 인간과 달리 영혼이 없어 쾌락이나 고통을 경험할 수 없다고 믿었다. 데카르트는 살아있는 동물을 마취도 하지 않은 채 해부 실험을 했던 것으로 악명이 높다. 당시에는 마취술이 변변치 않았을 뿐더러 동물이 아파하는 행동도 진정한 고통의 반영이 아니라고 보았기 때문에, 그는 양심의 가책을 느끼지 않았을 것이다. ⓛ 칸트는 이성 능력과 도덕적 실천 능력을 가진 인간은 목적으로서 대우해야 하지만, 이성도 도덕도 가지지 않는 동물은 그렇지 않다고 보았다. 그는 동물을 학대하는 일은 옳지 않다고 생각했는데, 동물을 잔혹하게 대하는 일이 습관화되면 다른 사람과의 관계에도 문제가 생기고 인간의 품위가 손상된다고 보았기 때문이다.

동물실험을 옹호하는 여러 입장들은 인간은 동물이 가지지 않은 언어 능력, 도구 사용 능력, 이성 능력 등을 가진다는 점을 근거로 삼는 경우가 많지만, 동물들도 지능과 문화를 가진다는 점을 들어 인간과 동물의 근본적 차이를 부정하는 이들도 있다. 현대의 ⓒ 공리주의 생명윤리학자들은 이성이나 언어 능력에서 인간과 동물이 차이가 있더라도 동물실험이 정당화되는 것은 아니라고 본다. 이들에게 도덕적 차원에서 중요한 기준은 고통을 느낄 수 있는지 여부이다. 인종이나 성별과 무관하게 고통은 최소화되어야 하듯, 동물이 겪고 있는 고통도 마찬가지이다. 이들이 문제 삼는 것은 동물실험 자체라기보다는 그것이 초래하는 전체 복지의 감소에 있다. 따라서 동물에 대한 충분한 배려 속에서 전체적인 복지를 증대시킬 수 있다면, 일부 동물실험은 허용될 수 있다.

이와 달리, 현대 철학자 ⓔ 리건은 몇몇 포유류의 경우 각 동물 개체가 삶의 주체로서 갖는 가치가 있다고 주장하면서, 이 동물에게는 실험에 이용되지 않을 권리가 있다고 본다. 이러한 고유한 가치를 지닌 존재는 존중되어야 하며 결코 수단으로 취급되어서는 안 된다. 따라서 개체로서의 가치와 동물권을 지니는 대상은 그 어떤 실험에도 사용되지 않아야 한다.

① ⊙과 ⓛ은 이성과 도덕을 갖춘 인간의 이익을 우선시하기 때문에 동물실험에 찬성한다.

② ⊙과 ⓒ은 동물이 고통을 느낄 수 있는지 여부에 대해 견해가 서로 다르다.

③ ⓛ과 ⓔ은 인간과 동물의 근본적 차이로 인해 동물을 인간과 다르게 대우해도 좋다고 본다.

④ ⓒ은 언어와 이성 능력에서 인간과 동물이 차이가 있음을 부정한다.

⑤ ⓔ은 동물이 고통을 느낄 수 있는 존재이기 때문에 각 동물 개체가 삶의 주체로서 가치를 지닌다고 본다.

58 A ~ F 6명이 동시에 가위바위보를 해서 아이스크림 내기를 했는데 결과가 〈조건〉과 같았다. 다음 중 내기에서 이긴 사람을 모두 고르면?(단, 비긴 경우는 없었다)

─〈조건〉─

- 6명이 낸 것이 모두 같거나, 가위·바위·보 3가지가 모두 포함되는 경우 비긴 것으로 한다.
- A는 가위를 내지 않았다.
- B는 바위를 내지 않았다.
- C는 A와 같은 것을 냈다.
- D는 E에게 졌다.
- F는 A에게 이겼다.
- B는 E에게 졌다.

① A, C

② E, F

③ A, B, C

④ B, C, E

⑤ B, D, F

59 다음은 2020 ~ 2023년 S국가채권 현황에 대한 자료이다. 이에 대한 〈보기〉의 설명 중 옳은 것을 모두 고르면?

〈S국가채권 현황〉

(단위 : 조 원)

채권종류별	2020년		2021년		2022년		2023년	
	국가채권	연체채권	국가채권	연체채권	국가채권	연체채권	국가채권	연체채권
합계	238	27	268	31	298	36	317	39
조세채권	26	18	30	22	34	25	38	29
경상이전수입	8	7	8	7	9	8	10	8
융자회수금	126	–	129	–	132	–	142	–
예금 및 예탁금	73	–	97	–	118	–	123	–
기타	5	2	4	2	5	3	4	2

─〈보기〉─

ㄱ. 2020년 총연체채권은 2022년 총연체채권의 80% 이상이다.

ㄴ. 국가채권 중 조세채권의 전년 대비 증가율은 2021년이 2023년보다 높다.

ㄷ. 융자회수금의 국가채권과 연체채권의 총합이 가장 높은 해에는 경상이전수입의 국가채권과 연체채권의 총합도 가장 높다.

ㄹ. 2020년 대비 2023년 경상이전수입 중 국가채권의 증가율은 경상이전수입 중 연체채권의 증가율보다 낮다.

① ㄱ, ㄴ

② ㄱ, ㄷ

③ ㄴ, ㄷ

④ ㄴ, ㄹ

⑤ ㄷ, ㄹ

60 S사는 직원들의 여가를 위해 하반기 동안 다양한 프로그램을 운영하고자 한다. 다음 수요도 조사 결과와 〈조건〉에 따라 프로그램을 선정할 때, 운영될 프로그램을 모두 고르면?

〈프로그램 후보별 수요도 조사 결과〉

분야	프로그램명	인기 점수	필요성 점수
운동	강변 자전거 타기	6	5
진로	나만의 책 쓰기	5	7
여가	자수교실	4	2
운동	필라테스	7	6
교양	독서 토론	6	4
여가	볼링 모임	8	3

※ 수요도 조사에는 전 직원이 참여함

─〈조건〉─
• 수요도는 인기 점수와 필요성 점수에 가점을 적용한 후, 2 : 1의 가중치에 따라 합산하여 판단한다.
• 각 프로그램의 인기 점수와 필요성 점수는 10점 만점으로 하며, 전 직원들이 부여한 점수의 평균값이다.
• 단일 분야에 하나의 프로그램만 있는 경우, 그 프로그램의 필요성 점수에 2점을 가산한다.
• 단일 분야에 복수의 프로그램이 있는 경우, 분야별로 필요성 점수가 가장 낮은 프로그램은 후보에서 탈락한다.
• 수요도 점수가 동점일 경우, 인기 점수가 높은 프로그램을 우선시한다.
• 수요도 점수가 가장 높은 2개의 프로그램을 선정한다.

① 강변 자전거 타기, 볼링 모임
② 나만의 책 쓰기, 필라테스
③ 자수교실, 독서 토론
④ 필라테스, 볼링 모임
⑤ 독서 토론, 볼링 모임

61 다음 글을 통해 알 수 있는 내용으로 적절하지 않은 것은?

물은 상온에서 액체 상태이며, 100℃에서 끓어 기체인 수증기로 변하고, 0℃ 이하에서는 고체인 얼음으로 변한다. 만일 물이 상온 상태에서 기체이거나 또는 보다 높은 온도에서 액화되어 고체 상태라면 물이 구성 성분의 대부분을 차지하는 생명체는 존재하지 않았을 것이다.

생물체가 생명을 유지하기 위해서 물에 의존하는 것은 무엇보다 물 분자 구조의 특징에서 비롯된다. 물 1분자는 1개의 산소 원자(O)와 2개의 수소 원자(H)가 공유 결합을 이루고 있는데, 2개의 수소 원자는 약 104.5°의 각도로 산소와 결합한다. 이때 산소 원자와 수소 원자는 전자를 1개씩 내어서 전자쌍을 만들고 이를 공유한다. 하지만 전자쌍은 전자친화도가 더 큰 산소 원자 쪽에 가깝게 위치하여 산소 원자는 약한 음전하(−)를, 수소는 약한 양전하(+)를 띠게 되어 물 분자는 극성을 가지게 된다. 따라서 극성을 띤 물 분자들끼리는 서로 다른 물 분자의 수소와 산소 사이에 전기적 인력이 작용하는 결합이 형성된다. 물 분자가 극성을 가지고 있어서 물은 여러 가지 물질을 잘 녹이는 특성을 가진다.

그래서 물은 우리 몸에서 용매 역할을 하며, 각종 물질을 운반하는 기능을 담당한다. 물은 혈액을 구성하고 있어 영양소, 산소, 호르몬, 노폐물 등을 운반하며, 대사 반응, 에너지 전달 과정의 매질 역할을 하고 있다. 또한 전기적 인력으로 결합된 구조는 물이 비열이 큰 성질을 갖게 한다.

비열은 물질 1g의 온도를 1℃ 높일 때 필요한 열량을 말하는데, 물질의 고유한 특성이다. 체액은 대부분 물로 구성되어 있어서 상당한 추위에도 어느 정도까지는 체온이 내려가는 것을 막아 준다. 특히 우리 몸의 여러 생리 작용은 효소 단백질에 의해 일어나는데, 단백질은 온도 변화에 민감하므로 체온을 유지하는 것은 매우 중요하다.

① 물 분자는 극성을 띠어 전기적 인력을 가진다.
② 물의 분자 구조는 혈액의 역할에 영향을 미친다.
③ 물은 물질의 전달 과정에서 매질로 역할을 한다.
④ 물 분자를 이루는 산소와 수소는 전자를 공유한다.
⑤ 물의 비열은 쉽게 변하는 특징이 있다.

62 다음은 사내 워크숍을 준비하기 위한 〈조건〉이다. 이를 바탕으로 C가 반드시 참석하는 경우 워크숍에 참석하는 사람을 모두 고르면?(단, 부서의 총인원은 A ~ E 5명이다)

───────────〈조건〉───────────
- B가 워크숍에 참여하면 E는 참여하지 않는다.
- D는 B와 E 모두가 참여하지 않을 경우에만 워크숍에 참여한다.
- A가 워크숍에 참여할 경우 B 혹은 D 중 1명이 함께 참여한다.
- C가 워크숍에 참여하면 D는 참여하지 않는다.
- C가 워크숍에 참여하면 A도 참여한다.

① A, B, C   ② A, C, D
③ A, C, D, E   ④ A, B, C, D
⑤ A, B, C, E

63 S사는 한국 현지 시각 기준으로 오후 4시부터 5시까지 외국 지사와 화상 회의를 진행하려고 한다. 모든 지사는 각국 현지 시각으로 오전 8시부터 오후 6시까지 근무한다고 할 때, 다음 중 회의에 참석할 수 없는 지사는?(단, 서머타임을 시행하는 국가는 +1:00을 반영한다)

국가	시차	국가	시차
파키스탄	−4:00	불가리아	−6:00
호주	+1:00	영국	−9:00
싱가포르	−1:00	−	−

※ 오후 12시부터 1시까지는 점심시간이므로 회의를 진행하지 않음
※ 서머타임 시행 국가 : 영국

① 파키스탄 지사   ② 호주 지사
③ 싱가포르 지사   ④ 불가리아 지사
⑤ 영국 지사

64 다음은 S직원의 퇴직금 관련 자료이다. 자료에 따라 S직원이 받을 퇴직금을 구하면?(단, S직원은 퇴직금 조건을 모두 만족하고, 주어진 조건 외에는 고려하지 않으며, 1,000원 미만은 절사한다)

〈퇴직금 산정 기준〉

- 근무한 개월에 따라 1년 미만이라도 정해진 기준에 따라 지급한다.
- 평균임금에는 기본급과 상여금, 기타 수당 등이 포함된다.
- 실비에는 교통비, 식비, 출장비 등이 포함된다.
- 1일 평균임금은 퇴직일 이전 3개월간에 지급받은 임금총액을 퇴직일 이전 3개월간의 근무일수의 합으로 나눠서 구한다.
- 1일 평균임금 산정기간과 총근무일수 중 육아휴직 기간이 있는 경우에는 그 기간과 그 기간 중에 지급된 임금은 평균임금 산정기준이 되는 기간과 임금의 총액에서 각각 뺀다.
- 실비는 평균임금에 포함되지 않는다.
- 퇴직금＝1일 평균임금×30일×$\dfrac{총근무일수}{360}$

〈S직원의 월급 명세서〉

(단위 : 만 원)

구분	월 기본급	상여금	교통비	식비	기타수당	근무일수	기타
1월	160	–	20	20	25	31일	–
2월	160	–	20	20	25	28일	–
3월	160	–	20	20	25	31일	–
4월	160	–	20	20	25	22일	–
5월	160	–	20	20	–	16일	육아휴직(10일)
6월	160	160	20	20	25	22일	7월 1일 퇴직

① 1,145,000원 ② 1,289,000원
③ 1,376,000원 ④ 1,596,000원
⑤ 1,675,000원

65 S사 하반기 공채에서 9명의 신입사원을 채용하였고, 신입사원 교육을 위해 A, B, C 3개의 조로 나누기로 하였다. 신입사원들을 한 조에 3명씩 배정한다고 할 때, 3개의 조로 나누는 경우의 수는?

① 1,240가지
② 1,460가지
③ 1,680가지
④ 1,800가지
⑤ 1,930가지

66 S사의 감사팀은 과장 2명, 대리 3명, 사원 3명으로 구성되어 있다. A ~ D지역의 지사로 2명씩 나눠서 출장을 간다고 할 때, 각 출장 지역에 대리급 이상이 1명 이상 포함되어 있어야 하고 과장 2명이 각각 다른 지역으로 가야 한다. 과장과 대리가 한 조로 출장을 갈 확률은?

① $\dfrac{1}{2}$
② $\dfrac{1}{3}$
③ $\dfrac{2}{3}$
④ $\dfrac{3}{4}$
⑤ $\dfrac{3}{8}$

67 다음은 모바일 뱅킹 서비스 이용 실적에 대한 분기별 자료이다. 이에 대한 설명으로 옳지 않은 것은?

〈모바일 뱅킹 서비스 이용 실적〉

(단위 : 천 건, %)

구분	2022년				2023년
	1/4분기	2/4분기	3/4분기	4/4분기	1/4분기
조회 서비스	817	849	886	1,081	1,106
자금 이체 서비스	25	16	13	14	25
합계	842(18.6)	865(2.7)	899(3.9)	1,095(21.8)	1,131(3.3)

※ ( )는 전 분기 대비 증가율

① 조회 서비스 이용 실적은 매 분기 계속 증가하였다.
② 2022년 2/4분기의 조회 서비스 이용 실적은 전 분기보다 3만 2천 건 증가하였다.
③ 자금 이체 서비스 이용 실적은 2022년 2/4분기에 감소하였다가 다시 증가하였다.
④ 모바일 뱅킹 서비스 이용 실적의 전 분기 대비 증가율이 가장 높은 분기는 2022년 4/4분기이다.
⑤ 2022년 4/4분기의 조회 서비스 이용 실적은 자금 이체 서비스 이용 실적의 약 77배이다.

68 다음 글의 내용 전개상 특징으로 가장 적절한 것은?

광고는 문화 현상이다. 이 점에 대해서 의심하는 사람은 거의 없다. 그럼에도 불구하고 많은 사람들이 광고를 단순히 경제적인 영역에서 활동하는 상품 판매 도구로만 인식하고 있다. 이와 같이 광고를 경제현상에 집착하여 논의하게 되면 필연적으로 극단적인 옹호론과 비판론으로 양분될 수밖에 없다. 예컨대, 옹호론에서 보면 마케팅적 설득이라는 긍정적 성격이 부각되는 반면, 비판론에서는 이데올로기적 조작이라는 부정적 성격이 두드러지는 이분법적 대립이 초래된다는 것이다.

물론 광고는 숙명적으로 상품 판촉수단으로서의 굴레를 벗어날 수 없다. 상품광고가 아닌 공익광고나 정치광고 등도 현상학적으로는 상품 판매를 위한 것이 아니라 할지라도, 본질적으로 상품과 다를 바 없이 이념과 슬로건, 그리고 정치적 후보들을 판매하고 있다.

그런데 현대적 의미에서 상품 소비는 물리적 상품 교환에 그치는 것이 아니라 기호와 상징들로 구성된 의미 교환 행위로 파악된다. 따라서 상품은 경제적 차원에만 머무르는 것이 아니라 문화적 차원에서 논의될 필요가 있다. 현대사회에서 상품은 기본적으로 물질적 속성의 유용성과 문제적 속성의 상징성이 이중적으로 중첩되어 있다. 더구나 최근 상품의 질적인 차별이 없어짐으로써 상징적 속성이 더욱더 중요하게 되었다.

현대 광고에 나타난 상품의 모습은 초기 유용성을 중심으로 물질적 기능이 우상으로 숭배되는 모습에서 근래 상품의 차이가 사람의 차이가 됨으로써 기호적 상징이 더 중요시되는 토테미즘 양상으로 변화되었다고 한다. 이와 같은 광고의 상품 '채색' 활동 때문에 현대사회의 지배적인 '복음'은 상품의 소유와 소비를 통한 욕구 충족에 있다는 비판을 받는다. 광고는 상품과 상품이 만들어 놓는 세계를 미화함으로써 개인의 삶과 물질적 소유를 보호하기 위한 상품 선택의 자유와 향락을 예찬한다.

이러한 맥락에서 오늘날 광고는 소비자와 상품 사이에서 일어나는 일종의 담론이라고 할 수 있다. 광고 읽기는 단순히 광고를 수용하거나 해독하는 행위에 그치지 않고 '광고에 대한 비판적인 안목을 갖고 비평을 시도하는 것'을 뜻한다고 할 수 있다.

① 대상을 새로운 시각으로 바라보고 이해할 수 있게 하였다.
② 대상의 의미를 통시적 관점으로 고찰하고 있다.
③ 대상의 문제점을 파악하고 나름의 해결책을 모색하고 있다.
④ 대상에 대한 견해 중 한쪽에 치우쳐 논리를 전개하고 있다.
⑤ 대상에 대한 상반된 시각을 예시를 통해 소개하고 있다.

69 S동에서는 임신한 주민에게 출산장려금을 지원하고자 한다. 출산장려금 지급 기준 및 S동에 거주하는 임산부에 대한 정보가 다음과 같을 때, 출산장려금을 가장 먼저 받을 수 있는 사람은?

<그림 설명>

〈S동 출산장려금 지급 기준〉

- 출산장려금 지급액은 모두 같으나, 지급 시기는 모두 다르다.
- 지급 순서 기준은 임신일, 자녀 수, 소득 수준 순서이다.
- 임신일이 길수록, 자녀가 많을수록, 소득 수준이 낮을수록 먼저 받는다(단, 자녀는 만 19세 미만의 아동 및 청소년으로 제한한다).
- 임신일, 자녀 수, 소득 수준이 모두 같으면 같은 날에 지급한다.

〈S동 거주 임산부 정보〉

구분	임신일	자녀	소득 수준
A임산부	150일	만 1세	하
B임산부	200일	만 3세	상
C임산부	100일	만 10세, 만 6세, 만 5세, 만 4세	상
D임산부	200일	만 7세, 만 5세, 만 3세	중
E임산부	200일	만 20세, 만 16세, 만 14세, 만 10세	상

① A임산부   ② B임산부
③ C임산부   ④ D임산부
⑤ E임산부

70 다음 문단을 논리적 순서대로 바르게 나열한 것은?

> (가) 이러한 수평적 연결은 사물인터넷 서비스로 새로운 성장 동력을 모색할 수 있다. 예를 들어, 스마트 컵인 프라임베실(개인에게 필요한 수분 섭취량을 알려줌), 스마트 접시인 탑뷰(음식의 양을 측정함), 스마트 포크인 해피포크(식사 습관개선을 돕는 스마트 포크로, 식사 속도와 시간, 1분간 떠먹는 횟수 등을 계산해 식사 습관을 분석함)를 연결하면 식생활 습관을 관리할 수 있을 것이다. 이를 식당, 병원, 헬스케어 센터에서 이용하면 고객의 식생활을 부가 서비스로 관리할 수 있다.
>
> (나) 마치 100m 달리기를 하듯 각자의 트랙에서 목표를 향해 전력 질주하던 시대가 있었다. 선택과 집중의 논리로 수직 계열화를 통해 효율을 확보하고, 성능을 개선하고자 했었다. 그런데 세상이 변하고 있다. 고객 혹은 사용자를 중심으로 기존의 제품과 서비스가 재정의되고 있는 것이다. 이러한 산업의 패러다임적 전환을 신성장 동력이라 말한다.
>
> (다) 기존의 가스 경보기를 만들려면 미세한 가스도 놓치지 않는 센서의 성능, 오래 지속되는 배터리, 크게 알릴 수 있는 알람 소리, 인테리어에 잘 어울리는 멋진 제품 디자인이 필요하다. 그런데 아무리 좋은 가스 경보기를 만들어도 사람의 안전을 담보하지는 못한다. 만약 집에서 가스 경보기가 울리면 아마 창문을 열어 환기시키고, 가스 밸브를 잠그고, 119에 신고를 해야 할 것이다. 사람의 안전을 담보하는, 즉 연결 지배성이 높은 가스 경보기는 이런 일을 모두 해내야 한다. 이런 가스 경보기를 만들려면 전기, 전자, 통신, 기계, 인테리어, 디자인 등의 도메인들이 사용자 경험을 중심으로 연결돼야 한다. 이를 수평적 연결이라 부른다.
>
> (라) 똑똑한 사물인터넷은 점점 더 다양해진다. S통신사의 '누구'나 아마존 '에코' 같은 스마트 스피커는 사용자가 언제 어디든, 일상에서 인공 비서로 사용하는 시대가 되었다. 그리고 K보일러의 사물인터넷 서비스는 보일러 쪽으로 직접 가지 않아도 스마트폰 전용 앱으로 보일러를 관리한다. 이제 보일러가 언제, 얼마나, 어떻게 쓰이는지 그리고 보일러의 상태는 어떠한지, 사용하는 방식과 에너지 소모 등의 정보도 얻을 수 있다. 4차 산업혁명의 전진기지 역할을 하는 사물인터넷 서비스는 이제 거스를 수 없는 대세이다.

① (나) – (가) – (다) – (라)
② (나) – (다) – (가) – (라)
③ (다) – (가) – (라) – (나)
④ (다) – (나) – (가) – (라)
⑤ (라) – (나) – (다) – (가)

3권

제3회
신한은행 SLT
필기시험

www.sdedu.co.kr

〈문항 수 및 시험시간〉

영역		문항 수	시험시간	모바일 OMR 답안채점 / 성적분석 서비스
NCS 직업기초능력평가	의사소통능력 / 수리능력 / 문제해결능력	70문항	90분	
금융상식	경영일반 / 경제일반 / 금융상식			
디지털 리터러시 평가	논리적 사고 / 알고리즘 설계			

※ 본 모의고사는 2024년 상·하반기 신한은행 일반직 신입행원 채용공고를 기준으로 구성되어 있습니다.
※ 쉬는 시간 없이 진행되며, 시험 종료 후 OMR 답안카드에 마킹하는 행동은 부정행위로 간주합니다.

제3회 모의고사

문항 수 : 70문항
시험시간 : 90분

01 다음 글의 주제로 가장 적절한 것은?

맹자는 다음과 같은 이야기를 전한다. 송나라의 한 농부가 밭에 나갔다 돌아오면서 처자에게 말한다. "오늘 일을 너무 많이 했다. 밭의 싹들이 빨리 자라도록 하나하나 잡아당겨줬더니 피곤하구나." 아내와 아이가 밭에 나가보았더니 싹들이 모두 말라 죽어 있었다. 이렇게 자라는 것을 억지로 돕는 일, 즉 조장하지 말라고 맹자는 말한다. 싹이 빨리 자라기를 바란다고 싹을 억지로 잡아 올려서는 안 된다. 목적을 이루기 위해 가장 빠른 효과를 얻고 싶겠지만 이는 도리어 효과를 놓치는 길이다. 억지로 효과를 내려고 했기 때문이다. 싹이 자라기를 바라 싹을 잡아당기는 것은 이미 시작된 과정을 거스르는 일이다. 효과가 자연스럽게 나타날 가능성을 방해하고 막는 일이기 때문이다. 싹의 성장 가능성은 땅속의 씨앗에 들어 있는 것이다. 개입하고 힘을 쏟고자 하는 대신에 이 잠재력을 발휘할 수 있도록 하는 것이 중요하다.

우리가 피해야 할 두 개의 암초가 있다. 첫째는 싹을 잡아당겨서 직접적으로 성장을 이루려는 것이다. 이는 목적성이 있는 적극적 행동주의로 성장의 자연스러운 과정을 존중하지 않는 것이다. 달리 말하면 효과가 숙성되도록 놔두지 않는 것이다. 둘째는 밭의 가장자리에 서서 자라는 것을 지켜보는 것이다. 싹을 잡아당겨서도 안 되고 그렇다고 단지 싹이 자라는 것을 지켜만 봐서도 안 된다. 그렇다면 무엇을 해야 하는가? 싹 밑의 잡초를 뽑고 김을 매주는 일을 해야 하는 것이다. 경작이 용이한 땅을 조성하고 공기를 통하게 함으로써 성장을 보조해야 한다. 기다리지 못함도 삼가고 아무것도 안 함도 삼가야 한다. 작동 중에 있는 자연스런 성향이 발휘되도록 기다리면서도 전력을 다할 수 있도록 돕는 노력도 멈추지 말아야 한다.

① 인류사회는 자연의 한계를 극복하려는 인위적 노력에 의해 발전해 왔다.
② 싹이 스스로 성장하도록 그대로 두는 것이 수확량을 극대화하는 방법이다.
③ 어떤 일을 진행할 때 가장 중요한 것은 명확한 목적을 설정하는 것이다.
④ 자연의 순조로운 운행을 방해하는 인간의 개입은 예기치 못한 화를 초래할 것이다.
⑤ 잠재력을 발휘하도록 하려면 의도적 개입과 방관적 태도 모두를 경계해야 한다.

02 농도 12%의 소금물 600g에서 소금물을 조금 퍼내고, 그 양만큼의 물을 다시 부었다. 그리고 농도 4%의 소금물을 더 넣어 농도 5.5%의 소금물 800g을 만들었다면, 처음에 퍼낸 소금물의 양은?

① 100g

② 200g

③ 300g

④ 400g

⑤ 400g

03 어머니와 아버지를 포함한 6명의 가족이 원형 식탁에 둘러앉아 식사를 할 때, 어머니와 아버지가 서로 마주 보고 앉는 경우의 수는?

① 21가지

② 22가지

③ 23가지

④ 24가지

⑤ 25가지

04 S은행은 필기·면접시험을 통해 상반기 신입사원을 채용했다. 〈조건〉이 다음과 같을 때, 필기시험에 합격한 사람은 몇 명인가?

─────〈조건〉─────
- 필기시험에 합격한 응시자는 면접시험을 볼 수 있다.
- 면접시험 응시자는 필기시험 응시자의 70%이다.
- 필기시험 합격자는 필기시험 응시자의 80%이다.
- 면접시험 불합격자는 면접시험 응시자의 60%이다.
- 면접시험 합격자 중 남녀 성비는 3 : 4이다.
- 면접시험에서 여성 합격자는 72명이다.

① 340명

② 350명

③ 360명

④ 370명

⑤ 380명

05 다음은 S은행에서 판매하는 카드에 대한 자료이다. 고객 A와 B에 대한 정보가 〈보기〉와 같을 때, 다음 중 A와 B에게 추천할 카드를 바르게 짝지은 것은?

〈신용카드 정보〉			
	휴가중카드	**Thepay카드**	**Play++카드**
연회비	• 국내전용 : 23,000원 • 해외겸용 : 25,000원	• 국내전용 : 10,000원 • 해외겸용 : 12,000원	• 국내전용 : 63,000원 • 해외겸용 : 65,000원
혜택 내용	해외 이용 금액에 따른 S포인트 적립 우대 1. 전월실적 없음 : 기본적립 2% 2. 전월실적 50만 원 이상 150만 원 미만 : 추가적립 1% 3. 전월실적 150만 원 이상 : 추가적립 3% * 월 적립한도 10만 포인트	1. 국내 및 해외 온·오프라인 결제에 대하여 1% 할인 제공 * 월 할인한도 제한 없음 2. 온라인 간편결제 등록 후 결제 시 1.2% 할인 제공 * 월 통합할인한도 10만 원	1. 인앱 결제 10% 청구할인 　- 이용 건당 1만 원 이상 결제 시 제공 　- 인앱 결제 합산 일 1회 및 월 2회 최대 5천 원 할인 제공 　(단, 유튜브 관련 결제 제외) 2. 이동통신요금 10% 청구할인 　- 월 1회 최대 5천 원 할인 제공 　- 이동통신요금 자동납부 건에 한하여 제공(단, 알뜰폰 통신사 제외)

─〈보기〉─	
고객	**정보**
A	• 유튜브 구독서비스 이용자이므로 국내 결제금액에 대해 할인을 받고자 한다. • 국내 알뜰폰 통신사를 이용하고 있다. • 통신요금에서도 할인받기를 희망한다.
B	• 해외여행 및 해외출장이 잦다. • 간편결제 서비스를 이용하지 않는다. • 적립혜택보다는 할인혜택을 희망한다.

	A	B
①	휴가중카드	휴가중카드
②	Thepay카드	휴가중카드
③	Thepay카드	Thepay카드
④	Play++카드	Thepay카드
⑤	Play++카드	Play++카드

06 다음 중 기준금리 인상 시 기대되는 효과로 옳은 것은?

① 기업투자 및 가계소비가 증가한다.

② 물가가 하락하고 환율 또한 하락한다.

③ 수출이 늘어나고, 국제수지가 개선된다.

④ 부동산 가격은 상승하고 대출은 증가한다.

⑤ 수출품 가격이 하락하고 수입품 가격은 상승한다.

07 A고객은 S은행 정기예금을 만기 납입했다. 가입 정보가 다음과 같을 때, A고객이 수령할 이자 금액은?(단, 이자 소득에 대한 세금은 고려하지 않으며, 천의 자리에서 반올림한다)

〈가입 정보〉

- 상품명 : S은행 정기예금
- 가입자 : A
- 가입기간 : 24개월(만기)
- 저축방법 : 거치식
- 저축금액 : 2,000만 원
- 이자지급방식 : 만기일시지급식, 단리식
- 기본금리 : 연 0.5%
- 우대금리 : 저축금액 1,000만 원 이상 시 0.3%p

① 320,000원　　　　　　　　　② 325,000원

③ 328,500원　　　　　　　　　④ 330,000원

⑤ 342,000원

08 다음은 지난해 월 소득 200만 원대와 300만 원대 가구의 항목별 소비 지출 현황에 대한 자료이다. 이에 대한 설명으로 옳은 것은?

〈200만 원대 소득 가구 소비 지출 현황〉

(단위 : 만 원)

구분	전체 가구	근로자 가구	근로자 외 가구
식료품 · 비주류음료	491,020	207,890	283,130
주류 · 담배	64,064	35,383	28,681
의류 · 신발	164,583	81,586	82,997
주거 · 수도 · 광열	544,583	257,368	287,215
가정용품 · 가사서비스	137,250	66,614	70,636
보건	310,915	129,011	181,904
교통	350,677	170,898	179,779
통신	204,965	95,477	109,488
오락 · 문화	214,559	102,668	111,891
교육	155,301	72,379	82,922
음식 · 숙박	437,522	247,429	190,093
기타상품 · 서비스	255,140	121,947	133,193

〈300만 원대 소득 가구 소비 지출 현황〉

(단위 : 만 원)

구분	전체 가구	근로자 가구	근로자 외 가구
식료품 · 비주류음료	602,563	278,595	323,968
주류 · 담배	85,012	42,579	42,433
의류 · 신발	242,353	126,049	116,304
주거 · 수도 · 광열	586,090	260,655	325,435
가정용품 · 가사서비스	187,957	84,877	103,080
보건	379,972	170,230	209,742
교통	498,309	290,484	207,825
통신	258,345	132,191	126,154
오락 · 문화	295,122	146,620	148,502
교육	223,689	128,967	94,722
음식 · 숙박	581,430	320,855	260,575
기타상품 · 서비스	351,993	179,583	172,410

① 200만 원대와 300만 원대의 소득 가구에서 근로자 외 가구는 근로자 가구보다 주류 품목에 소비가 더 많다.

② 300만 원대 소득 전체 가구는 200만 원대 소득 전체 가구보다 의류·신발 대비 교육 지출액 비율이 더 크다.

③ 지출 항목 중에서 근로자 가구가 보건에 지출하는 순위는 200만 원대 소득 가구와 300만 원대 소득 가구가 동일하다.

④ 200만 원대 소득 가구 대비 300만 원대 소득 가구의 음식·숙박 소비 지출 증가액은 근로자 가구가 근로자 외 가구보다 적다.

⑤ 항목 중 근로자 외 가구에서 지출 금액이 10억 원 미만인 항목 개수는 200만 원대 소득 가구가 300만 원대 소득 가구보다 2개 많다.

09 다음 글에서 밑줄 친 ㉠~㉤의 수정 방안으로 적절하지 않은 것은?

우리 사회에 사형제도에 대한 ㉠ <u>해 묵은</u> 논쟁이 다시 일고 있다. 지금까지의 여론 조사 결과를 보면 우리 국민의 70% 정도는 사형제도가 범죄를 예방할 수 있다고 생각한다. 그러나 과연 그 믿음대로 사형제도는 정의를 실현하는 제도일까? 세계에서 사형을 가장 많이 집행하는 미국에서는 연간 ㉡ <u>10만건</u> 이상의 살인이 벌어지고 있으며 이는 ㉢ <u>좀처럼</u> 줄어들지 않고 있다. 또한 2006년 미국의 ㉣ <u>범죄율</u>을 비교한 결과 사형제도를 폐지한 주가 유지하고 있는 주보다 오히려 낮았다. 이는 사형제도가 범죄 예방 효과가 있을 것이라는 생각이 근거 없는 ㉤ <u>기대일뿐임</u>을 말해 준다. 또한 사형제도는 반인륜적이고 잔인한 제도이다. 사람들은 일부 국가에서 행해지는 돌팔매 처형의 잔인성에는 공감하면서도, 어째서 독극물 주입이나 전기의자 등은 괜찮다고 여기는 것인가? 사람을 죽이는 것에는 좋고 나쁜 방법이 있을 수 없으며 둘의 본질은 같다.

① ㉠ : 한 단어이므로 '해묵은'으로 수정해야 한다.

② ㉡ : '건'은 의존 명사이므로 '10만 건'으로 띄어 써야 한다.

③ ㉢ : 문맥상 같은 의미인 '좀체'로 바꾸어 쓸 수 있다.

④ ㉣ : 한글 맞춤법에 따라 '범죄률'로 수정해야 한다.

⑤ ㉤ : '뿐'은 용언의 관형사형 뒤에 붙은 의존 명사이므로 '기대일 뿐임을'로 띄어 써야 한다.

10 다음 중 그린본드(Green Bond)에 대한 설명으로 가장 적절한 것은?

① 영국의 채권시장에서 외국의 정부나 기업이 발행하는 파운드화 표시 채권

② 신용등급이 낮은 기업이 발행하는 고위험·고수익 채권

③ 지진과 홍수 등 재산상 큰 피해가 예상되는 자연재해에 대비해 발행하는 보험연계증권

④ 국내에서 발행하는 외화 표시 채권

⑤ 환경 친화적인 프로젝트에 투자할 자금을 마련하기 위해 발행하는 채권

11 함수를 〈조건〉과 같이 정의할 때, 다음 〈보기〉에서 '번호'가 홀수인 품목은 '30% 할인', 짝수인 품목은 '20% 할인'을 하려고 한다. [D2 : D7]에 이를 표시하려 할 때, [D2]에 들어갈 수식으로 옳은 것은?

〈보기〉

	A	B	C	D
1	번호	품명	단가	할인
2	1	복숭아	₩800	
3	2	토마토	₩400	
4	3	자몽	₩1,200	
5	4	라임	₩700	
6	5	사과	₩750	
7	6	레몬	₩400	

〈조건〉

- △(범위1,조건,범위2) : 범위1에서 조건을 충족하는 셀과 같은 행에 있는 범위2 셀의 평균을 구하는 함수
- ▲(조건,인수1,인수2) : 조건이 참이면 인수1, 그 외에는 인수2를 반환하는 함수
- ■(셀1) : 셀1이 홀수이면 참을 반환하는 함수
- ♡(셀1) : 셀1이 짝수이면 참을 반환하는 함수
- ♤(셀1, x) : 셀1을 x로 나눈 나머지를 반환하는 함수

① ＝▲(■(A2), "30%할인", "20%할인")

② ＝▲(♡(A2), "30%할인", "20%할인")

③ ＝△(B2 : B7, "복숭아", C2 : C7)

④ ＝▲(■(A2), "20%할인", "30%할인")

⑤ ＝▲(♤(A2,2)＝0, "30%할인", "20%할인")

12 다음 글의 빈칸에 들어갈 내용으로 가장 적절한 것은?

소독이란 물체의 표면 및 그 내부에 있는 병원균을 죽여 전파력 또는 감염력을 없애는 것이다. 이때, 소독의 가장 안전한 형태로는 멸균이 있다. 멸균이란 대상으로 하는 물체의 표면 또는 그 내부에 분포하는 모든 세균을 완전히 죽여 무균의 상태로 만드는 조작으로, 살아있는 세포뿐만 아니라 포자, 박테리아, 바이러스 등을 완전히 파괴하거나 제거하는 것이다.

물리적 멸균법은 열, 햇빛, 자외선, 초단파 따위를 이용하여 균을 죽여 없애는 방법이다. 열(Heat)에 의한 멸균에는 건열 방식과 습열 방식이 있는데, 건열 방식은 소각과 건식오븐을 사용하여 멸균하는 방식이다. 건열 방식이 활용되는 예로는 미생물 실험실에서 사용하는 많은 종류의 기구를 물 없이 멸균하는 것이 있다. 이는 습열 방식을 활용했을 때 유리를 포함하는 기구가 파손되거나 금속 재질로 이루어진 기구가 습기에 의해 부식할 가능성을 보완한 방법이다. 그러나 건열 방식은 습열 방식에 비해 멸균 속도가 느리고 효율이 떨어지며, 열에 약한 플라스틱이나 고무제품은 대상물의 변성이 이루어져 사용할 수 없다. 예를 들어 많은 세균의 내생포자는 습열 멸균 온도 조건(121˚C)에서는 5분 이내에 사멸되나, 건열 방식을 활용할 경우 이보다 더 높은 온도(160˚C)에서도 약 2시간 정도가 지나야 사멸되는 양상을 나타낸다. 반면, 습열 방식은 바이러스, 세균, 진균 등의 미생물들을 손쉽게 사멸시킨다. 습열은 효소 및 구조단백질 등의 필수 단백질의 변성을 유발하고, 핵산을 분해하며 세포막을 파괴하여 미생물을 사멸시킨다. 끓는 물에 약 10분간 노출하면 대개의 영양세포나 진핵포자를 충분히 죽일 수 있으나, 100˚C의 끓는 물에서는 세균의 내생포자를 사멸시키지는 못한다. 따라서 물을 끓여서 하는 열처리는 _____ 멸균을 시키기 위해서는 100˚C가 넘는 온도(일반적으로 121˚C)에서 압력(약 $1.1kg/cm^2$)을 가해 주는 고압증기멸균기를 이용한다. 고압증기멸균기는 물을 끓여 증기를 발생시키고 발생한 증기와 압력에 의해 멸균을 시키는 장치이다. 고압증기멸균기 내부가 적정 온도와 압력(121˚C, 약 $1.1kg/cm^2$)에 이를 때까지 뜨거운 포화 증기를 계속 유입시킨다. 해당 온도에서 포화 증기는 15분 이내에 모든 영양세포와 내생포자를 사멸시킨다. 고압증기멸균기에 의해 사멸되는 미생물은 고압에 의해서라기보다는 고압하에서 수증기가 얻을 수 있는 높은 온도에 의해 사멸되는 것이다.

① 더 많은 세균을 사멸시킬 수 있다.
② 멸균 과정에서 더 많은 비용이 소요된다.
③ 멸균 과정에서 더 많은 시간이 소요된다.
④ 소독을 시킬 수는 있으나, 멸균을 시킬 수는 없다.
⑤ 멸균을 시킬 수는 있으나, 소독을 시킬 수는 없다.

〈5월 근태 현황〉

(단위 : 회)

구분	A사원	B사원	C사원	D사원
지각	1			1
결근				
야근				2
근태 총점수(점)	0	−4	−2	0

〈5월 근태 정보〉

- 근태는 지각(−1), 결근(−1), 야근(+1)으로 이루어져 있다.
- A, B, C, D사원의 근태 총점수는 각각 0점, −4점, −2점이다.
- A, B, C사원은 지각, 결근, 야근을 각각 최소 1회, 최대 3회 하였고 각 근태 횟수는 모두 달랐다.
- A사원은 지각을 1회 하였다.
- 근태 중 야근은 A사원이 가장 많이 했다.
- 지각은 B사원이 C사원보다 적게 했다.

13 다음 중 항상 옳은 것은?

① 지각을 제일 많이 한 사람은 C사원이다.
② B사원은 결근을 2회 했다.
③ C사원은 야근을 1회 했다.
④ A사원은 결근을 3회 했다.
⑤ 야근은 가장 적게 한 사람은 A사원이다.

14 다음 중 지각보다 결근을 많이 한 사람은?

① A사원, B사원
② A사원, C사원
③ B사원, C사원
④ B사원, D사원
⑤ C사원, D사원

15 다음은 지역별 의료인력 분포 현황을 나타낸 자료이다. 이에 대한 설명으로 옳지 않은 것은?(단, 광역시는 지역분류에서 도에 포함한다)

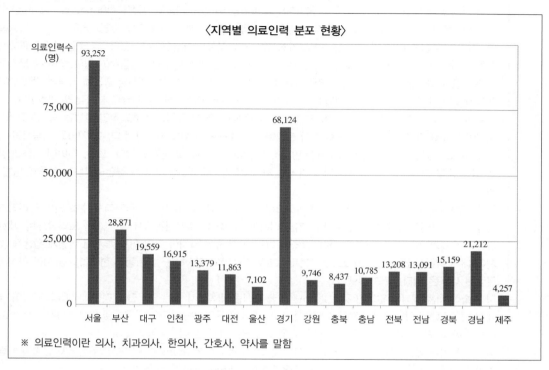

〈지역별 의료인력 분포 현황〉

※ 의료인력이란 의사, 치과의사, 한의사, 간호사, 약사를 말함

① 의료인력은 수도권에 편중된 불균형상태를 보이고 있다.
② 전라도 지역에서 광주가 차지하는 비중이 충청도 지역에서 대전이 차지하는 비중보다 크다.
③ 서울과 경기를 제외한 나머지 지역 중 의료인력수가 가장 많은 지역과 가장 적은 지역의 차는 경남의 의료인력수보다 크다.
④ 의료인력수가 많을수록 의료인력 비중이 고르다고 말할 수 없다.
⑤ 의료인력수가 가장 적은 지역은 도서지역이다.

16 다음 중 확정기여형 퇴직연금제도(DC)에 대한 설명으로 옳지 않은 것은?

① 사용자가 납입할 부담금이 사전에 확정된 퇴직연금제도이다.
② 사용자가 근로자 개별 계좌에 부담금을 정기적으로 납입하면 근로자가 직접 적립금을 운용하며, 근로자 본인의 추가 부담금 납입도 가능하다.
③ 근로자는 사용자가 납입한 부담금과 운용 손익을 최종 급여로 지급받는다.
④ 일시금 또는 연금으로 55세 이후에 수령할 수 있다.
⑤ 적립금 운용의 책임은 기업에 있으며, 기업이 부담할 금액은 운용 결과에 따라 달라진다.

17 다음 글에 대한 내용으로 적절하지 않은 것은?

여러 가지 센서 정보를 이용해 사람의 심리상태를 파악할 수 있는 기술을 '감정인식(Emotion Reading)'이라고 한다. 음성인식 기술에 이 기술을 더할 경우 인간과 기계, 기계와 기계 간의 자연스러운 대화가 가능해진다. 사람의 감정 상태를 기계가 진단하고 기초적인 진료 자료를 내놓을 수도 있다. 경찰 등 수사기관에서도 활용이 가능하다. 실제로 상상을 넘어서는 수준의 놀라운 감정인식 기술이 등장하고 있다. 러시아 모스크바에 본사를 두고 있는 벤처기업 '엔테크랩(NTechLab)'은 뛰어난 안면인식 센서를 활용해 사람의 감정 상태를 상세히 읽어낼 수 있는 기술을 개발했다. 그리고 이 기술을 모스크바 경찰 당국에 공급할 계획이다.

현재 모스크바 경찰은 엔테크랩과 이 기술을 수사현장에 어떻게 도입할지 효과적인 방법을 모색하고 있다. 도입이 완료될 경우 감정인식 기술을 수사 현장에 활용하는 세계 최초 사례가 된다. 이 기술을 활용하면 수백만 명이 모여 있는 사람들 가운데서 특정 인상착의가 있는 사람을 찾아낼 수 있다. 또한, 찾아낸 사람의 성별과 나이 등을 모니터한 뒤 그 사람이 화가 났는지, 스트레스를 받았는지 혹은 불안해하는지 등을 판별할 수 있다.

엔테크랩의 공동창업자인 알렉산드르 카바코프(Alexander Kabakov)는 "번화가에서 수초 만에 테러리스트나 범죄자, 살인자 등을 찾아낼 수 있는 기술"이라며, "경찰 등 수사기관에서 이 기술을 도입할 경우 새로운 차원의 수사가 가능하다."라고 말했다. 그러나 그는 이 기술이 러시아 경찰 어느 부서에 어떻게 활용될 것인지에 대해 밝히지 않았다. 카바코프는 "현재 CCTV 카메라에 접속하는 방안 등을 협의하고 있지만 아직까지 결정된 내용은 없다."라고 말했다.

이 기술이 처음 세상에 알려진 것은 2015년 미국 워싱턴 대학에서 열린 얼굴인식 경연대회에서이다. 이 대회에서 엔테크랩의 안면인식 기술은 100만 장의 사진 속에 들어있는 특정인의 사진을 73.3%까지 식별해냈다. 이는 대회에 함께 참여한 구글의 안면인식 알고리즘을 훨씬 앞서는 기록이었다.

여기서 용기를 얻은 카바코프는 아르템 쿠크하렌코(Artem Kukharenko)와 함께 SNS상에서 연결된 사람이라면 누구든 추적할 수 있도록 만든 앱 '파인드페이스(FindFace)'를 만들었다.

① 엔테크랩의 감정인식 기술은 모스크바 경찰이 범죄 용의자를 찾는 데 큰 기여를 하고 있다.
② 음성인식 기술과 감정인식 기술이 결합되면 기계가 사람의 감정을 진단할 수도 있다.
③ 감정인식 기술을 이용하면 군중 속에서 특정인을 쉽게 찾을 수 있다.
④ 엔테크랩의 안면인식 기술은 구글의 것보다 뛰어나다.
⑤ 카바코프는 쿠크하렌코와 함께 SNS상에서 연결된 사람을 추적할 수 있는 앱을 개발하였다.

18 S사의 A ~ C는 이번 신입사원 교육에서 각각 인사, 사업, 영업 교육을 맡게 되었다. 다음 〈조건〉을 참고할 때, 직원별 담당 교육 및 시간을 바르게 연결한 것은?

〈조건〉
- 교육은 각각 2시간, 1시간 30분, 1시간 동안 진행된다.
- A, B, C 중 2명은 과장이며, 나머지 1명은 부장이다.
- 부장은 B보다 짧게 교육을 진행한다.
- A가 가장 오랜 시간 동안 사업 교육을 진행한다.
- 교육 시간은 인사 교육이 가장 짧다.

직원	담당 교육	교육 시간
① B과장	인사 교육	1시간
② B부장	영업 교육	1시간
③ C부장	인사 교육	1시간
④ C부장	인사 교육	1시간 30분
⑤ C과장	영업 교육	1시간 30분

19 다음 빈칸에 공통으로 들어갈 용어로 가장 적절한 것은?

유리한 판을 짜라. 이것이 협상을 성공으로 이끄는 중요한 출발점이다. 상대보다 협상력이 클 때 판은 유리해진다. 협상력을 결정하는 제1의 요인은 _____다. 이는 '협상이 결렬됐을 때 취할 수 있는 대안'을 말한다. 협상이 깨졌을 때 택할 수 있는 대안이 없다면 협상력은 약해질 수밖에 없다. 협상력을 키우려면 협상이 무산됐을 때를 대비해 차선책을 마련해야 한다.

외환위기 이후 진행된 대우자동차 매각 협상은 _____가 마련되지 않아 큰 손해를 봤다. 1999년 8월 대우그룹이 워크아웃에 들어가고 같은 해 12월 제너럴모터스(GM)가 인수의향서를 제출할 당시 제시 가격은 55억 달러였다. 이후 국제입찰로 바뀌어 5개사가 응했는데 포드는 70억 달러까지 제시하기도 했다. 하지만 포드는 내부사정으로 입찰을 포기했다. 그렇게 되자 단독 응찰한 GM은 12억 달러를 제안했다. 이후 GM에 끌려다니다가 대우자동차는 4억 달러라는 헐값에 매각됐다. 어쩌다 이런 일이 생겼을까. 당시 국내 업체들이 인수 의향을 보였다. 그러나 정부는 이를 무시한 채 GM에만 매달렸다. 반드시 해외 업체에 매각하겠다고 공언한 정부 탓에 GM만이 유일한 협상 대상으로 남고 말았다. _____가 없었기 때문에 대우자동차는 헐값으로 매각될 수밖에 없었다.

① CIM
② BARS
③ SERVQUAL
④ PLC
⑤ BATNA

20 안전본부 사고분석 개선처에 근무하는 B대리는 혁신우수 연구대회에 출전하여 첨단장비를 활용한 차종별 보행자사고 모형개발 자료를 발표했다. 연구 추진방향을 도출하기 위해 SWOT 분석을 한 결과가 다음과 같을 때, 분석 결과에 대응하는 전략과 그 내용이 잘못 연결된 것은?

강점(Strength)	약점(Weakness)
10년 이상 지속적인 교육과 연구로 신기술 개발을 위한 인프라 구축	보행자사고 모형개발을 위한 예산 및 실차 실험을 위한 연구소 부재
기회(Opportunity)	위협(Threat)
첨단 과학장비(3D스캐너, MADYMO) 도입으로 정밀 시뮬레이션 분석 가능	교통사고에 대한 국민의 관심과 분석수준 향상으로 사고분석 질적 제고 필요

① SO전략 : 과학장비를 통한 정밀 시뮬레이션 분석을 토대로 국내 차량의 전면부 형상을 취득하고 보행자 사고를 분석해 신기술 개발에 도움
② WO전략 : 실차 실험 대신 과학장비를 통한 시뮬레이션 연구로 모형개발
③ ST전략 : 지속적 교육과 연구로 쌓아온 데이터를 바탕으로 사고분석 프로그램 신기술 개발을 통해 사고 분석 질적 향상에 기여
④ WT전략 : 신기술 개발을 위한 연구대회를 개최해 인프라를 더욱 탄탄히 구축
⑤ WT전략 : 보행자사고 실험을 위한 연구소를 만들어 사고 분석 데이터 축적

21 다음 글의 빈칸에 들어갈 말을 〈보기〉에서 골라 순서대로 바르게 나열한 것은?

1950년대 이후 부국이 빈국에 재정지원을 하는 개발원조 계획이 점차 시행되었다. 하지만 그 결과는 그다지 좋지 못했다. 부국이 개발협력에 배정하는 액수는 수혜국의 필요가 아니라 공여국의 재량에 따라 결정되었고, 개발 지원의 효과는 보잘것없었다. _____ 개발 원조를 받았어도 라틴 아메리카와 아프리카의 많은 나라들이 부채에 시달리고 있다.
공여국과 수혜국 간에는 문화 차이가 있기 마련이다. _____ 공여국 쪽에서는 실제 도움이 절실한 개인들에게 우선적으로 혜택이 가기를 원하지만, 수혜국 쪽에서는 자국의 경제 개발에 필요한 부문에 개발 원조를 우선 지원하려고 한다.
개발협력의 성과는 두 사회 구성원의 문화 간 상호 이해 정도에 따라 결정된다는 것이 최근 분명해졌다. 자국민 말고는 어느 누구도 그 나라를 효율적으로 개발할 수 없다. _____ 원조 내용도 수혜국에서 느끼는 필요와 우선순위에 부합해야 효과적이다. 이 일은 문화 간 이해와 원활한 의사소통을 필요로 한다.

─────〈보기〉─────
㉠ 공여국은 개인주의적 문화가 강한 반면, 수혜국은 집단주의적 문화가 강하다.
㉡ 원조에도 불구하고 빈국은 대부분 더욱 가난해졌다.
㉢ 그러므로 외국 전문가는 현지 맥락을 고려하여 자신의 기술과 지식을 이전해야 한다.

① ㉠, ㉡, ㉢
② ㉠, ㉢, ㉡
③ ㉡, ㉠, ㉢
④ ㉡, ㉢, ㉠
⑤ ㉢, ㉡, ㉠

22 다음은 2022년 8월부터 2023년 1월까지의 산업별 월간 국내카드 승인액이다. 이에 대한 〈보기〉의 설명 중 옳은 것을 모두 고르면?

〈산업별 월간 국내카드 승인액〉

(단위 : 억 원)

산업별	2022년 8월	2022년 9월	2022년 10월	2022년 11월	2022년 12월	2023년 1월
도매 및 소매업	3,116	3,245	3,267	3,261	3,389	3,241
운수업	161	145	165	159	141	161
숙박 및 음식점업	1,107	1,019	1,059	1,031	1,161	1,032
사업시설관리 및 사업지원 서비스업	40	42	43	42	47	48
교육 서비스업	127	104	112	119	145	122
보건 및 사회복지 서비스업	375	337	385	387	403	423
예술, 스포츠 및 여가 관련 서비스업	106	113	119	105	89	80
협회 및 단체, 수리 및 기타 개인 서비스업	163	155	168	166	172	163

〈보기〉

ㄱ. 교육 서비스업의 2023년 1월 국내카드 승인액의 전월 대비 감소율은 25% 이상이다.
ㄴ. 2022년 11월 운수업과 숙박 및 음식점업의 국내카드 승인액의 합은 도매 및 소매업의 국내카드 승인액의 40% 미만이다.
ㄷ. 2022년 10월부터 2023년 1월까지 사업시설관리 및 사업지원 서비스업과 예술, 스포츠 및 여가 관련 서비스업 국내카드 승인액의 전월 대비 증감 추이는 동일하다.
ㄹ. 2022년 9월 협회 및 단체, 수리 및 기타 개인 서비스업의 국내카드 승인액은 보건 및 사회복지 서비스업 국내카드 승인액의 35% 이상이다.

① ㄱ, ㄴ 　　② ㄱ, ㄷ
③ ㄴ, ㄷ 　　④ ㄴ, ㄹ
⑤ ㄷ, ㄹ

23 다음은 S교통카드의 환불방법에 대한 자료이다. S교통카드에서 근무하고 있는 C사원이 고객들에게 환불규정을 설명하고자 할 때, 적절하지 않은 것은?

<S교통카드 정상카드 잔액환불 안내>

환불처		환불금액	환불방법	환불수수료	비고
편의점	A편의점	2만 원 이하	환불처에 방문하여 환불수수료를 제외한 카드 잔액 전액을 현금으로 환불받음	500원	
	B편의점	3만 원 이하			
	C편의점				
	D편의점				
	E편의점				
지하철	역사 내 S교통카드 서비스센터	5만 원 이하	환불처에 방문하여 환불수수료를 제외한 카드 잔액 전액 또는 일부 금액을 현금으로 환불받음 ※ 한 카드당 한 달에 최대 50만 원까지 환불 가능	500원 ※ 기본운임료(1,250원) 미만 잔액은 수수료 없음	카드값 환불 불가
은행 ATM	A은행	20만 원 이하	• 본인 명의의 해당은행 계좌로 환불수수료를 제외한 잔액 이체 ※ 환불 불가카드 : 모바일 S교통카드, Y사 플러스 카드	500원	
	B은행	50만 원 이하			
	C은행				
	D은행				
	E은행				
	F은행				
모바일 (P사, Q사, R사)		50만 원 이하	• 1인 월 3회, 최대 50만 원까지 환불 가능 : 10만 원 초과 환불은 월 1회, 연 5회 가능 ※ App에서 환불신청 가능하며 고객명의 계좌로 환불 수수료를 제외한 금액이 입금	500원 ※ 기본운임료(1,250원) 미만 잔액은 수수료 없음	
S교통카드 본사			• 1인 1일 최대 50만 원까지 환불 가능 • 5만 원 이상 환불 요청 시 신분확인 (이름, 생년월일, 연락처) ※ 10만 원 이상 고액 환불의 경우 내방 당일 카드잔 액 차감 후 익일 18시 이후 계좌로 입금(주말, 공휴 일 제외) ※ 지참서류 : 통장사본, 신분증	월 누적 50만 원까지 수수료 없음 ※ 50만 원 초과 시 수수 료 1%	

※ 잔액이 5만 원을 초과하는 경우 S교통카드 본사로 내방하시거나, S교통카드 잔액환불 기능이 있는 ATM에서 해당은행 계좌로 환불이 가능함(단, 모바일 S교통카드, Y사 플러스카드는 ATM에서 환불이 불가능함)
※ ATM 환불은 주민번호 기준으로 월 50만 원까지 가능하며, 환불금액은 해당은행의 본인명의 계좌로 입금됨
 - 환불접수처 : S교통카드 본사, 지하철 역사 내 S교통카드 서비스센터, 은행 ATM, 편의점 등
  단, 부분환불 서비스는 S교통카드 본사, 지하철 역사 내 S교통카드 서비스센터에서만 가능함
 - 부분환불 금액 제한 : 부분환불 요청금액 1만 원 이상 ~ 5만 원 이하만 가능(이용 건당 수수료는 500원임)

① 카드잔액이 4만 원이고 환불 요청금액이 2만 원일 경우 지하철 역사 내 S교통카드 서비스센터에서 환불이 가능하다.

② 모바일에서 환불 시 카드잔액이 40만 원일 경우 399,500원을 환불받을 수 있다.

③ 카드잔액 30만 원을 환불할 경우 A은행을 제외한 은행 ATM에서 299,500원을 환불받을 수 있다.

④ 환불금액이 13만 원일 경우 S교통카드 본사 방문 시 수수료 없이 전액 환불받을 수 있다.

⑤ 카드잔액 17만 원을 S교통카드 본사에 방문해 환불한다면 당일 카드잔액을 차감하고 즉시 계좌로 이체받을 수 있다.

24 다음 글에 대한 설명으로 옳지 않은 것은?

'투자의 귀재' 워런 버핏(Warren Buffett)이 이끄는 버크셔해서웨이가 역대 최대 규모의 자사주 매입을 단행했다.

CNBC 방송에 따르면 버크셔해서웨이는 3분기 수익보고서에서 90억 달러(약 10조 원) 규모의 자사주를 사들였다고 밝혔다. 지난 2분기 자사주 매입 규모인 51억 달러의 두 배에 가까운 금액이다. 이로써 올해 버크셔해서웨이의 총 자사주 매입 규모는 157억 달러로 불어났다.

버핏의 이런 움직임은 신종 코로나바이러스 감염증(코로나19) 사태로 글로벌 경제가 어려움을 겪는 가운데 이뤄진 것이다.

철도와 보험 등의 사업을 소유한 버크셔해서웨이도 코로나19 사태의 직격탄을 맞아 3분기 영업이익이 55억 달러로 전년 동기보다 30% 이상 감소했다. 다만 순이익은 이 회사가 투자한 애플과 코카콜라 등의 주가 상승에 힘입어 작년 3분기보다 82% 급등한 30억 달러를 기록했다.

이런 상황에서 버핏이 자사주 매입 규모를 늘린 것은 그만큼 버크셔해서웨이 주가가 저평가됐다고 판단했기 때문으로 보인다. 그는 앞서 "(버크셔해서웨이) 주식이 가치보다 낮은 가격에 팔리고 충분한 현금 여력이 있다면" 자사주를 매입하겠다고 밝힌 바 있다.

버크셔해서웨이 주가는 3분기 들어 20% 가까이 회복됐으나 2020년 전체로는 여전히 8% 하락한 상태다. 스탠더드앤드푸어스(S&P)500 지수는 올해 들어 10% 오른 상태여서 그만큼 버크셔해서웨이 주가가 부진하다는 뜻으로 해석된다.

① 자사주 매입 후 주당순이익(EPS)는 증가한다.
② 자사주 매입 후 주가수익비율(PER)은 감소한다.
③ 자사주 매입 후 자기자본가치는 증가한다.
④ 자사주 매입 대신 동일한 금액을 현금으로 배당한다면 자기자본가치는 감소한다.
⑤ 주가가 저평가되었을 때 자사주 매입을 실시하는 것은 신호가설로 설명할 수 있다.

25 S학원에서 160명의 학생들이 며칠 후에 기말시험을 본다. 50문제 중 40문제 이상 맞추지 못한 학생은 재시험을 봐야 하는데, 학생 수가 많은 S학원은 재시험실을 마련하기 위해 재시험자가 총 몇 명인지 파악해야 한다. 이를 수행하는 프로그램 순서도가 다음과 같을 때 ⓐ, ⓑ, ⓒ에 들어갈 내용이 바르게 짝지어진 것은?

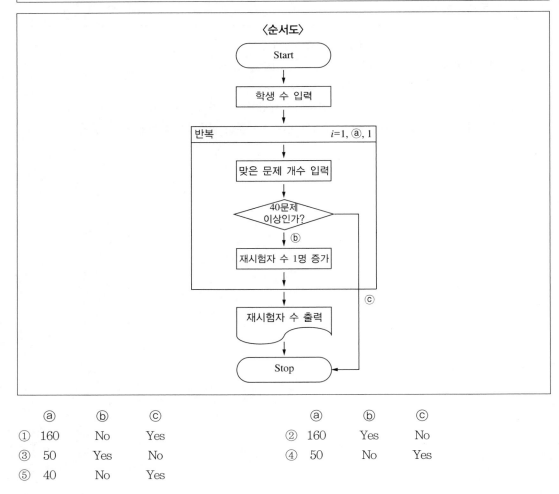

	ⓐ	ⓑ	ⓒ		ⓐ	ⓑ	ⓒ
①	160	No	Yes	②	160	Yes	No
③	50	Yes	No	④	50	No	Yes
⑤	40	No	Yes				

26 다음 글의 제목으로 적절하지 않은 것은?

대·중소기업 간 동반성장을 위한 '상생'이 산업계의 화두로 조명받고 있다. 4차 산업혁명 시대 도래 등 글로벌 시장에서의 경쟁이 날로 치열해지는 상황에서 대기업과 중소기업이 힘을 합쳐야 살아남을 수 있다는 위기감이 상생의 중요성을 부각하고 있다고 분석된다. 재계 관계자는 "그동안 반도체, 자동차 등 제조업에서 세계적인 경쟁력을 갖출 수 있었던 배경에는 대기업과 협력업체 간 상생의 역할이 컸다."며 "고속 성장기를 지나 지속 가능한 구조로 한 단계 더 도약하기 위해 상생경영이 중요하다."라고 강조했다.

우리 기업들은 협력사의 경쟁력 향상이 곧 기업의 성장으로 이어질 것으로 보고 2·3차 중소 협력업체들과의 상생경영에 힘쓰고 있다. 단순히 갑을 관계에서 대기업을 서포트 해야 하는 존재가 아니라 상호 발전을 위한 동반자라는 인식이 자리 잡고 있다는 분석이다. 이에 따라 협력사들에 대한 지원도 거래대금 현금 지급 등 1차원적인 지원 방식에서 벗어나 경영 노하우 전수, 기술 이전 등을 통한 '상생 생태계' 구축에 도움을 주는 방향으로 초점이 맞춰지는 추세다.

특히 최근에는 상생 협력이 대기업이 중소기업에 주는 일시적인 시혜 차원의 문제가 아니라 경쟁에서 살아남기 위한 생존 문제와 직결된다는 인식이 강하다. 협약을 통해 협력업체를 지원해 준 대기업이 업체의 기술력 향상으로 더 큰 이득으로 보상받고 이를 통해 우리 산업의 경쟁력이 강화된다는 것이다.

경제 전문가는 "대·중소기업 간의 상생 협력이 강제 수단이 아니라 문화적으로 자리 잡아야 할 시기"라며, "대기업, 특히 오너 중심의 대기업들도 단기적인 수익이 아닌 장기적인 시각에서 질적 평가를 통해 협력업체의 경쟁력을 키울 방안을 고민해야 한다."라고 강조했다.

이와 관련해 국내 주요 기업들은 대기업보다 연구개발(R&D) 인력과 관련 노하우가 부족한 협력사들을 위해 각종 노하우를 전수하는 프로그램을 운영 중이다. S전자는 협력사들에 기술 노하우를 전수하기 위해 경영관리 제조 개발 품질 등 해당 전문 분야에서 20년 이상 노하우를 가진 S전자 임원과 부장급 100여 명으로 '상생 컨설팅팀'을 구성했다. 지난해부터는 해외에 진출한 국내 협력사에도 노하우를 전수하고 있다.

① 지속 가능한 구조를 위한 상생 협력의 중요성
② 상생경영, 함께 가야 멀리 간다.
③ 대기업과 중소기업, 상호 발전을 위한 동반자로
④ 시혜적 차원에서의 대기업 지원의 중요성
⑤ 동반성장을 위한 상생의 중요성

※ S사는 1년에 15일의 연차를 제공하고, 매달 3일까지 연차를 쓸 수 있다. 이어지는 질문에 답하시오. [27~28]

〈A ~ E사원의 연차 사용 내역(1 ~ 9월)〉			
1 ~ 2월	3 ~ 4월	5 ~ 6월	7 ~ 9월
• 1월 9일 : D, E사원 • 1월 18일 : C사원 • 1월 20 ~ 22일 : B사원 • 1월 25일 : D사원	• 3월 3 ~ 4일 : A사원 • 3월 10 ~ 12일 : B, D사원 • 3월 23일 : C사원 • 3월 25 ~ 26일 : E사원	• 5월 6 ~ 8일 : E사원 • 5월 12 ~ 14일 : B, C사원 • 5월 18 ~ 20일 : A사원	• 7월 7일 : A사원 • 7월 18 ~ 20일 : C, D사원 • 7월 25 ~ 26일 : E사원 • 9월 9일 : A, B사원 • 9월 28일 : D사원

27 다음 중 연차를 가장 적게 쓴 사원은?

① A사원
② B사원
③ C사원
④ D사원
⑤ E사원

28 S사에서는 11월을 집중 근무 기간으로 정하여 연차를 포함한 휴가를 전면 금지할 것이라고 9월 30일 현재 발표하였다. 이런 상황에서 휴가에 대한 손해를 보지 않는 사원은?

① A사원, C사원
② B사원, C사원
③ B사원, D사원
④ C사원, D사원
⑤ D사원, E사원

29 무역에서 보편적으로 사용하는 거래 조건의 해석에 대한 국제통일규칙을 인코텀즈(INCOTERMS)라고 한다. 다음 인코텀즈에 대한 〈보기〉의 설명 중 옳지 않은 것을 모두 고르면?

―――――〈보기〉―――――
ㄱ. 강행법규에 해당한다.
ㄴ. 국제상업회의소(ICC)에서 5년마다 개정한다.
ㄷ. 은행이나 운송인에 대하여는 다루지 않는다.
ㄹ. 국제거래뿐 아니라 국내거래에서도 사용 가능하다.

① ㄴ
② ㄱ, ㄴ
③ ㄴ, ㄷ
④ ㄷ, ㄹ
⑤ ㄱ, ㄴ, ㄹ

30 다음 글을 읽고 추론한 내용으로 적절하지 않은 것은?

최근 온라인에서 '동서양 만화의 차이'라는 제목의 글이 화제가 되었다. 공개된 글에 따르면 동양만화의 대표격인 일본 만화는 대사보다는 등장인물의 표정, 대인관계 등에 초점을 맞춰 이미지나 분위기 맥락에 의존한다. 또한, 다채로운 성격의 캐릭터들이 등장하고 사건 사이의 무수한 복선을 통해 스토리가 진행된다.
반면, 서양만화를 대표하는 미국 만화는 정교한 그림체와 선악의 확실한 구분, 수많은 말풍선을 사용한 스토리 전개 등이 특징이다. 서양 사람들은 동양 특유의 느긋한 스토리와 말없는 칸을 어색하게 느낀다. 이처럼 동서양 만화의 차이가 발생하는 이유는 동서양이 고맥락 문화와 저맥락 문화로 구분되기 때문이다. 고맥락 문화는 민족적 동질을 이루며 역사, 습관, 언어 등에서 공유하고 있는 맥락의 비율이 높다. 이에 따라 집단주의와 획일성이 발달했다. 일본, 한국, 중국과 같은 한자문화권에 속한 동아시아 국가가 이러한 고맥락 문화에 속한다. 반면, 저맥락 문화는 다인종·다민족으로 구성된 미국, 캐나다 등이 대표적이다. 저맥락 문화의 국가는 멤버 간에 공유하고 있는 맥락의 비율이 낮아 개인주의와 다양성이 발달한 문화를 가진다. 이렇듯 고맥락 문화와 저맥락 문화의 만화는 말풍선 안에 들어간 대사의 양으로 큰 차이점을 느낄 수 있다.

① 고맥락 문화의 만화는 등장인물의 표정, 대인관계 등 이미지나 분위기 맥락에 의존하는 경향이 있다.
② 저맥락 문화는 멤버 간 공유하고 있는 맥락의 비율이 낮아서 다양성이 발달했다.
③ 동서양 만화를 접했을 때 표면적으로 느낄 수 있는 차이점은 대사의 양이다.
④ 일본 만화는 무수한 복선을 통한 스토리 진행이 특징이다.
⑤ 미국은 고맥락 문화의 대표국가로, 다양성이 발달하는 문화를 갖기 때문에 다채로운 성격의 캐릭터가 등장한다.

31 다음은 노인 취업률 추이에 대한 그래프이다. 전년 대비 노인 취업률의 변화율이 가장 큰 연도는?

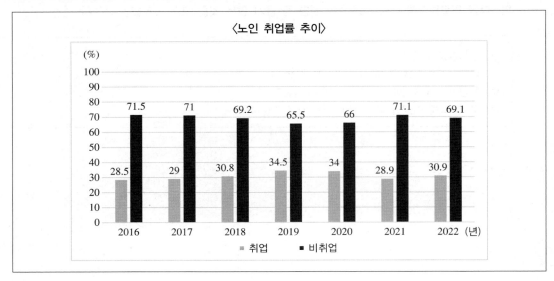

① 2017년
② 2019년
③ 2020년
④ 2021년
⑤ 2022년

32 다음은 A국과 B국의 로렌츠곡선이다. 이에 대한 설명으로 옳지 않은 것은?

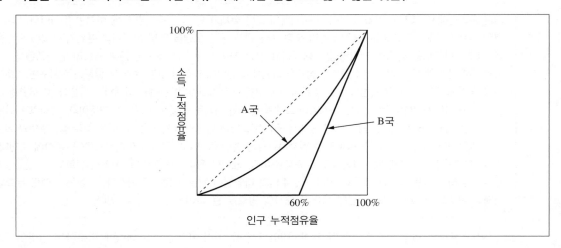

① A국의 소득분배는 완전히 평등하다.
② B국 인구의 일정비율은 소득이 전혀 없다.
③ A국의 지니계수는 0보다 크다.
④ B국의 10분위 분배율은 0이다.
⑤ A국의 5분위 배율은 1보다 크다.

33 S사의 건물에는 층당 4팀씩 근무하고 있으며 각 층의 사무실 배치는 모두 동일하다. S사 건물의 층별 사무실 배치도는 다음과 같으며, 5층과 6층에 있는 부서는 〈조건〉에 따라 배치되어 있다. 감사팀에 서류를 전달하라는 상부의 지시를 받았을 때 가야 할 층과 위치로 알맞은 것은?

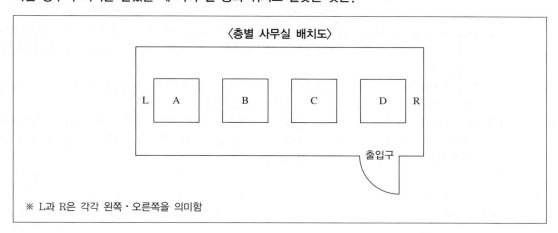

〈층별 사무실 배치도〉

※ L과 R은 각각 왼쪽·오른쪽을 의미함

〈조건〉
- 재무팀은 5층의 C에 배치되어 있다.
- 경영전략팀은 5층에 배치되어 있다.
- 기획관리팀은 B에 배치되어 있다.
- 기획관리팀과 노무복지팀은 서로 다른 층에 배치되어 있다.
- 경영전략팀과 정보보안팀은 서로 다른 층의 같은 위치에 배치되어 있다.
- 감사팀은 총무팀 바로 왼쪽에 배치되어 있다.
- 인사팀은 노무복지팀보다 왼쪽에 배치되어 있으며 두 팀 사이에 한 개의 팀이 배치되어 있다.

	층	위치		층	위치
①	5층	A	②	5층	B
③	6층	B	④	6층	C
⑤	6층	D			

34 다음 문단을 논리적 순서대로 바르게 나열한 것은?

> (가) 이러한 특징은 구엘 공원에 잘 나타나 있는데, 산의 원래 모양을 최대한 유지하기 위해 지면을 받치는 돌기둥을 만드는가 하면, 건축물에 식물을 심어 그 뿌리로 하여금 무너지지 않게 했다.
>
> (나) 스페인을 대표하는 천재 건축가 가우디가 만든 건축물의 대표적인 특징을 꼽자면, 먼저 곡선을 들 수 있다. 그의 여러 건축물 중 곡선미가 가장 잘 나타나는 것은 바로 1984년 유네스코 세계문화유산으로 지정된 까사 밀라이다.
>
> (다) 또 다른 특징으로는 자연과의 조화로, 그는 건축 역시 사람들이 살아가는 공간이자 자연의 일부라고 생각하여 가능한 자연을 훼손하지 않고 건축하는 것을 원칙으로 삼았다.
>
> (라) 이 건축물의 겉 표면에는 일렁이는 파도를 연상시키는 곡선이 보이는데, 이는 당시 기존 건축양식과는 거리가 매우 멀어 처음엔 조롱거리가 되었다. 하지만 훗날 비평가들은 그의 창의성을 인정하게 됐고 현대 건축의 출발점으로 지금까지 평가되고 있다.

① (가) – (나) – (라) – (다)
② (가) – (다) – (나) – (라)
③ (나) – (라) – (가) – (다)
④ (나) – (라) – (다) – (가)
⑤ (다) – (나) – (가) – (라)

35 다음은 2019 ~ 2023년 S국의 사회간접자본(SOC) 투자규모에 대한 자료이다. 이에 대한 설명으로 옳지 않은 것은?(단, 소수점 둘째 자리에서 반올림한다)

〈S국의 사회간접자본(SOC) 투자규모〉

(단위 : 조 원, %)

구분 \ 연도	2019년	2020년	2021년	2022년	2023년
SOC 투자규모	20.5	25.4	25.1	24.4	23.1
총지출 대비 SOC 투자규모 비중	7.8	8.4	8.6	7.9	6.9

① 2023년 총지출은 300조 원 이상이다.
② 2020년 SOC 투자규모의 전년 대비 증가율은 30% 이하이다.
③ 2020 ~ 2023년 동안 SOC 투자규모가 전년에 비해 가장 큰 비율로 감소한 해는 2023년이다.
④ 2020 ~ 2023년 동안 SOC 투자규모와 총지출 대비 SOC 투자규모 비중의 전년 대비 증감 추이는 동일하다.
⑤ 2024년 SOC 투자규모의 전년 대비 감소율이 2023년과 동일하다면, 2024년 SOC 투자규모는 20조 원 이상이다.

36 S사는 현재 모든 사원과 연봉 협상을 하는 중이다. 연봉은 전년도 성과지표에 따라 결정되며 사원들의 성과 지표 결과가 다음과 같을 때, 가장 많은 연봉을 받을 직원은?

〈성과지표별 가중치〉

(단위 : 원)

성과지표	수익 실적	업무 태도	영어 실력	동료 평가	발전 가능성
가중치	3,000,000	2,000,000	1,000,000	1,500,000	1,000,000

〈사원별 성과지표 결과〉

구분	수익 실적	업무 태도	영어 실력	동료 평가	발전 가능성
A사원	3	3	4	4	4
B사원	3	3	3	4	4
C사원	5	2	2	3	2
D사원	3	3	2	2	5
E사원	4	2	5	3	3

※ (당해 연도 연봉)=3,000,000원+(성과금)
※ 성과금은 각 성과지표와 그에 해당하는 가중치를 곱한 뒤 모두 더함
※ 성과지표의 평균이 3.5 이상인 경우 당해 연도 연봉에 1,000,000원이 추가됨

① A사원　　　　　　　　　② B사원
③ C사원　　　　　　　　　④ D사원
⑤ E사원

37 S고등학교는 부정행위 방지를 위해 1~3학년이 한 교실에서 같이 시험을 본다. 다음 〈조건〉을 참고할 때, 항상 거짓인 것은?

──────〈조건〉──────
• 교실에는 책상이 여섯 줄로 되어있다.
• 같은 학년은 바로 옆줄에 앉지 못한다.
• 첫 번째 줄과 다섯 번째 줄에는 3학년이 앉는다.
• 3학년이 앉은 줄의 수는 1학년과 2학년이 앉은 줄의 합과 같다.

① 2학년은 네 번째 줄에 앉는다.
② 첫 번째 줄과 세 번째 줄의 책상 수는 같다.
③ 3학년의 학생 수가 1학년의 학생 수보다 많다.
④ 여섯 번째 줄에는 1학년이 앉는다.
⑤ 1학년이 두 번째 줄에 앉으면 2학년은 세 번째 줄에 앉는다.

38 다음 글의 빈칸에 공통적으로 들어갈 용어로 가장 적절한 것은?

> '대표이사가 적대적 인수합병(M&A)으로 해임되면 퇴직 보상액으로 100억 원을 지급한다.' 지난달 D제약 주주총회에서 확정된 새로운 정관의 일부다. 적대적 M&A를 방지하기 위한 장치 중 하나인 이른바 _____ 조항이다. 이런 규정을 도입하는 상장사들이 최근 잇따라 나오고 있다.
>
> … 중략 …
>
> 과거 _____ 규정은 대주주 지분율이 낮아 경영권 방어에 취약한 기업들이 주로 도입했다. 특히 자기자본 규모가 작고 주가가 비싸지 않은 코스닥 상장사들이 선호했다. 하지만 최근엔 지분율과 상관없이 선제적으로 정관에 관련 조항을 추가하는 기업이 늘고 있다. 증권업계 관계자는 "코로나19 사태 이후 주가가 급락한 틈에 적대적 M&A를 시도하려는 세력이 들어오는 것을 막기 위해 미리 대비책을 세워놓는 회사들이 생겼다."고 말했다.

① 포이즌 필
② 황금낙하산
③ 왕관의 보석
④ 초다수결
⑤ 황금주

39 다음 〈보기〉는 강남구에 분포한 B버거 지점을 정리한 표이다. 함수를 〈조건〉과 같이 정의할 때, '지역' 열을 〈보기〉와 같이 채우려 한다. [D2]에 들어갈 수식으로 옳은 것은?

〈보기〉

	A	B	C	D
1	번호	지점	지점장	지역
2	1	개포1동점	이지안	개포1동
3	2	논현2동점	김민준	논현2동
4	3	도곡1동점	김서진	도곡1동
5	4	대치4동점	박준우	대치4동
6	5	삼성1동점	도주원	삼성1동
7	6	압구정동점	이수아	압구정동

〈조건〉

- ◎(셀1, x) : 셀1 안의 문자열을 왼쪽에서부터 x만큼 문자를 반환하는 함수
- ○(셀1, x) : 셀1 안의 문자열을 오른쪽으로부터 x만큼 문자를 반환하는 함수
- ▲(셀1, a, b) : 셀1 안의 문자열을 a부터 b만큼 문자를 반환하는 함수
- ☆(셀1) : 셀1의 길이를 반환하는 함수

① = ◎(B2, 4)
② = ◎(B2, 5)
③ = ▲(B2, 1, 5)
④ = ☆(B2)
⑤ = ○(B2, 4)

40 다음 글의 요지로 가장 적절한 것은?

> 인지부조화는 한 개인이 가지는 둘 이상의 사고, 태도, 신념, 의견 등이 서로 일치하지 않거나 상반될 때 생겨나는 심리적인 긴장상태를 의미한다. 인지부조화는 불편함을 유발하기 때문에 사람들은 이것을 감소시키려고 한다. 인지부조화를 감소시키는 방법은 서로 모순관계에 있어서 양립할 수 없는 인지들 가운데 하나 이상의 인지가 갖는 내용을 바꾸어 양립할 수 있게 만들거나, 서로 모순되는 인지들 간의 차이를 좁힐 수 있는 새로운 인지를 추가하여 부조화된 인지상태를 조화된 상태로 전환하는 것이다.
>
> 그런데 실제로 부조화를 감소시키는 행동은 비합리적인 면이 있다. 그 이유는 그러한 행동들이 사람들로 하여금 중요한 사실을 배우지 못하게 하고 자신들의 문제에 대하여 실제적인 해결책을 찾지 못하도록 할 수 있기 때문이다. 부조화를 감소시키려는 행동은 자기방어적인 행동이고, 부조화를 감소시킴으로써 우리는 자신의 긍정적인 이미지, 즉 자신이 선하고 현명하며 상당히 가치 있는 인물이라는 긍정적인 측면의 이미지를 유지하게 된다. 비록 자기방어적인 행동이 유용한 것으로 생각될 수 있지만, 이러한 행동은 부정적 결과를 초래할 수 있다.

① 인지부조화를 극복하기 위해 합리적인 사고가 필요하다.
② 인지부조화를 감소시키는 방법의 비합리성으로 인해 부정적 결과가 초래될 수 있다.
③ 인지부조화는 합리적인 사고에 도움을 준다는 점에서 긍정적이다.
④ 인지부조화는 자기방어적 행동을 유발하여 정신건강을 해친다.
⑤ 인지부조화를 감소시키는 과정은 긍정적인 자기 이미지 만들기에 효과적이다.

41 S사의 해외사업부, 온라인영업부, 영업지원부에서 각각 2명, 2명, 3명이 대표로 회의에 참석하기로 하였다. 원탁 테이블에 같은 부서 사람끼리 옆자리에 앉는다고 할 때, 7명이 앉을 수 있는 총 경우의 수는?

① 48가지 　　　　　　　　　② 36가지
③ 27가지 　　　　　　　　　④ 24가지
⑤ 16가지

42 사고 난 차를 견인하기 위해 S, P 두 견인업체에서 견인차를 보내려고 한다. 사고지점은 P업체보다 S업체와 40km 더 가깝고, S업체의 견인차가 시속 63km의 일정한 속력으로 달리면 40분 만에 사고지점에 도착한다. P업체에서 보낸 견인차가 S업체의 견인차보다 늦게 도착하지 않으려면 P업체의 견인차가 내야 하는 최소 속력은?

① 119km/h 　　　　　　　　② 120km/h
③ 121km/h 　　　　　　　　④ 122km/h
⑤ 123km/h

43 다음은 S은행 올인원급여통장의 상품 설명서이다. 이에 대한 〈보기〉의 설명 중 적절한 것을 모두 고르면?

〈올인원급여통장〉

구분	내용
상품특징	• 소득이 있는 누구나 혜택을 받을 수 있는 온 국민의 급여통장
가입대상	• 실명의 개인(1인 1계좌) ※ 개인사업자 및 서류 미제출 임의단체 포함(단, 공동명의 가입 불가)
상품유형	• 신규 금액에 제한이 없고, 입출금이 자유로운 예금(보통예금) ※ 창구 또는 비대면 채널을 통한 전환 가입 가능(단, 동일 예금과목에 한해 가능)
기본이율	• 연 0.1%(세전, 결산일 현재 영업점에 고시한 예금과목별 기본이율 적용)
이자지급시기	• 이자는 매년 5월과 11월의 말일에 월 단위로 결산해 다음 날 원금에 더함(이자 계산 시 원 미만에서 반올림함) ※ 예금의 이자는 최종거래일로부터 5년이 경과한 날부터는 이자를 원금에 더하지 않고, 계좌해지 또는 추가 입출금 거래 발생일에 일괄 계산해 지급 가능
거래방법	• 신규 및 전환 : 영업점(은행창구) 방문, S뱅킹 • 해지 : 영업점(은행창구) 방문, 개인인터넷뱅킹, S뱅킹 ※ 개인인터넷뱅킹, S뱅킹을 통한 해지 시 해지잔액을 입금할 수 있는 본인 명의의 입출금이 자유로운 예금 계좌가 필요함
수수료 면제	• 수수료 면제 조건 충족 시 이 통장 거래에서 발생한 아래의 수수료를 면제 　－ S은행 인터넷·폰·모바일뱅킹 타행 이체수수료 　－ 납부자 자동이체수수료(타행 자동이체 포함) 　－ S은행 자동화기기 타행 이체수수료 　－ S은행 자동화기기 시간 외 출금수수료 　－ 타행 자동화기기 출금수수료 　　※ 타행 ATM의 경우 제휴 ATM 및 VAN사(H사·N사·HNT 등) ATM 제외 • 면제 기간 : 이번 달 11일～다음 달 10일 • 면제 조건 : 이 통장으로 전월(1일～말일) 내 아래 실적 중 1가지 이상 충족한 경우 　－ 합산 50만 원 이상 입금 이력이 있는 경우(단, 당행 본인 명의 계좌에서 이체된 건 및 본인의 주민등록번호로 입금된 건 제외) 　－ S 모바일(S Mobile) 자동이체 출금 이력이 있는 경우 　　※ 체크카드 및 신용카드를 통해 출금된 건 제외
부가서비스	• 다양한 출처의 불규칙적인 입금 내역을 한눈에 확인할 수 있는 입금 관리 서비스 ※ 인컴박스별로 입금 적요(보낸 사람)를 키워드로 설정(박스별 키워드는 3개까지 설정 가능) 　→ 해당 적요 입금 건에 대해 카드형 / 달력형 입금 정보 제공 • 이용 경로 : S뱅킹 앱 → 전체 계좌 조회 → S은행 올인원급여통장 계좌 하단 '인컴박스'

〈보기〉

ㄱ. 이자를 지급하는 시기는 매년 2회이며, 지급된 이자는 원금에 가산된다.
ㄴ. 개인인터넷뱅킹을 통해서 신규 가입, 전환 가입, 계약 해지 등이 모두 가능하다.
ㄷ. 휴대폰 앱을 통해 입금 내역을 한눈에 확인할 수 있는 부가서비스를 받을 수 있다.
ㄹ. 조건을 충족할 경우 이 통장 거래에서 발생한 이체 및 출금에 따른 수수료를 면제받을 수 있다.

① ㄱ, ㄷ
② ㄴ, ㄹ
③ ㄷ, ㄹ
④ ㄱ, ㄷ, ㄹ
⑤ ㄴ, ㄷ, ㄹ

44 임베디드 금융(Embedded Finance)에 대한 〈보기〉의 설명 중 적절하지 않은 것을 모두 고르면?

─〈보기〉─

ㄱ. 임베디드 금융의 참가자 중에 가장 중요한 역할을 하는 주체는 전통적인 금융 서비스 기능을 제공하는 금융회사이다.

ㄴ. 임베디드 금융 시장의 구조는 금융회사, 비금융회사, 핀테크 회사 등이 참가하여 수익을 나눠 갖는 방식으로 이루어진다.

ㄷ. 비대면 금융 서비스에 대한 수요의 급증, 금융기관의 디지털 전환 가속화, IT・디지털 기술의 발달, 금융 규제의 완화 등은 임베디드 금융 성장을 촉진한다.

ㄹ. 임베디드 금융은 금융회사가 비금융회사와 제휴를 맺고 자사의 금융 서비스 중 필요한 일부만을 비금융회사에 제공하는, 일종의 플랫폼 렌털 사업으로 볼 수 있다.

① ㄱ, ㄴ　　　　　　　　　　　　② ㄱ, ㄹ
③ ㄴ, ㄷ　　　　　　　　　　　　④ ㄴ, ㄹ
⑤ ㄷ, ㄹ

45 서울에서 사는 S씨는 휴일에 가족들과 경기도 맛집에 가기 위해 오후 3시에 집 앞으로 중형 콜택시를 불렀다. 집에서 맛집까지의 거리는 12.56km이며, 집에서 맛집으로 출발하여 4.64km를 이동하면 경기도에 진입한다. 맛집에 도착할 때까지 신호로 인해 택시가 멈췄던 시간은 8분이며, 택시의 속력은 이동 시 항상 60km/h 이상이었다. 다음 자료를 참고할 때, S씨가 지불하게 될 택시요금은?(단, 콜택시의 예약비용은 없으며, 신호로 인해 멈춘 시간은 모두 경기도 진입 후이다)

〈서울시 택시요금 계산표〉

구분			신고요금
중형택시	주간	기본요금	2km까지 3,800원
		거리요금	100원당 132m
		시간요금	100원당 30초
	심야	기본요금	2km까지 4,600원
		거리요금	120원당 132m
		시간요금	120원당 30초
	공통사항		− 시계외 할증 20% − 심야(00:00 ~ 04:00) 할증 20% − 심야・시계외 중복 할증 40%

※ '시간요금'은 속력이 15.33km/h 미만이거나 멈춰 있을 때 적용됨
※ 서울시에서 다른 지역으로 진입 후 시계외 할증(심야 거리 및 시간요금)이 적용됨

① 13,800원　　　　　　　　　　② 14,000원
③ 14,220원　　　　　　　　　　④ 14,500원
⑤ 14,920원

46 다음 중 빈칸에 들어갈 내용으로 가장 적절한 것은?

포논(Phonon)이라는 용어는 소리(Pho–)라는 접두어에 입자(–non)라는 접미어를 붙여 만든 단어로, 실제로 포논이 고체 안에서 소리를 전달하기 때문에 이런 이름이 붙었다. 어떤 고체의 한쪽을 두드리면 포논이 전파해 반대쪽에서 소리를 들을 수 있다.

아인슈타인이 새롭게 만든 고체의 비열 공식(아인슈타인 모형)은 실험결과와 상당히 잘 맞았다. 그런데 그의 성공은 고체 내부의 진동을 포논으로 해석한 데에만 있지 않다. 그는 포논이 보존(Boson) 입자라는 사실을 간파하고, 고체 내부의 세상에 보존의 물리학(보즈 – 아인슈타인 통계)을 적용했다. 비로소 고체의 비열이 온도에 따라 달라진다는 결론을 얻을 수 있었다.

양자역학의 세계에서 입자는 스핀 상태에 따라 분류된다. 스핀이 1/2의 홀수배(1/2, 3/2, …)인 입자들은 원자로를 개발한 유명한 물리학자 엔리코 페르미의 이름을 따 '페르미온'이라고 부른다. 오스트리아의 이론물리학자 볼프강 파울리는 페르미온들은 같은 에너지 상태를 가질 수 없고 서로 배척한다는 사실을 알아냈다(즉, 같은 에너지 상태에서는 + / − 반대의 스핀을 갖는 페르미온끼리만 같이 존재할 수 있다). 이를 '파울리의 배타원리'라고 한다. 페르미온은 대개 양성자, 중성자, 전자 같은 물질을 구성하며, 파울리의 배타원리에 따라 페르미온 입자로 이뤄진 물질은 우리가 손으로 만질 수 있다.

스핀이 0, 1, 2, … 등 정수 값인 입자도 있다. 바로 보존이다. 인도의 무명 물리학자였던 사티엔드라 나트 보즈의 이름을 본 땄다. 보즈는 페르미가 개발한 페르미 통계를 공부하고 보존의 물리학을 만들었다. 당시 그는 박사학위도 없는 무명의 물리학자여서 논문을 작성한 뒤 아인슈타인에게 편지로 보냈다. 다행히 아인슈타인은 그 논문을 쓰레기통에 넣지 않고 꼼꼼히 읽어본 뒤 자신의 생각을 첨가하고 독일어로 번역해 학술지에 제출했다. 바로 보존 입자의 물리학(보즈 – 아인슈타인 통계)이다. 이에 따르면, 보존 입자는 페르미온과 달리 파울리의 배타원리를 따르지 않는다. 따라서 같은 에너지 상태를 지닌 입자라도 서로 겹쳐서 존재할 수 있다. 만져지지 않는 에너지 덩어리인 셈이다. 이들 보존 입자는 대개 힘을 매개한다.

빛 알갱이, 즉 _____ 빛은 실험을 해보면 입자의 특성을 보이지만, 질량이 없고 물질을 투과하며 만져지지 않는다. 포논은 어떨까? 원자 사이의 용수철 진동을 양자화 한 것이므로 물질이 아니라 단순한 에너지의 진동으로서 파울리의 배타원리를 따르지 않는다. 즉, 포논은 광자와 마찬가지로 스핀이 0인 보존 입자이다.

① 광자는 파울리의 배타원리를 따른다.
② 광자는 스핀 상태에 따라 분류할 수 없다.
③ 광자는 스핀이 1/2의 홀수배인 입자의 대표적인 예다.
④ 광자는 보존의 대표적인 예다.
⑤ 광자는 페르미온의 대표적인 예다.

47 S사는 6층 건물의 모든 층을 사용하고 있으며, 건물에는 기획부, 인사·교육부, 서비스개선부, 연구·개발부, 해외사업부, 디자인부가 층별로 위치하고 있다. 다음 〈조건〉을 참고할 때 항상 옳은 것은?(단, 6개의 부서는 서로 다른 층에 위치하며, 3층 이하에 위치한 부서의 직원은 출근 시 반드시 계단을 이용해야 한다)

---〈조건〉---

- 기획부의 문대리는 해외사업부의 이주임보다 높은 층에 근무한다.
- 인사·교육부는 서비스개선부와 해외사업부 사이에 위치한다.
- 디자인부의 김대리는 오늘 아침 엘리베이터에서 서비스개선부의 조대리를 만났다.
- 6개의 부서 중 건물의 옥상과 가장 가까이 위치한 부서는 연구·개발부이다.
- 연구·개발부의 오사원이 인사·교육부의 박차장에게 휴가 신청서를 제출하기 위해서는 4개의 층을 내려와야 한다.
- 건물 1층에는 회사에서 운영하는 커피숍이 함께 있다.

① 출근 시 엘리베이터를 탄 디자인부의 김대리는 5층에서 내린다.
② 디자인부의 김대리가 서비스개선부의 조대리보다 먼저 엘리베이터에서 내린다.
③ 인사·교육부와 커피숍은 같은 층에 위치한다.
④ 기획부의 문대리는 출근 시 반드시 계단을 이용해야 한다.
⑤ 인사·교육부의 박차장은 출근 시 연구·개발부의 오사원을 계단에서 만날 수 있다.

48 다음은 S지역 전체 가구를 대상으로 원자력발전소 사고 전·후 식수 조달원 변경에 대해 설문조사한 결과이다. 이에 대한 설명으로 옳은 것은?

〈원자력발전소 사고 전·후 식수 조달원별 가구 수〉

(단위 : 가구)

사고 전 조달원 \ 사고 후 조달원	수돗물	정수	약수	생수
수돗물	40	30	20	30
정수	10	50	10	30
약수	20	10	10	40
생수	10	10	10	40

※ S지역 가구의 식수 조달원은 수돗물, 정수, 약수, 생수로 구성되며, 각 가구는 한 종류의 식수 조달원만 이용함

① 사고 전에 식수 조달원으로 정수를 이용하는 가구 수가 가장 많다.
② 사고 전에 비해 사고 후에 이용 가구 수가 감소한 식수 조달원의 수는 3개이다.
③ 사고 전·후 식수 조달원을 변경한 가구 수는 전체 가구 수의 60% 이하이다.
④ 사고 전에 식수 조달원으로 정수를 이용하던 가구는 모두 사고 후에도 정수를 이용한다.
⑤ 각 식수 조달원 중에서 사고 전·후에 이용 가구 수의 차이가 가장 큰 것은 생수이다.

49 다음은 S-ONE대출의 상품 설명서와 A씨의 대출 정보이다. 제시된 자료를 근거로 할 때, 대출금리가 최고 금리일 때와 최저금리일 때의 월평균 납입금액의 차이는?(단, A씨는 대출 신청 자격을 모두 충족한다)

〈S-ONE대출〉

구분	내용				
상품특징	• 입증소득 및 재직증빙이 없어도 당행 거래실적에 따라 신용평가시스템(CSS) 평가 후 산출되는 CSS 평가 등급별로 무보증 대출한도가 부여되는 신용대출 상품				
대출금액	• 무보증 최고 2,000만 원 이내(S-ONE통장 가입고객 중 거래실적 우수고객 자격으로 대출을 받는 경우에는 최고 500만 원) ※ 대출한도는 신용평가 결과에 따라 차등 적용				
대출기간 및 상환방법	• 일시상환(종합통장자동대출 포함) : 1년(최장 10년까지 기한 연장 가능) • 원리금균등분할상환 – CSS 1 ~ 3등급 : 최저 1년 이상 ~ 최장 10년 이내 – CSS 4등급 이하 : 최저 1년 이상 ~ 최장 5년 이내 ※ 대출기간 30% 이내 최장 12개월까지 거치기간 운용 가능 ※ S-ONE통장 가입고객 중 거래실적 우수고객 자격으로 대출을 받는 경우에는 종합통장자동대출만 가능				
대출금리	<table><tr><th> </th><th>기준금리(%)</th><th>가산금리 (연이율, %)</th><th>우대금리 (연이율, %)</th><th>최저금리 (연이율, %)</th><th>최고금리 (연이율, %)</th></tr><tr><td>CD 91일물</td><td>3.69</td><td>4.32</td><td>0.90</td><td>7.11</td><td>8.01</td></tr></table> • 대출기간 2년 미만, 신용등급 3등급 기준 • 기준금리 : 금융투자협회가 고시하는 'CD 91일물 유통수익률' 적용 • 가산금리 : 고객별 가산금리는 신용등급 등에 따라 차등 적용 • 우대금리 : 최고 연 0.9%p 우대 – S신용카드 이용실적 우대 : 최고 연 0.3%p – 급여(연금)이체 관련 실적 우대 : 연 0.3%p – 적립식예금(30만 원 이상) 보유 우대 : 연 0.1%p – 자동이체(3건 이상) 실적 우대 : 연 0.1%p – S스타뱅킹 이용 우대 : 연 0.1%p • 적용금리 : 기준금리＋가산금리－우대금리				
대출상환 관련 안내	• 이자 계산 방법 : 이자는 원금에 고객별 적용금리를 곱한 후 12개월로 나누어 계산(원 미만 절상) • 원금 및 이자의 상환 시기 – 일시상환대출 : 대출 기간 중에는 이자지급일에 이자만 납부하고, 대출 기간 만료일에 대출원금을 전액 상환 – 원리금균등분할상환 : 매월 이자지급일에 동일한 할부금을 상환(원단위 미만 절상)				

〈A씨의 대출 정보〉

• 대출금액 : 1,200만 원
• 대출기간 : 1년
• 상환방법 : 원리금균등분할상환
• 신용등급 : 3등급

① 5,873원
② 5,632원
③ 5,380원
④ 4,875원
⑤ 4,750원

50 IRP에 대한 〈보기〉의 설명 중 옳지 않은 것을 모두 고르면?

---〈보기〉---

ㄱ. IRP는 개인형 퇴직연금으로, 근로자가 본인의 퇴직금의 투자처를 직접 지정할 수 있다.
ㄴ. IRP의 경직적인 운용을 보완하고자 IRA가 등장하였다.
ㄷ. IRP는 근로자의 퇴직금을 회사가 운용한 후 근로자에게 정해진 금액을 지급하는 방식이다.
ㄹ. IRP 가입 시 납입금에 대해 정해진 조건하에서 세액공제 혜택을 받을 수 있다.

① ㄱ, ㄴ 　　　　② ㄱ, ㄹ
③ ㄴ, ㄷ 　　　　④ ㄴ, ㄹ
⑤ ㄷ, ㄹ

51 다음 글의 내용을 통해 추론할 수 없는 것은?

공유와 경제가 합쳐진 공유경제는 다양한 맥락에서 정의되는 용어이지만, 공유경제라는 개념은 '소유권(Ownership)'보다는 '접근권(Accessibility)'에 기반을 둔 경제모델을 의미한다. 전통경제에서는 생산을 담당하는 기업들이 상품이나 서비스를 생산하기 위해서 원료, 부품, 장비 등을 사거나 인력을 고용했던 것과 달리, 공유경제에서는 기업뿐만 아니라 개인들도 자산이나 제품이 제공하는 서비스에 대한 접근권의 거래를 통해서 자원을 효율적으로 활용하여 가치를 창출할 수 있다. 소유권의 거래에 기반한 기존 자본주의 시장경제와는 다른 새로운 게임의 법칙이 대두한 것이다.
공유경제에서는 온라인 플랫폼이라는 조직화된 가상공간을 통해서 접근권의 거래가 이루어진다. 온라인 플랫폼은 인터넷의 연결성을 기반으로 유휴자산(遊休資産)을 보유하거나 필요로 하는 수많은 소비자와 공급자가 모여서 소통할 수 있는 기반이 된다. 다양한 선호를 가진 이용자들이 거래 상대를 찾는 작업을 사람이 일일이 처리하는 것은 불가능한 일인데, 공유경제 기업들은 고도의 알고리즘을 이용하여 검색, 매칭, 모니터링 등의 거래 과정을 자동화하여 처리한다.
공유경제에서 거래되는 유휴자산의 종류는 자동차나 주택에 국한되지 않는다. 개인이나 기업들이 소유한 물적·금전적·지적 자산에 대한 접근권을 온라인 플랫폼을 통해서 거래할 수만 있다면 거의 모든 자산의 거래가 공유경제의 일환이 될 수 있다. 가구, 가전 등의 내구재, 사무실, 공연장, 운동장 등의 물리적 공간, 전문가나 기술자의 지식, 개인들의 여유 시간이나 여유 자금 등이 모두 접근권 거래의 대상이 될 수 있다.

① 기존의 시장경제는 접근권(Accessibility)보다 소유권(Ownership)에 기반을 두었다.
② 공유경제의 등장에는 인터넷의 발달이 중요한 역할을 하였다.
③ 인터넷 등장 이전에는 이용자와 그에 맞는 거래 상대를 찾는 작업을 일일이 처리할 수 없었다.
④ 공유경제에서는 온라인 플랫폼을 통해 거의 모든 자산에 대한 접근권(Accessibility)을 거래할 수 있다.
⑤ 온라인 플랫폼을 통해 자신이 타던 자동차를 판매하여 소유권을 이전하는 것도 공유경제의 일환이 될 수 있다.

52 지호는 영어학원에서 반배정 시험을 봤다. 시험결과 듣기 55점, 쓰기 67점, 말하기 68점, 읽기 79점을 받았다. 지호의 시험결과를 다음 〈순서도〉에 넣었을 때, 배정받을 반으로 알맞은 것은?

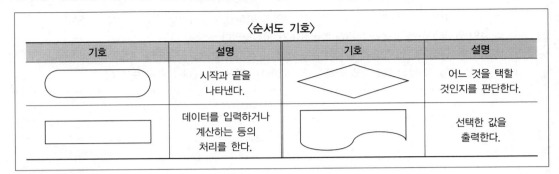

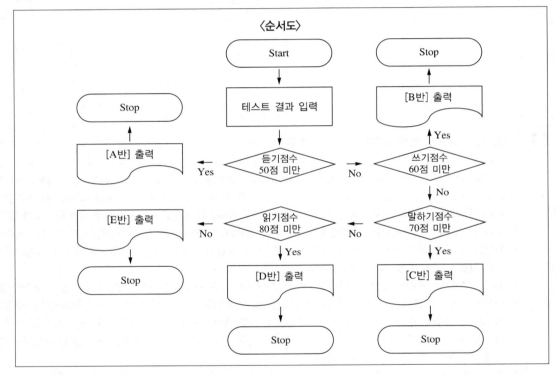

① A반
② B반
③ C반
④ D반
⑤ E반

53 다음은 남미, 인도, 중국, 중동 지역의 2020년 대비 2030년 부문별 석유수요의 증감규모를 예측한 자료이다. 〈조건〉을 참고하여 A ~ D에 해당하는 지역을 바르게 나열한 것은?

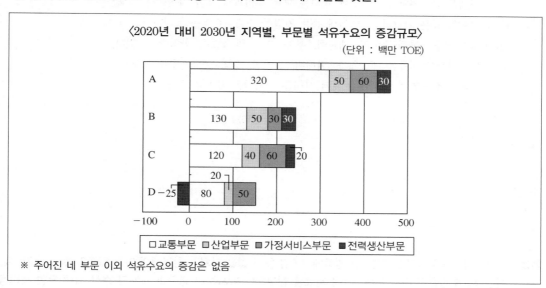

〈조건〉

- 인도와 중동의 2030년 전체 석유수요의 2020년 대비 증가규모는 동일하다.
- 2030년 전체 석유수요의 2020년 대비 증가규모가 가장 큰 지역은 중국이다.
- 2030년 전력생산부문 석유수요의 2020년 대비 규모가 감소하는 지역은 남미이다.
- 2030년 교통부문 석유수요의 2020년 대비 증가규모가 해당 지역 전체 석유수요 증가규모의 50%인 지역은 중동이다.

	A	B	C	D
①	중국	인도	중동	남미
②	중국	중동	인도	남미
③	중국	인도	남미	중동
④	인도	중국	중동	남미
⑤	인도	중국	남미	중동

54 다음 중 손익계산서에 대한 설명으로 옳지 않은 것은?

① 손익계산서는 해당 회계기간에 속하는 모든 수익과 비용을 기재한다.

② 특별손익 등은 가감하고, 법인세 등은 차감한 당기순손익을 표시한다.

③ 손익계산서를 통해 순이익, 매출액, 매출원가 등의 정보를 확인할 수 있다.

④ 손익계산서상 비용은 매출원가, 판매비, 관리비, 영업외비용 등이 있다.

⑤ 손익계산서를 통해 회사에 누적된 사내유보 이익을 확인할 수 있다.

55 S사에 다니는 W사원은 이번 달 영국에서 5일 동안 일을 마치고 한국에 돌아와 일주일 후 스페인으로 다시 4일간의 출장을 간다고 한다. 다음 자료를 참고하여 W사원이 영국과 스페인 출장 시 필요한 총비용을 A ~ C은행에서 환전할 때 필요한 원화의 최댓값과 최솟값의 차이는?(단, 출장비는 해외여비와 교통비의 합이며, 환전수수료는 고려하지 않는다)

〈국가별 1일 여비〉

구분	영국	스페인
1일 해외여비	50파운드	60유로

〈국가별 교통비 및 추가 지급비용〉

구분	영국	스페인
교통비(비행시간)	380파운드(12시간)	870유로(14시간)
초과 시간당 추가 지급비용	20파운드	15유로

※ 교통비는 편도 항공권 비용이며, 비행시간도 편도에 해당함
※ 편도 비행시간이 10시간을 초과하면 시간당 추가 비용이 지급됨

〈은행별 환율 현황〉

구분	매매기준율(KRW)	
	원/파운드	원/유로
A은행	1,470	1,320
B은행	1,450	1,330
C은행	1,460	1,310

① 31,900원

② 32,700원

③ 33,500원

④ 34,800원

⑤ 35,200원

56 S사에서는 직원들의 복리후생을 위해 이번 주말에 무료 요가강의를 제공할 계획이다. 홍보부에는 A사원, B사원, C주임, D대리, E대리, F과장 6명이 있다. 다음 〈조건〉을 참고할 때, 이번 주말에 열리는 무료 요가강의에 참석할 홍보부 직원들의 최대 인원은?

〈조건〉
- C주임과 D대리 중 1명만 참석한다.
- B사원이 참석하면 D대리는 참석하지 않는다.
- C주임이 참석하면 A사원도 참석한다.
- D대리가 참석하면 E대리는 참석하지 않는다.
- E대리는 반드시 참석한다.

① 2명   ② 3명
③ 4명   ④ 5명
⑤ 6명

57 S은행에서 근무하는 김사원은 고객 P에게 적금만기를 통보하고자 한다. P의 적금상품 가입 정보가 다음과 같을 때, 김사원이 P에게 안내할 만기환급금은?(단, 이자 소득에 대한 세금은 고려하지 않는다)

〈가입 정보〉
- 상품명 : S은행 튼튼준비적금
- 가입자 : P – 본인(개인)
- 가입기간 : 24개월
- 가입금액 : 매월 1일 120,000원 납입
- 적용금리 : 연 2.5%
- 저축방법 : 정기적립식
- 이자지급방식 : 만기일시지급식, 단리식

① 2,718,000원   ② 2,750,400원
③ 2,925,500원   ④ 2,955,000원
⑤ 2,987,500원

※ 다음은 국가별 환율에 대한 자료이다. 이어지는 질문에 답하시오(단, 환전수수료는 고려하지 않는다). **[58~59]**

<표>

국가	중국	일본	러시아	태국	사우디아라비아
환율	170원/위안	8.5원/엔	13원/루블	35원/바트	350원/리얄

〈국가별 환율〉

58 중국 1,000위안을 태국 바트로 환전하면 얼마인가?

① 약 3,572.75바트

② 약 4,857.14바트

③ 약 6,003.92바트

④ 약 6,953.55바트

⑤ 약 7,737.36바트

59 대한민국 원화의 미국 달러(USD) 환율이 1,250원/USD일 때, 중국, 일본, 러시아, 태국, 사우디아라비아 국가의 외화를 달러 지수로 환산한 값으로 옳은 것은?

① 중국 – 약 190.35위안/USD

② 일본 – 약 48.03엔/USD

③ 러시아 – 약 96.15루블/USD

④ 태국 – 약 260.33바트/USD

⑤ 사우디아라비아 – 약 2,603.34리얄/USD

60 다음 제시된 글을 읽고, 이어질 문단을 논리적 순서대로 바르게 나열한 것은?

마그네틱 카드는 자기 면에 있는 데이터를 입력장치에 통과시키는 것만으로 데이터를 전산기기에 입력할 수 있다. 마그네틱 카드는 미국 IBM에서 자기 테이프의 원리를 카드에 응용한 것으로 자기 테이프 표면에 있는 자성 물질의 특성을 변화시켜 데이터를 기록하는 방식으로 개발되었다. 개발 이후 신용카드, 신분증 등 여러 방면으로 응용되었고, 현재도 사용되고 있다. 하지만 마그네틱 카드는 자기 테이프를 이용하였기 때문에 자석과 접촉하면 기능이 상실되는 단점을 가지고 있는데, 최근 마그네틱 카드의 단점을 보완한 IC카드가 만들어져 사용되고 있다.

(가) IC카드는 데이터를 여러 번 쓰거나 지울 수 있는 EEPROM이나 플래시메모리를 내장하고 있다. 개발 초기의 IC카드는 8KB 정도의 저장 공간을 가지고 있었으나, 2000년대 이후에는 1MB 이상의 데이터 저장이 가능하다.

(나) IC카드는 내부에 집적회로를 내장하였기 때문에 자석과 접촉해도 데이터가 손상되지 않으며, 마그네틱 카드에 비해 다양한 기능을 추가할 수 있고 보안성 및 내구성도 우수하다.

(다) 메모리 외에도 프로세서를 함께 내장한 것도 있다. 이러한 것들은 스마트카드로 불리며 현재 16비트 및 32비트급의 성능을 가진 카드도 등장했다. 프로세서를 탑재한 카드는 데이터의 저장뿐 아니라 데이터의 암호화나 특정 컴퓨터만이 호환되도록 하는 등의 프로그래밍이 가능해서 보안성이 향상되었다.

① (가) – (나) – (다)
② (가) – (다) – (나)
③ (나) – (가) – (다)
④ (나) – (다) – (가)
⑤ (다) – (가) – (나)

61 다음 중 변동환율제도에 대한 설명으로 옳지 않은 것은?

① 원화 환율이 오르면 물가가 상승하기 쉽다.
② 원화 환율이 오르면 수출업자가 유리해진다.
③ 원화 환율이 오르면 외국인의 국내 여행이 증가한다.
④ 환율은 기본적으로 외환시장에서의 수요와 공급에 의해 결정된다.
⑤ 국가 간 자본거래가 활발하게 이루어진다면 독자적인 통화정책을 운용할 수 없다.

62 다음 글에서 〈보기〉의 문장이 들어갈 위치로 가장 적절한 곳은?

오늘날 인류가 왼손보다 오른손을 선호하는 경향은 어디서 비롯되었을까? 오른손을 귀하게 여기고 왼손을 천대하는 현상은 어쩌면 산업화 이전 사회에서 배변 후 사용할 휴지가 없었다는 사실과 관련이 있을 법하다. (가) 맨손으로 배변 뒤처리를 하는 것은 불쾌할 뿐더러 병균을 옮길 위험을 수반하는 일이었다. 이런 위험의 가능성을 낮추는 간단한 방법은 음식을 먹거나 인사할 때 다른 손을 사용하는 것이었다. 기술 발달 이전의 사회는 대개 왼손을 배변 뒤처리에, 오른손을 먹고 인사하는 일에 사용했다. (나)

나는 이런 배경이 인간 사회에 널리 나타나는 '오른쪽'에 대한 긍정과 '왼쪽'에 대한 반감을 어느 정도 설명해 줄 수 있으리라고 생각한다. 그러나 이 설명은 왜 애초에 오른손이 먹는 일에, 그리고 왼손이 배변 처리에 사용되었는지 설명해주지 못한다. 동서양을 막론하고, 왼손잡이 사회는 확인된 바 없다. (다)

한쪽 손을 주로 쓰는 경향은 뇌의 좌우반구의 기능 분화와 관련되어 있는 것으로 보인다. 보고된 증거에 따르면, 왼손잡이는 읽기와 쓰기, 개념적·논리적 사고 같은 좌반구 기능에서 오른손잡이보다 상대적으로 미약한 대신 상상력, 패턴 인식, 창의력 등 전형적인 우반구 기능에서는 상대적으로 기민한 경우가 많다. (라)

나는 이성 대 직관의 힘겨루기, 뇌의 두 반구 사이의 힘겨루기가 오른손과 왼손의 힘겨루기로 표면화된 것이 아닐까 생각한다. 즉, 오른손이 원래 왼손보다 더 능숙했기 때문이 아니라 뇌의 좌반구가 인간의 행동을 지배하는 권력을 갖게 되었기 때문에 오른손 선호에 이르렀다는 생각이다. (마)

──〈보기〉──

따라서 근본적인 설명은 다른 곳에서 찾아야 할 것 같다.

① (가)   ② (나)
③ (다)   ④ (라)
⑤ (마)

63 S회사 근처에는 A ~ E 5개의 약국이 있으며, 공휴일에는 A ~ E약국 중 단 2곳만 영업을 한다. 다음 〈조건〉을 참고할 때, 반드시 참인 것은?(단, 한 달간 약국의 공휴일 영업일수는 서로 같다)

──〈조건〉──
- 이번 달의 공휴일은 총 5일이다.
- 오늘은 세 번째 공휴일이며, 현재 A와 C약국이 영업하고 있다.
- D약국은 오늘을 포함하여 이번 달 남은 공휴일에 더 이상 영업하지 않는다.
- E약국은 마지막 공휴일에 영업한다.
- A와 E약국은 이번 달 공휴일에 D약국과 함께 이미 한 번씩 영업하였다.

① A약국은 이번 달 두 번의 공휴일에 연속으로 영업한다.
② 이번 달 B와 E약국이 함께 영업하는 공휴일은 없다.
③ B약국은 두 번째, 네 번째 공휴일에 영업한다.
④ 네 번째 공휴일에 영업하는 약국은 B와 C약국이다.
⑤ E약국은 첫 번째, 다섯 번째 공휴일에 영업한다.

64 S기업은 직원들의 복리 증진을 위해 다음과 같이 복지제도를 검토하여 도입하고자 한다. 제시된 〈조건〉의 명제가 모두 참일 때, 반드시 참인 것은?

> S기업은 다음 중 최대 2개의 복지제도를 도입하고자 한다.
> • 동호회행사비 지원
> • 출퇴근교통비 지원
> • 연차 추가 제공
> • 주택마련자금 지원

〈조건〉
• 연차를 추가 제공하지 않거나 출퇴근교통비를 지원한다면, 주택마련자금 지원을 도입한다.
• 동호회행사비 지원을 도입할 때에만 연차 추가 제공을 도입한다.
• 출퇴근교통비 지원을 도입하지 않는다면, 동호회행사비 지원을 도입한다.
• 출퇴근교통비 지원을 도입하거나 연차 추가 제공을 도입하지 않으면, 동호회행사비 지원을 도입하지 않는다.
• 주택마련자금 지원을 도입한다면 다른 복지제도는 도입할 수 없다.

① 동호회행사비 지원은 도입되지 않는다.
② S기업은 1개의 복지제도만 새로 도입한다.
③ 연차 추가 제공은 도입되지 않는다.
④ 출퇴근교통비 지원과 연차 추가 제공 중 1개만 도입된다.
⑤ 출퇴근교통비 지원이 도입된다.

65 다음은 2019 ~ 2023년 국가공무원 및 지방자치단체공무원 현황에 대한 자료이다. 이에 대한 설명으로 옳지 않은 것은?

〈국가공무원 및 지방자치단체공무원 현황〉

(단위 : 명)

구분	2019년	2020년	2021년	2022년	2023년
국가공무원	621,313	622,424	621,823	634,051	637,654
지방자치단체공무원	280,958	284,273	287,220	289,837	296,193

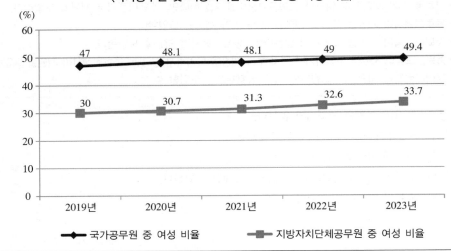

〈국가공무원 및 지방자치단체공무원 중 여성 비율〉

① 매년 국가공무원 중 여성 수는 지방자치단체공무원 중 여성 수의 3배 이상이다.
② 지방자치단체공무원 중 여성 수는 매년 증가하였다.
③ 매년 국가공무원 중 여성 수는 지방자치단체공무원 중 여성 수보다 많다.
④ 국가공무원 중 남성 수는 2021년이 2020년보다 적다.
⑤ 국가공무원 중 여성 비율과 지방자치단체공무원 중 여성 비율의 차이는 매년 감소한다.

66 다음 글을 통해서 알 수 있는 내용으로 가장 적절한 것은?

국내에서 벤처버블이 발생한 1999 ~ 2000년 동안 한국뿐 아니라 미국, 유럽 등 전 세계 주요 국가에서 벤처 버블이 나타났다. 미국 나스닥의 경우 1999년 초 이후에 주가가 급상승하여 2000년 3월을 전후해서 정점에 이르렀는데, 이는 한국의 주가 흐름과 거의 일치한다. 또한 한국에서는 1998년 5월부터 외국인의 종목별 투자한도를 완전 자유화하였는데, 외환위기 이후 해외투자를 유치하기 위한 이런 주식시장의 개방은 주가 상승에 영향을 미쳤다. 외국인 투자자들은 벤처버블이 정점에 이르렀던 1999년 12월에 벤처기업으로 구성되어 있는 코스닥 시장에서 투자금액을 이전 달의 1조 4천억 원에서 8조 원으로 늘렸으며, 투자비중도 늘렸다. 또한 벤처버블 당시 국내에서는 인터넷이 급속히 확산되고 있었다. 초고속 인터넷 서비스는 1998년 첫 해에 1만 3천 가구에 보급되었지만 1999년에는 34만 가구로 확대되었다. 또한 1997년 163만 명이던 인터넷 이용 자는 1999년에 천만 명으로 폭발적으로 증가하였다. 이처럼 초고속 인터넷의 보급과 인터넷 사용인구의 급증 은 뚜렷한 수익모델이 없는 업체라 할지라도 인터넷을 활용한 비즈니스를 내세우면 투자자들 사이에서 높은 잠재력을 가진 기업으로 인식되는 효과를 낳았다.

한편 1997년 8월에 시행된 벤처기업 육성에 관한 특별조치법은 다음과 같은 상황으로 인해 제정되었다. 법 제정 당시 우리 경제는 혁신적 기술이나 비즈니스 모델에 의한 성장보다는 설비확장에 토대한 외형성장에 주력해 왔다. 그러나 급격한 임금상승, 공장용지와 물류 및 금융 관련 비용 부담 증가, 후발국가의 추격 등은 우리 경제가 하루빨리 기술과 지식을 경쟁력의 기반으로 하는 구조로 변화해야 할 필요성을 높였다. 게다가 1997년 말 외환위기로 30대 재벌의 절반이 부도 또는 법정관리에 들어가게 되면서 재벌을 중심으로 하는 경제성장 방식의 한계가 지적되었고, 이에 따라 우리 경제는 고용창출과 경제성장을 주도할 새로운 기업군을 필요로 하게 되었다. 이로 인해 시행된 벤처기업 육성 정책은 벤처기업에 세제 혜택은 물론, 기술개발, 인력 공급, 입지공급까지 다양한 지원을 제공하면서 벤처기업의 폭증에 많은 영향을 주게 되었다.

① 해외 주식시장의 주가 상승은 국내 벤처버블 발생의 주요 원인이 되었다.
② 벤처버블은 한국뿐 아니라 전 세계 모든 국가에서 거의 비슷한 시기에 발생했다.
③ 국내의 벤처기업 육성책 실행은 한국 경제구조 변화의 필요성과 관련을 맺고 있다.
④ 국내 초고속 인터넷 서비스 확대는 벤처기업을 활성화 시켰으나 대기업 침체의 요인이 되었다.
⑤ 외환위기는 새로운 기업과 일자리 창출의 필요성을 불러왔고, 해외 주식을 대규모로 매입하는 계기가 되었다.

67 S은행의 주택담보대출에 가입한 고객이 중도상환을 하고 대출금액을 정산하려고 한다. 고객의 정보가 다음과 같을 때 고객에게 안내해야 할 중도상환수수료는?[단, 중도상환수수료는 (중도상환금액)×(중도상환수수료율)×(잔여기간÷대출기간)이고, 주어진 정보 외의 것은 무시한다]

〈고객 정보〉

- 상품특징 : 금리상승기에 고객의 이자부담 완화와 안정적인 부채상환을 위해 일정시점까지 대출금리가 고정되는 주택담보대출
- 대출금액 : 1억 원
- 중도상환금액 : 5천만 원
- 대출기간 : 5년
- 가입기간 : 3년
- 대출이율 : 4%
- 중도상환수수료율 : 2%

① 200,000원

② 300,000원

③ 400,000원

④ 500,000원

⑤ 600,000원

68 S사에 근무하는 A ~ C 세 명은 협력업체를 방문하기 위해 택시를 타고 가고 있다. 다음 〈조건〉을 참고할 때, 항상 옳은 것은?

〈조건〉

- 세 명의 직급은 각각 과장, 대리, 사원이다.
- 세 명은 각각 검은색, 회색, 갈색 코트를 입었다.
- 세 명은 각각 기획팀, 연구팀, 디자인팀이다.
- 택시 조수석에는 회색 코트를 입은 과장이 앉아 있다.
- 갈색 코트를 입은 연구팀 직원은 택시 뒷좌석에 앉아 있다.
- 셋 중 가장 낮은 직급의 C는 기획팀이다.

① A – 대리, 갈색 코트, 연구팀

② A – 과장, 회색 코트, 디자인팀

③ B – 대리, 갈색 코트, 연구팀

④ B – 과장, 회색 코트, 디자인팀

⑤ C – 사원, 검은색 코트, 기획팀

69 다음 글을 읽고 추론한 내용으로 가장 적절한 것은?

세계화 시대에는 국가 간 교류가 활발하여 우리 국민들이 외국으로 여행을 가기도 하고 외국인들도 한국으로 여행을 많이 온다. 또한 외국으로부터 경제활동에 필요한 원자재는 물론이고 자동차나 의약품 등 다양한 상품을 수입하기도 한다. 이처럼 외국상품을 구입하거나 외국 여행을 할 때는 물론이고 해외 투자를 할 때도 외국 돈, 즉 외화가 필요하다.

이러한 외화를 살 때 지불하는 외화의 가격을 환율이라 하며, 달러당 환율이 1,000원이라는 것은 1달러를 살 때 지불하는 가격이 1,000원이라는 것이고 유로(Euro) 환율이 1,300원이라는 것은 1유로의 가격이 1,300원이라는 것을 의미한다. 외화를 외국 상품과 같은 의미로 이해하면 환율은 다른 상품의 가격처럼 외국 돈 한 단위의 가격으로 이해할 수 있다. 100달러를 환전하는 것, 즉 100달러를 구입하는 것은 개당 1,000원인 상품을 100개 구입하는 것과 같은 것으로 생각할 수 있는 것이다.

환율을 표시할 때는 외국 돈 1단위당 원화의 금액으로 표시한다. 따라서 환율의 단위는 원/$, 원/€와 같은 것이 된다(예 1,000원/$, 1,300원/€). 수입품과 수출품의 가격은 이러한 환율의 단위를 고려하면 쉽게 계산할 수 있다. 국산품의 수출가격은 국내가격을 환율로 나누어서 구할 수 있고 반대로 수입상품의 수입가격은 국제가격에 환율을 곱해서 구할 수 있다.

> • 환율이 1,000원/$일 때 국내 시장에서 가격이 1만 원인 상품의 수출가격
> – 수출가격(달러)＝국내가격/환율＝10,000원/(1,000원/$)＝$10
> • 환율이 1,000원/$일 때 국제 시장에서 가격이 $100인 상품의 수입가격
> – 수입가격(원)＝국제가격×환율＝$100×(1,000원/$)＝100,000원

앞에서 외화를 마치 상품처럼 이해한다고 하였는데 상품의 가격이 수요와 공급에 의해서 변동하는 것처럼 외화의 가격인 환율도 외환시장에서 수요와 공급에 의해서 결정된다. 수출이 늘어나거나 외국인들의 한국여행 그리고 외국인 투자가 늘어나면 외화 공급이 증가하기 때문에 환율이 떨어진다. 상품 가격이 하락하면 화폐 가치가 올라가는 것처럼 환율이 하락하면 외국 돈에 비해서 우리 돈의 가치가 올라간다고 할 수 있다. 반면에 한국의 수입 증가, 국민들의 외국 여행 증가 그리고 자본의 유출이 일어나면 외화 수요가 증가하기 때문에 환율이 올라간다. 상품의 가격이 올라가면 화폐가치가 떨어지는 것처럼 환율이 상승한다는 것은 화폐, 즉 우리 돈의 가치가 떨어진다는 것을 의미한다. 이처럼 환율이 상승하면 원화 가치가 하락하고 반대로 환율이 하락하면 원화 가치가 올라간다고 생각할 수 있다. 환율 상승을 '원화 약세'라고 하고 환율 하락을 '원화 강세'라고 이해하면 편하다.

① 환율이 하락하는 원인으로는 수입 증가를 볼 수 있겠어.
② 환율이 상승하면 국산품의 수출가격은 하락하겠구나.
③ 중국인 관광객들이 우리나라에 많이 여행 온다면 환율이 상승하겠네.
④ 환율이 하락하면 수입품의 수입가격은 상승하겠구나.
⑤ 외화를 많이 보유할수록 우리 돈의 가치가 하락한다고 볼 수 있겠군.

70 올해 2월에 퇴직한 A씨는 올해 8월 11일에 S골든라이프 연금우대통장에 가입하고자 한다. S골든라이프 연금우대통장의 우대이율 조건 및 A씨의 입금 내역이 다음과 같을 때, A씨에게 적용되는 우대이율은?(단, 결산일은 2, 5, 8, 11월 둘째 주 금요일이고, 올해 8월 11일은 둘째 주 금요일이다)

<S골든라이프 연금우대통장>

- 우대이율
  최저 연 0.5% ~ 최고 연 1.5%
- 적용대상
  결산일 전월 말일 기준 직전 3개월[1]간 이 통장으로 대상연금[2]의 입금 건수에 따라 차등 적용

결산일 전월 말일 기준 직전 3개월간 입금 건수	우대이율
9건 이상	연 1.5%
6건 이상 ~ 8건 이하	연 1%
1건 이상 ~ 5건 이하	연 0.5%

주1) 결산일 전월 말일 기준 직전 3개월은 결산일이 포함된 월을 제외한 앞선 3개월이다.
　　(예) 결산일이 11월 13일이면 직전 3개월은 11월을 제외한 8, 9, 10월이다)
주2) 대상연금 : 아래 항목에 해당하는 경우(입금 건수 산정은 종류 구분 없음)
　　① 4대 연금(국민연금, 공무원연금, 사립학교교직원연금, 군인연금)공단에서 입금된 금액
　　② 기타 연금 : 고객이 지정한 연금수령일(전후 1영업일 포함 3영업일)에 타행으로부터 건별 50만 원 이상 입금된 금액으로, 이 통장 적요란에 '연금'이라는 문구가 인쇄되는 경우에만 월 최대 1회 인정
　　③ 국가보훈처에서 입금된 금액
　　④ 「S골든라이프 공사주택연금론」 및 「S골든라이프 주택연금론」의 월지급금
　　⑤ S은행 연금신탁에서 입금되는 연금
　　⑥ S은행 퇴직연금에서 입금되는 연금
　　⑦ 「S골든라이프 연금우대예금(S-Hi!Story정기예금 및 S골든라이프 예금 포함)」의 월균등분할원금[또는 원리금 (원금과 이자)]
　　※ 예시 : ⑤에 따라 S은행 연금신탁에서 입금되는 연금이 기간 중 9건 입금 시 9회로 인정
- 적용금액
  이 통장의 결산기 평균잔액 중 1백만 원 이하의 금액까지는 우대이율 적용
  ※ 1백만 원을 초과하는 금액에 대하여는 기본이율 적용

〈A씨 최근 입금 내역〉

거래일	내용	입금액(원)
	⋮	
06/10	국가보훈처에서 국가유공자 사망위로금 지급	300,000
06/15	일반 입금 예금주 : 장○○	1,000,000
07/08	S은행 퇴직연금 입금	550,000
	타행 X은행으로부터 퇴직연금 입금 예금주 : X은행 퇴직연금	500,000
	타행 Y은행으로부터 퇴직연금 입금 예금주 : Y은행 퇴직연금	500,000
07/10	국가보훈처에서 국가유공자 사망위로금 지급	300,000
07/20	복권 당첨금 수령	2,276,369
08/08	S은행 퇴직연금 입금	550,000
	타행 X은행으로부터 퇴직연금 입금 예금주 : X은행 퇴직연금	500,000
	타행 Y은행으로부터 퇴직연금 입금 예금주 : Y은행 퇴직연금	500,000
08/10	국가보훈처에서 국가유공자 사망위로금 지급	300,000
	⋮	

※ A씨는 올해 3월부터 퇴직연금 입금 내역이 매월 일정한 금액으로 3건씩 있음
※ A씨는 올해 6월 10일부터 국가유공자 사망위로금을 수령함

① 0.1%p   ② 0.5%p
③ 1%p   ④ 1.5%p
⑤ 2%p

제4회
신한은행 SLT
필기시험

〈문항 수 및 시험시간〉

영역		문항 수	시험시간	모바일 OMR 답안채점 / 성적분석 서비스
NCS 직업기초능력평가	의사소통능력 / 수리능력 / 문제해결능력	70문항	90분	
금융상식	경영일반 / 경제일반 / 금융상식			
디지털 리터러시 평가	논리적 사고 / 알고리즘 설계			

※ 본 모의고사는 2024년 상·하반기 신한은행 일반직 신입행원 채용공고를 기준으로 구성되어 있습니다.

※ 쉬는 시간 없이 진행되며, 시험 종료 후 OMR 답안카드에 마킹하는 행동은 부정행위로 간주합니다.

제4회 모의고사

문항 수 : 70문항
시험시간 : 90분

01 다음 글에서 알 수 있는 자원의 특징으로 가장 적절한 것은?

1492년 10월 12일은 크리스토퍼 콜럼버스가 서쪽으로 가는 인도 항로를 개척하러 떠난 여정 중 신대륙, 정확히는 산살바도르섬을 발견한 날이다. 구대륙에 국한됐던 유럽인의 시야가 신대륙 아메리카로 확장된 결정적인 순간이다.

그러나 콜럼버스는 아메리카 대륙에 첫발을 내디딘 유럽인이 아닌 데다 1506년 죽을 때까지 자신이 발견한 땅을 인도로 알았다. 아메리고 베스푸치가 1507년 두 차례 항해한 끝에 그 땅이 유럽인들이 몰랐던 신대륙이라는 것을 확인했다. 그래서 신대륙은 아메리고의 이름을 따 아메리카로 불리게 됐다. 하지만 콜럼버스가 남긴 업적 하나는 분명하다. 콜럼버스의 발견 이후 유럽인의 세계관이 이전과는 완전히 달라졌다는 것이다. 동떨어져 살던 문명 간의 접촉은 다양한 교류와 교환으로 이어진다. 콜럼버스의 신대륙 발견 이후 일어난 생물과 인구의 급격한 이동을 '콜럼버스의 교환'이라고 부른다.

신대륙에서만 자라던 옥수수, 감자, 고구마, 강낭콩, 땅콩, 고추 등이 유럽으로 전해진 것을 예로 들 수 있다. 특히 감자는 유럽인의 주식 중 하나가 됐다. 감자가 유럽인의 식탁에 올라오면서 감자 의존도가 높아져 생긴 비극이 아일랜드의 '감자 대기근'이다. 1845 ~ 1852년 감자가 말라죽는 역병이 돌아 수확을 망치자 아일랜드에서 약 100만 명이 굶어 죽게 된 것이다.

구대륙에서 신대륙으로 전해진 것도 많다. 밀, 쌀, 보리, 양파, 당근, 올리브, 후추, 계피, 사과, 복숭아, 배 그리고 바나나, 오렌지, 레몬, 키위, 커피 등은 신대륙에 없었다. '콜럼버스의 교환'이 가져온 최대 이점은 인류를 기아에서 구한 것이다.

낙타과 동물인 알파카 외에는 이렇다 할 가축이 없었던 신대륙은 콜럼버스 이후에 천혜의 가축 사육지로 떠올랐다. 구대륙의 소, 말, 돼지, 염소, 양, 닭, 토끼, 낙타 등이 신대륙으로 전파됐다. 이를 통해 원주민들은 동물 고기를 먹을 수 있을 뿐만 아니라 운송 및 이동수단으로 활용하게 됐다.

① 자원의 가치는 지역과 문화에 따라 달라진다.
② 대부분의 자원은 매장량이 한정되어 있어 사용할 수 있는 양에 한계가 있다.
③ 자원의 가치는 고정된 것이 아니라 과학 기술의 발달에 따라 달라진다.
④ 대부분의 자원은 재생 불가능한 고갈 자원으로 가채 연수가 짧다.
⑤ 자원을 이용하는 속도에 비해 자원이 생성되어 보충되는 속도가 느리다.

02 S는 취업스터디에서 기업 분석을 하다가 〈보기〉에서 제시하고 있는 기업의 경영 전략을 정리하였다. 카테고리에 맞도록 배치한 것은?

- 차별화 전략 : 가격 이상의 가치로 브랜드 충성심을 이끌어내는 전략
- 원가우위 전략 : 업계에서 가장 낮은 원가로 우위를 확보하는 전략
- 집중화 전략 : 특정 세분시장만 집중 공략하는 전략

〈보기〉

㉠ I기업은 S/W에 집중하기 위해 H/W의 한글전용 PC분야를 한국계 기업과 전략적으로 제휴하고 회사를 설립해 조직체에 위양하였으며 이후 고유분야였던 S/W에 자원을 집중하였다.

㉡ B마트는 재고 네트워크를 전산화하여 원가를 절감하고 양질의 제품을 최저가격에 판매하고 있다.

㉢ A호텔은 5성급 호텔로 하루 숙박비용이 상당히 비싸지만, 환상적인 풍경과 더불어 친절한 서비스를 제공하고 객실 내 제품이 모두 최고급으로 비치되어 있어 이용객들에게 높은 만족도를 준다.

	차별화 전략	원가우위 전략	집중화 전략
①	㉠	㉡	㉢
②	㉠	㉢	㉡
③	㉢	㉡	㉠
④	㉢	㉠	㉡
⑤	㉡	㉢	㉠

03 다음은 성별·연령대별 전자금융서비스 인증수단 선호도에 대한 자료이다. 이에 대한 설명으로 옳지 않은 것은?

〈성별·연령대별 전자금융서비스 인증수단 선호도 조사결과〉

(단위 : %)

구분	인증수단	휴대폰 문자 인증	공동 인증서	아이핀	이메일	전화 인증	신용 카드	바이오 인증
성별	남성	72.2	69.3	34.5	23.1	22.3	21.1	9.9
	여성	76.6	71.6	27.0	25.3	23.9	20.4	8.3
연령대	10대	82.2	40.1	38.1	54.6	19.1	12.0	11.9
	20대	73.7	67.4	36.0	24.1	25.6	16.9	9.4
	30대	71.6	76.2	29.8	15.7	28.0	22.3	7.8
	40대	75.0	77.7	26.7	17.8	20.6	23.3	8.6
	50대	71.9	79.4	25.7	21.1	21.2	26.0	9.4
전체		74.3	70.4	30.9	24.2	23.1	20.8	9.2

※ 응답자 1인당 최소 1개에서 최대 3개까지의 선호하는 인증수단을 선택했음
※ 인증수단 선호도는 전체 응답자 중 해당 인증수단을 선호한다고 선택한 응답자의 비율임
※ 전자금융서비스 인증수단은 제시된 7개로만 한정됨

① 연령대별 인증수단 선호도를 살펴보면, 30대와 40대 모두 아이핀이 3번째로 높다.

② 전체 응답자 중 선호 인증수단을 3개 선택한 응답자 수는 40% 이상이다.

③ 선호하는 인증수단으로 신용카드를 선택한 남성 수는 바이오 인증을 선택한 남성 수의 3배 이하이다.

④ 20대와 50대 간의 인증수단별 선호도 차이는 공동인증서가 가장 크다.

⑤ 선호하는 인증수단으로 이메일을 선택한 20대 모두가 아이핀과 공동인증서를 동시에 선택했다면, 신용카드를 선택한 20대 모두가 아이핀을 동시에 선택한 것이 가능하다.

04 다음은 S은행 홈페이지의 로그인 과정에 대한 순서도이다. 홈페이지에 로그인하기 위해 로그인 정보를 입력했으나, 로그인이 되지 않고 [2번 알림창]을 보게 되었다. 그 이유로 옳은 것은?

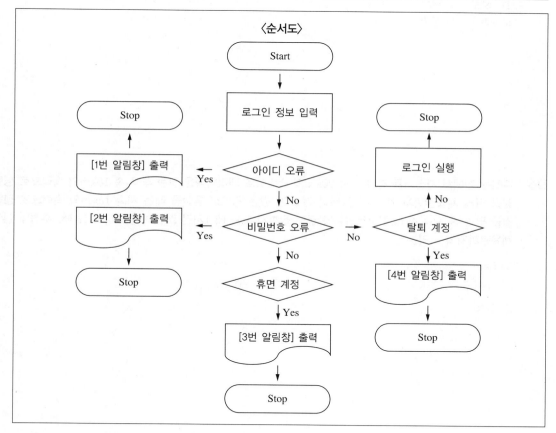

① 탈퇴 처리된 계정이기 때문이다.
② 아이디와 비밀번호를 잘못 입력했기 때문이다.
③ 아이디는 맞지만, 비밀번호를 잘못 입력했기 때문이다.
④ 비밀번호는 맞지만, 아이디를 잘못 입력했기 때문이다.
⑤ 휴면 처리된 계정이기 때문이다.

05 다음 〈보기〉의 빈칸 ㄱ ~ ㄷ에 들어갈 내용이 바르게 연결된 것은?

---〈보기〉---

- 환율이 ___ㄱ___ 하면, 순수출이 증가한다.
- 국내이자율이 높아지면 환율은 ___ㄴ___ 한다.
- 국내물가가 오르면 환율은 ___ㄷ___ 한다.

	ㄱ	ㄴ	ㄷ
①	하락	상승	하락
②	하락	상승	상승
③	상승	하락	상승
④	상승	하락	하락
⑤	상승	상승	하락

06 주희는 집에서 자전거를 타고 시속 20km의 속력으로 내리막길을 달린 후 시속 18km의 속력으로 평탄한 길을 달려 체육관까지 가는 데 32분이 걸렸다. 같은 경로로 돌아올 때는 시속 15km의 속력으로 평탄한 길을 달린 후 시속 4km로 오르막길을 달려 집까지 오는 데 1시간 24분이 걸렸다고 할 때, 주희네 집에서 체육관까지의 거리는?

① 6km
② 8km
③ 10km
④ 13km
⑤ 15km

07 다음 중 무차별곡선의 모양에 대한 설명으로 옳지 않은 것은?

① 완전대체재의 경우 무차별곡선은 마이너스 기울기를 갖는 직선이다.
② 완전보완재의 경우 무차별곡선은 L자형의 모양을 나타낸다.
③ 두 재화 중 한 재화가 음의 효용을 가져다 줄 경우 무차별곡선은 우상향한다.
④ 투자자가 위험을 회피할수록 투자자의 무차별곡선 기울기는 완만해진다.
⑤ 두 재화 중 한 재화가 중립재일 경우 무차별곡선은 수직 또는 수평이 된다.

기원전 5세기, 헤로도토스는 페르시아 전쟁에 대한 책을 쓰면서 『역사(Historiai)』라는 제목을 붙였다. 이 제목의 어원이 되는 'histor'는 원래 '목격자', '증인'이라는 뜻의 법정 용어였다. 이처럼 어원상 '역사'는 본래 '목격자의 증언'을 뜻했지만, 헤로도토스의 『역사』가 나타난 이후 '진실의 탐구' 혹은 '탐구한 결과의 이야기'라는 의미로 바뀌었다.

헤로도토스 이전에는 사실과 허구가 뒤섞인 신화와 전설 혹은 종교를 통해 과거에 대한 지식이 전수되었다. 특히 고대 그리스인들이 주로 과거에 대한 지식의 원천으로 삼은 것은 『일리아스』였다.

『일리아스』는 기원전 9세기의 시인 호메로스가 오래전부터 구전되어 온 트로이 전쟁에 대해 읊은 서사시이다. 이 서사시에서는 전쟁을 통해 신들, 특히 제우스 신의 뜻이 이루어진다고 보았다. 헤로도토스는 바로 이런 신화적 세계관에 입각한 서사시와 구별되는 새로운 이야기 양식을 만들어 내고자 했다. 즉, 헤로도토스는 가까운 과거에 일어난 사건의 중요성을 인식하고, 이를 직접 확인·탐구하여 인과적 형식으로 서술함으로써 역사라는 새로운 분야를 개척한 것이다.

『역사』가 등장한 이후, 사람들은 역사 서술의 효용성이 과거를 통해 미래를 예측하게 하여 후세인(後世人)에게 교훈을 주는 데 있다고 인식하게 되었다. 이러한 인식에는 한 번 일어났던 일이 마치 계절처럼 되풀이하여 다시 나타난다는 순환 사관이 바탕에 깔려 있다. 그리하여 오랫동안 역사는 사람을 올바르고 지혜롭게 가르치는 '삶의 학교'로 인식되었다. 이렇게 교훈을 주기 위해서는 과거에 대한 서술이 정확하고 객관적이어야 했다.

물론 모든 역사가들이 정확성과 객관성을 역사 서술의 우선적 원칙으로 앞세운 것은 아니다. 오히려 헬레니즘과 로마 시대의 역사가들 중 상당수는 수사학적인 표현으로 독자의 마음을 움직이는 것을 목표로 하는 역사 서술에 몰두하였고, 이런 경향은 중세시대에도 어느 정도 지속되었다. 이들은 이야기를 감동적이고 설득력 있게 쓰는 것이 사실을 객관적으로 기록하는 것보다 더 중요하다고 보았다. 이런 점에서 그들은 역사를 수사학의 테두리 안에 집어넣은 셈이 된다.

하지만 이 시기에도 역사의 본령은 과거의 중요한 사건을 가감 없이 전달하는 데 있다고 보는 역사가들이 여전히 존재하여, 그들에 대해 날카로운 비판을 가하기도 했다. 더욱이 15세기 이후부터는 수사학적 역사 서술이 역사 서술의 장에서 퇴출되고, ㉠ 과거를 정확히 탐구하려는 의식과 과거 사실에 대한 객관적 서술 태도가 역사의 척도로 다시금 중시되었다.

① 직접 확인하지 않고 구전에만 의거해 서술했으므로 내용이 정확하지 않을 수 있다.
② 신화와 전설 등의 정보를 후대에 전달하면서 객관적 서술 태도를 배제하지 못했다.
③ 트로이 전쟁의 중요성은 인식하였으나 실제 사실을 확인하는 데까지는 이르지 못했다.
④ 신화적 세계관에 따른 서술로 인해 과거에 대해 정확한 정보를 추출해 내기 어렵다.
⑤ 과거의 지식을 습득하는 수단으로 사용되기도 했지만 과거를 정확히 탐구하려는 의식은 찾을 수 없다.

09 버스터미널에서 근무하는 S씨에게 부산에 사는 어느 고객이 버스 정보에 대해 문의를 해왔다. 다음 대화 중 S씨가 고객에게 안내한 내용으로 옳은 것을 모두 고르면?

〈버스 정보〉

• 부산 터미널

도착지	서울 종합 버스터미널
출발 시간	매일 15분 간격(06:00 ~ 23:00)
소요 시간	4시간 30분 소요
운행 요금	우등 29,000원 / 일반 18,000원

• 부산 동부 터미널

도착지	서울 종합 버스터미널
출발 시간	06:30, 08:15, 13:30, 17:15, 19:30
소요 시간	4시간 30분 소요
운행 요금	우등 30,000원 / 일반 18,000원

※ 도로 교통 상황에 따라 소요 시간에 차이가 있을 수 있음

고객 : 안녕하세요. 제가 서울에 볼일이 있어 버스를 타고 가려고 하는데요. 어떻게 하면 되나요?

S씨 : (가) 네, 고객님 부산에서 서울로 출발하는 버스터미널은 부산 터미널과 부산 동부 터미널이 있는데요. 고객님 댁이랑 어느 터미널이 더 가깝나요?

고객 : 부산 동부 터미널이 더 가까운 것 같아요.

S씨 : (나) 부산 동부보다 부산 터미널에 더 많은 버스들이 배차되고 있습니다. 새벽 6시부터 밤 11시까지 15분 간격으로 운행되고 있으니 부산 터미널을 이용하시는 것이 좋을 것 같습니다.

고객 : 그럼 서울에 1시까지는 도착해야 하는데 몇 시 버스를 이용하는 것이 좋을까요?

S씨 : (다) 부산에서 서울까지 4시간 30분 정도 소요되므로 1시 이전에 여유 있게 도착하시려면 오전 8시 또는 8시 15분 출발 버스를 이용하시면 될 것 같습니다.

고객 : 4시간 30분보다 더 소요되는 경우도 있나요?

S씨 : (라) 네, 도로 교통 상황에 따라 소요 시간에 차이가 있을 수 있습니다.

고객 : 그럼 운행 요금은 어떻게 되나요?

S씨 : (마) 부산 터미널에서 서울 종합 버스터미널까지 운행 요금은 29,000원입니다.

① (가), (나)
② (가), (다)
③ (가), (다), (라)
④ (다), (라), (마)
⑤ (나), (다), (라), (마)

10 적금의 총저축액을 계산하려고 한다. 총저축액은 (기간)×(월 저축액)이며, 만기된 적금의 경우에는 '만기'라고 표시하여 다음과 같이 표로 정리하려고 한다. 함수를 〈조건〉과 같이 정의할 때, [D3]에 들어갈 수 없는 수식은?

〈보기〉

	A	B	C	D
1	적금명	월 저축액	기간	총저축액
2	A 적금	100,000	20	2,000,000
3	B 적금	만기	11	만기
4	C 적금	150,000	12	1,800,000

〈조건〉

- ■(식,대체값) : 식이나 식 자체의 값이 오류인 경우 오류 표시 대신 대체값을 반환하는 함수
- ◎(조건,인수1,인수2) : 조건이 참이면 인수1, 거짓이면 인수2를 출력하는 함수
- ▲(값) : 값이 숫자이면 참을 반환하는 함수
- ▼(값) : 값이 텍스트가 아니면 참을 반환하는 함수
- ○(인수) : 인수가 오류이면 참을 반환하고, 오류가 아니면 거짓을 반환하는 함수

① =◎(○(B2*C2),B2*C2,"만기")

② =◎(▲(B2),B2*C2,"만기")

③ =■(B2*C2,"만기")

④ =◎(○(B2*C2),"만기",B2*C2)

⑤ =◎(▼(B2),B2*C2,"만기")

11 다음 사례에서 P전자가 TV 시장에서 경쟁력을 잃게 된 주요 원인으로 가장 적절한 것은?

평판 TV 시장에서 PDP TV가 주력이 되리라 판단한 P전자는 2007년에 세계 최대 규모의 PDP 생산설비를 건설하기 위해 3조 원 수준의 막대한 투자를 결정한다. 당시 L전자와 S전자는 LCD와 PDP 사업을 동시에 수행하면서도 성장성이 높은 LCD TV로 전략을 수정하는 상황이었지만 P전자는 익숙한 PDP 사업에 더욱 몰입한 것이다. 하지만 주요 기업들의 투자가 LCD에 집중되면서, 새로운 PDP 공장이 본격 가동될 시점에 PDP의 경쟁력은 이미 LCD에 뒤처졌다.

결국, 활용가치가 현저하게 떨어진 PDP 생산설비는 조기에 상각함을 고민할 정도의 골칫거리로 전락했다. P전자는 2011년에만 11조 원의 적자를 기록했으며, 2012년에도 10조 원 수준의 적자가 발생하였다. 연이은 적자는 P전자의 신용등급을 투기등급으로 급락시켰고, P전자의 CEO는 디지털 가전에서 패배자가 되었음을 인정하며 고개를 숙였다. TV를 포함한 가전제품 사업에서 P전자가 경쟁력을 회복하기 어려워졌음은 말할 것도 없다.

① 사업 환경의 변화 속도가 너무나 빨라졌고, 변화의 속성도 예측이 어려워져 따라가지 못하였다.

② 차별성을 지닌 새로운 제품을 기획하고 개발하는 것에 대한 성공 가능성이 낮아져 주저했다.

③ 기존 사업영역에 대한 강한 애착으로 신사업이나 신제품에 대해 낮은 몰입도를 보였다.

④ 실패가 두려워 새로운 도전보다 안정적이며 실패 확률이 낮은 제품을 위주로 미래를 준비하였다.

⑤ 외부 환경이 어려워짐에 따라 잠재적 실패를 감내할 수 있는 자금을 확보하지 못하였다.

12 다음은 지식경제부에서 발표한 산업경제지표 추이에 대한 자료이다. 이에 대한 설명으로 적절하지 않은 것은?

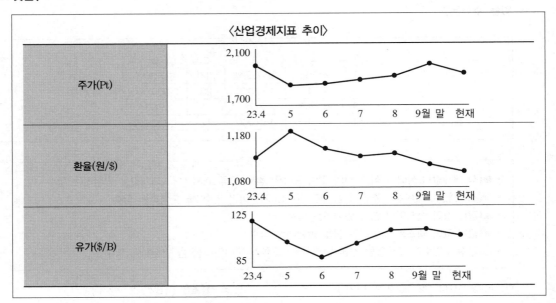

① 주가는 5월에 급락했다가 9월 말까지 서서히 회복세를 보였으나, 현재는 다시 하락해서 23년 4월선을 회복하지 못하고 있다.

② 환율은 5월 이후 하락세에 있으므로 원화가치는 높아질 것이다.

③ 유가는 6월까지는 큰 폭으로 하락했으나, 그 이후 9월까지 서서히 상승세를 보이고 있다.

④ 숫자상의 변동 폭이 가장 작은 것은 유가이다.

⑤ 2023년 8월을 기점으로 위 세 가지 부분은 모두 하락세를 보이고 있다.

13 고객 A와 B는 S사의 보험에 가입하려고 한다. 제시된 고객 정보와 보험상품 정보를 고려하여 각각의 고객에게 추천할 최적의 보험을 바르게 연결한 것은?

<고객 정보>

• A는 만 62세로, 2년 전 당뇨 진단을 받은 이력이 있다. 암 보장형 상품을 가장 선호하며, 납입주기가 월납인 보험을 가입하고자 한다. 세제혜택 가능 여부에 대하여는 관심이 없으나 납입한 보험료를 전액 돌려받을 수 있는 상품 가입을 선호하며, 보험료 인상이 되도록 없는 상품에 가입하고자 한다.

• B는 만 48세로, 현재까지 특별한 병력은 없으나 건강에 대한 염려로 인해 앞으로 건강검진을 자주 받고자 한다. 보험상품이 필요한 기간만 가입하는 것을 선호하고, 정기적인 보험료 납입보다 단발성 납입을 선호한다.

<보험상품 정보>

구분	(가)보험	(나)보험	(다)보험
상품특징	• 보험료 인상 없이 주요 질환 110세까지 보장 • 기납입 보험료 최대 80% 환급	• 보장기간 100세까지 보험료 인상 없이 보장 • 유병자 / 고령자도 가입 가능 (간편가입형) • 납입한 보험료 100% 환급	• 건강검진에서 자주 발견되는 종양, 폴립 즉시 보장 • 간경변증, 당뇨 진단과 성인특정질환 수술급여금 보장
납입주기	• 월납, 연납, 일시납	• 월납	• 일시납
가입나이	• 만 15 ~ 최고 65세	• (일반가입) 만 15 ~ 60세 • (간편가입) 만 40 ~ 70세	• 만 20 ~ 60세
보험기간	• 80세 만기, 110세 만기	• 100세	• 1년, 3년
가입한도	–	–	• 100만 원
가입형태	• 암 보장형, 3대 질병 보장형	• 암 보장형, 3대 질병 보장형	• 단일플랜
세제혜택	• 보장성보험 세액공제 적용 가능	–	–

	A	B
①	(가)보험	(가)보험
②	(가)보험	(다)보험
③	(나)보험	(가)보험
④	(나)보험	(나)보험
⑤	(나)보험	(다)보험

〈Magic 적금〉

- 가입대상
  실명의 개인(1인 1계좌)
- 적립금액
  50만 원 이하(정액적립식)
- 가입기간
  12개월
- 기본금리
  신규일 당시 영업점 및 인터넷 홈페이지에 고시된 기본금리 적용
- 적용이율(연이율, 세금 납부 전)

구분	기간 및 금액	금리	비고
약정이율	12개월	연 1.7%	우대조건 충족 시 최대 연 4.0%p 우대
중도해지이율	–	–	신규일 당시 고시한 중도해지이율 적용

- 우대금리 : 최대 연 3.5%p

구분	우대조건	우대이율
특별우대금리 1	S카드사 기준 기존고객이며, 월 6백만 원 이상 S카드 사용	연 3.5%p
특별우대금리 2	S카드사 기준 신규고객이며, 가입 이후 1개월 이상 S카드로 자동이체 예정	연 0.5%p

- 세제혜택
  가입자 본인의 한도 내에서 비과세종합저축으로 가입 가능
- 이자지급방법
  만기일시지급식, 연 복리

〈정주임의 상황〉

- 정주임은 Magic 적금에 가입하였으며, 2024년 1월부터 매월 1일에 200,000원씩 정액을 적립한다.
- 정주임은 S카드를 사용한 적이 없는 신규고객이다.
- 정주임의 월 지출 총액은 4,500,000원이다.
- 정주임은 S카드를 만들고 통신비를 매월 S카드로 자동이체할 예정이다.

14 다음 중 정주임이 Magic 적금 만기 시 수령할 원리금은?(단, 원리금은 백 원 단위에서 절상하여 천 원 단위로 하고, $1.022^{\frac{1}{12}}=1.0018$, $1.022^{\frac{13}{12}}=1.0239$로 계산한다)

① 2,345,000원

② 2,456,000원

③ 2,567,000원

④ 2,678,000원

⑤ 2,796,000원

15 정주임이 S카드 기존고객이고 월 지출 총액이 7,200,000원으로 증가한 후 Magic 적금에 가입하였고, 지출액은 모두 S카드를 이용해 지출하였으며, 은행 약정이율이 1.5%로 감소하였다면, 변화된 상황에 따라 정주임이 적금 만기 시 수령할 원리금은?(단, $1.05^{\frac{1}{12}}=1.004$, $1.05^{\frac{13}{12}}=1.054$로 계산한다)

① 2,475,000원

② 2,500,000원

③ 2,525,000원

④ 2,550,000원

⑤ 2,575,000원

16 A ~ G 7명은 주말 여행지를 고르기 위해 투표를 진행하였다. 다음 〈조건〉과 같이 투표를 진행하였을 때, 투표를 하지 않은 사람을 모두 고르면?

---〈조건〉---
- D와 G 중 적어도 1명이 투표하지 않으면, F는 투표한다.
- F가 투표하면, E는 투표하지 않는다.
- B와 E 중 적어도 1명이 투표하지 않으면, A는 투표하지 않는다.
- A를 포함하여 투표한 사람은 모두 5명이다.

① B, E
② B, F
③ C, D
④ C, F
⑤ F, G

17 다음은 A ~ H국의 연도별 석유 생산량에 대한 자료이다. 이에 대한 설명으로 옳은 것은?

〈연도별 석유 생산량〉

(단위 : bbl/day)

구분	2019년	2020년	2021년	2022년	2023년
A국	10,356,185	10,387,665	10,430,235	10,487,336	10,556,259
B국	8,251,052	8,297,702	8,310,856	8,356,337	8,567,173
C국	4,102,396	4,123,963	4,137,857	4,156,121	4,025,936
D국	5,321,753	5,370,256	5,393,104	5,386,239	5,422,103
E국	258,963	273,819	298,351	303,875	335,371
F국	2,874,632	2,633,087	2,601,813	2,538,776	2,480,221
G국	1,312,561	1,335,089	1,305,176	1,325,182	1,336,597
H국	100,731	101,586	102,856	103,756	104,902

① 석유 생산량이 매년 증가한 국가의 수는 6개이다.
② 매년 E국 석유 생산량은 H국 석유 생산량의 3배 미만이다.
③ 연도별 석유 생산량 상위 2개 국가의 생산량 차이는 매년 감소한다.
④ 2019년 대비 2023년 석유 생산량 증가량이 가장 큰 국가는 A국이다.
⑤ 2019년 대비 2023년 석유 생산량 감소율이 가장 큰 국가는 F국이다.

18 다음 글을 논리적 순서대로 바르게 나열한 것은?

(가) 결국 이를 다시 생각하면, 과거와 현재의 문화 체계와 당시 사람들의 의식 구조, 생활상 등을 역추적할 수 있다는 말이 된다. 즉, 동물의 상징적 의미가 문화를 푸는 또 하나의 열쇠이자 암호가 되는 것이다. 그리고 동물의 상징적 의미를 통해 인류의 총체인 문화의 실타래를 푸는 것은 우리는 어떤 존재인가라는 정체성에 대한 답을 하는 과정이 될 수 있다.

(나) 인류는 선사시대부터 생존을 위한 원초적 본능에서 동굴이나 바위에 그림을 그리는 일종의 신앙 미술을 창조했다. 신앙 미술은 동물에게 여러 의미를 부여하기 시작했고, 동물의 상징적 의미는 현재까지도 이어지고 있다. 1억 원 이상 복권 당첨자의 23%가 돼지꿈을 꿨다거나, 황금돼지해에 태어난 아이는 만복을 타고난다는 속설 때문에 결혼과 출산이 줄을 이었고, 대통령 선거에서 '두 돼지가 나타나 두 뱀을 잡아 먹는다.'는 식으로 후보들이 홍보를 하기도 했다. 이렇게 동물의 상징적 의미는 우리 시대에도 여전히 유효한 관념으로 남아 있는 것이다.

(다) 동물의 상징적 의미는 시대나 나라에 따라 변하고 새로운 역사성을 담기도 했다. 예를 들면, 뱀은 다산의 상징이자 불사의 존재이기도 했지만, 사악하고 차가운 간사한 동물로 여겨지기도 했다. 하지만 그리스에서 뱀은 지혜의 신이자, 아테네의 상징물이었고, 논리학의 상징이었다. 그리고 과거에 용은 숭배의 대상이었으나, 상상의 동물일 뿐이라는 현대의 과학적 사고는 지금의 용에 대한 믿음을 약화시키고 있다.

(라) 동물의 상징적 의미가 이렇게 다양하게 변하는 것은 문화가 살아 움직이기 때문이다. 문화는 인류의 지식, 신념, 행위의 총체로서, 동물의 상징적 의미 또한 문화에 속한다. 문화는 항상 현재 진행형이기 때문에 현재의 생활이 바로 문화이며, 이것은 미래의 문화로 전이된다. 문화는 과거, 현재, 미래가 따로 떨어진 게 아니라 뫼비우스의 띠처럼 연결되어 있는 것이다. 다시 말하면 그 속에 포함된 동물의 상징적 의미 또한 거미줄처럼 얽히고설켜 형성된 것으로, 그 시대의 관념과 종교, 사회·정치적 상황에 따라 의미가 달라질 수밖에 없다는 말이다.

① (가) – (다) – (라) – (나)
② (나) – (다) – (라) – (가)
③ (나) – (라) – (가) – (다)
④ (다) – (나) – (라) – (가)
⑤ (다) – (라) – (가) – (나)

19 A ~ C 세 명의 친구가 가위바위보를 할 때, 세 번 안에 승자와 패자가 가려질 확률은?

① $\dfrac{1}{2}$

② $\dfrac{1}{3}$

③ $\dfrac{1}{21}$

④ $\dfrac{25}{27}$

⑤ $\dfrac{26}{27}$

20 S은행 콜센터에 근무 중인 귀하에게 B고객으로부터 금융 상품 해지 건이 접수되었다. B고객은 1년 전에 M예금에 가입하였으나 불가피한 사정으로 해당 예금 상품을 해지할 계획이며, 해지할 경우 만기해지 시 받을 수 있는 금액과 중도해지 환급금의 차이가 얼마인지 문의하였다. 귀하가 B고객에게 안내할 금액은 얼마인가?(단, 두 금액 모두 세금 공제 전 금액을 기준으로 한다)

〈B고객의 M예금 가입내역〉

- 가입기간 : 5년
- 가입금액 : 100만 원
- 이자지급방식 : 만기일시지급식, 단리식
- 기본금리 : 연 3.0%
- 우대금리 : 연 0.2%p(중도인출 및 해지 시에는 적용하지 않음)
- 중도해지이율(연 %, 세전)
  - 3개월 미만 : 0.2
  - 6개월 미만 : 0.3
  - 12개월 미만 : (기본금리)×10%
  - 18개월 미만 : (기본금리)×30%
  - 24개월 미만 : (기본금리)×40%
- 예금자 보호 여부 : 해당

① 103,000원 ② 126,000원
③ 151,000원 ④ 184,000원
⑤ 190,000원

21 농도가 9%인 A소금물 300g과 농도가 11.2%인 B소금물 250g을 합쳐서 C소금물을 만들었다. C소금물을 20% 덜어내고, 10g의 소금을 추가했을 때, 만들어진 소금물의 농도는?

① 12% ② 13%
③ 14% ④ 15%
⑤ 16%

22 민정씨는 휴대폰의 블루투스 기능에 문제가 생겨 서비스센터에 방문했다. 서비스센터의 업무처리 순서도가 다음과 같을 때, 민정씨의 경우 어떤 도형이 출력되는가?

〈순서도 기호〉

기호	설명	기호	설명
	시작과 끝을 나타낸다.		어느 것을 택할 것인지를 판단한다.
	데이터를 입력하거나 계산하는 등의 처리를 한다.		선택한 값을 출력한다.

〈순서도〉

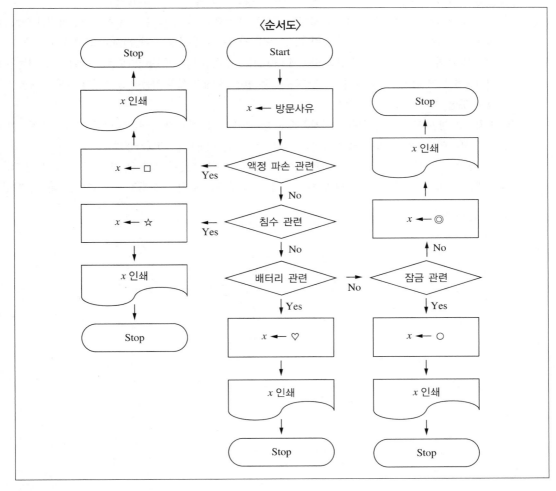

① □

② ☆

③ ♡

④ ◎

⑤ ○

23 다음 글에서 추론할 수 있는 개인화 마케팅에 대한 사례로 적절하지 않은 것은?

> 소비자들의 요구가 점차 다양해지고, 복잡해짐에 따라 개인별로 맞춤형 제품과 서비스를 제공하며 '개인화 마케팅'을 펼치는 기업이 늘어나고 있다. 개인화 마케팅이란 각 소비자의 이름, 관심사, 구매이력 등의 데이터를 기반으로 특정 고객에 대한 개인화 서비스를 제공하는 활동을 의미한다. 이러한 개인화 마케팅은 개별적 커뮤니케이션 실현을 통한 효율성 증대 및 기업 이윤 창출을 목적으로 하고 있다.
> 이러한 개인화 마케팅은 기업들의 지속적인 투자를 통해 다양한 방식으로 계속되고 있다. 빠르게 변화하고 있는 마케팅 시장에서 개인화된 서비스 제공을 통해 소비자 만족도를 끌어낼 수 있다는 점은 충분히 매력적일 수 있기 때문이다.

① 고객들의 사연을 받아 지하철역 에스컬레이터 벽면에 광고판을 만든 A배달업체는 고객들로 하여금 자신의 사연이 뽑히지 않았는지 관심을 두게 함으로써 광고 효과를 톡톡히 보고 있다.

② 최근 B전시관은 시각적으로 시원해 보이는 민트색 벽지와 그에 어울리는 시원한 음향, 상쾌한 민트 향기, 민트맛 사탕을 나눠주며 민트에 대한 다섯 가지 감각을 이용한 미술관 전시로 화제가 되었다.

③ C위생용품회사는 자사의 인기 상품 단종에 대한 사과의 뜻을 담은 뮤직비디오를 제작했다. 고객들은 뮤직비디오를 보기 전에 자신의 이름을 입력하면, 뮤직비디오에 자신의 이름이 노출되어 자신이 직접 사과를 받는 듯한 효과를 느낄 수 있다.

④ 참치캔을 생산하는 D사는 최근 소외계층에게 힘이 되는 응원 메시지를 댓글로 받아 77명을 추첨하여 댓글 작성자의 이름으로 소외계층들에게 참치캔을 전달하는 이벤트를 진행하였다.

⑤ 커피전문점 E사는 고객이 자사 홈페이지에서 회원 가입 후 이름을 등록한 경우, 음료 주문 시 "○○○ 고객님, 주문하신 아메리카노 나왔습니다."와 같이 고객의 이름을 불러주는 서비스를 제공하고 있다.

24 다음은 농수산물에 대한 식품수거검사 공지문이다. 〈보기〉의 설명 중 옳지 않은 것을 모두 고르면?

〈식품수거검사〉

- 검사
  - 월별 정기 및 수시 수거검사
- 대상
  - 다년간 부적합 비율 및 유통점유율이 높은 품목대상
  - 신규 생산품목 및 문제식품의 신속 수거 및 검사 실시
  - 언론이나 소비자단체 등 사회문제화된 식품
  - 재래시장, 연쇄점, 소형슈퍼마켓 주변의 유통식품
  - 학교 주변 어린이 기호식품류
  - 김밥, 도시락, 햄버거 등 유통식품
  - 유통 중인 농·수·축산물(엽경채류, 콩나물, 어류, 패류, 돼지고기, 닭고기 등)
- 식품종류별 주요 검사항목
  - 농산물 : 잔류농약
  - 수산물 : 총수은, 납, 항생물질, 장염비브리오 등 식중독균 오염 여부
  - 축산물 : 항생물질, 합성항균제, 성장호르몬제, 대장균O-157:H7, 리스테리아균, 살모넬라균, 클로스트리디움균
  - 식품제조·가공품 : 과산화물가, 대장균, 대장균군, 보존료, 타르색소 등
- 부적합에 따른 조치
  - 제조업체 해당 시·군에 통보(시정명령, 영업정지, 품목정지, 폐기처분 등 행정조치)
  - 식품의약안전청 홈페이지 식품긴급회수창에 위해 정보 공개
  - 부적합 유통식품 수거검사 및 폐기

〈보기〉

ㄱ. 유통 중에 있는 식품은 식품수거검사 대상에 해당하지 않는다.
ㄴ. 항생물질 함유 여부를 검사하는 항목은 축산물뿐이다.
ㄷ. 식품수거검사는 정기와 수시가 모두 진행된다.
ㄹ. 식품수거검사 결과 적발한 위해정보는 제조업체 해당 시·군 홈페이지에서 확인할 수 있다.

---

① ㄱ, ㄷ
② ㄴ, ㄹ
③ ㄱ, ㄴ, ㄹ
④ ㄱ, ㄷ, ㄹ
⑤ ㄴ, ㄷ, ㄹ

25 다음은 고향사랑기부제 특화 카드에 대한 설명이다. 고객의 문의사항에 대한 답변으로 가장 적절한 것은?

<Zgm.고향으로카드>

구분	평일(월 ~ 금)	주말(토 ~ 일)
기본서비스	국내 및 해외 0.7% S포인트 적립	국내 1%, 해외 0.7% S포인트 적립
우대서비스	–	1. 기부지역 광역시·도 오프라인 가맹점 1.7% 2. 전국 제휴업체(S마트, S주유소) 1.7%
비고	1. 전월실적 조건 및 적립한도 없음 2. 해외 이용 시 국제브랜드 및 해외서비스 수수료는 별도로 청구	1. 카드를 발급받은 회원 중 "고향사랑기부제" 참여 또는 기부한 고객에 한하여 우대서비스 제공 2. 전월실적 40만 원 이상일 경우 우대서비스 제공 (적립 한도 없음) 3. 카드 사용 등록일로부터 그다음 달 말일까지 전월실적 미달이여도 우대서비스 제공

<고객 문의사항>

Zgm.고향으로카드는 국내에서 이용할 때, 해외에서 이용할 때보다 더 많은 포인트가 적립되나요? 그리고 사용할 때 우대서비스를 받으려면 전월실적이 있어야 하는지도 궁금합니다.

① 네, 국내에서 이용하시는 경우, 해외에서 이용하시는 것보다 결제금액당 더 많은 포인트가 적립됩니다. 또한 우대서비스는 기본적으로 제공되는 서비스이므로, 전월실적과는 무관하게 혜택을 받으실 수 있습니다.

② 주말에 국내에서 이용하시는 경우 적립 포인트는 해외 이용 시보다 0.3%p 더 많이 적립되지만, 평일에 이용하시는 경우 국내와 해외의 적립률은 동일합니다. 또한 우대서비스를 적용받으시려면, 전월실적 40만 원 이상을 충족하셔야 합니다. 단, 카드 사용 등록일로부터 그다음 달 말일까지는 전월실적과 무관하게 우대서비스를 받으실 수 있습니다.

③ 국내에서 이용하는 경우와 해외에서 이용하는 경우 모두 적립한도는 없습니다. 또한 우대서비스를 적용받으시려면, 전월실적 40만 원 이상을 충족하셔야 합니다. 다만 카드 사용 등록일로부터 그다음 달 말일까지는 전월실적과 무관하게 우대서비스를 받으실 수 있습니다.

④ 주말에 국내에서 이용하시는 경우 적립 포인트는 해외 이용 시보다 0.3%p 더 많이 적립되지만, 평일에 이용하시는 경우 국내와 해외의 적립률은 동일합니다. 또한 우대서비스는 기본적으로 제공되는 서비스이므로, 전월실적과는 무관하게 혜택을 받으실 수 있습니다.

⑤ 네, 국내에서 이용하시는 경우, 해외에서 이용하시는 것보다 결제금액당 더 많은 포인트가 적립됩니다. 또한 우대서비스를 받으시려면, 전월실적 40만 원 이상을 충족하셔야 합니다. 다만 카드 사용 등록일로부터 그다음 달 말일까지는 전월실적과 무관하게 우대서비스를 받으실 수 있습니다.

26 다음 제시된 경제 현상에 대한 〈보기〉의 설명 중 옳은 것을 모두 고르면?

> 노동자들은 물가의 변동으로 인해 임금이나 소득의 실질가치는 변하지 않았거나 하락하였음에도 명목단위가 오르면 임금이나 소득이 상승했다고 인식한다.

〈보기〉

ㄱ. 제시된 경제 현상은 화폐환상에 따른 현상이다.
ㄴ. 동일한 기간 동안 근로자의 명목임금상승률과 물가상승률의 차이가 클수록 위 현상의 발생가능성은 높아진다.
ㄷ. 케인스학파는 이러한 현상이 실업의 해소를 방해한다고 주장하였다.

① ㄱ
② ㄱ, ㄴ
③ ㄱ, ㄷ
④ ㄴ, ㄷ
⑤ ㄱ, ㄴ, ㄷ

27 다음 글의 제목으로 가장 적절한 것은?

> 정부는 '미세먼지 저감 및 관리에 관한 특별법(이하 미세먼지 특별법)' 제정·공포안이 의결돼 내년 2월부터 시행된다고 밝혔다. 미세먼지 특별법은 그동안 수도권 공공·행정기관을 대상으로 시범·시행한 '고농도 미세먼지 비상저감조치'의 법적 근거를 마련했다. 이로 인해 미세먼지 관련 정보와 통계의 신뢰도를 높이기 위해 국가미세먼지 정보센터를 설치하게 되고, 이에 따라 시·도지사는 미세먼지 농도가 비상저감조치 요건에 해당하면 자동차 운행을 제한하거나 대기오염물질 배출시설의 가동시간을 변경할 수 있다. 또한 비상저감조치를 시행할 때 관련 기관이나 사업자에 휴업, 탄력적 근무제도 등을 권고할 수 있게 되었다. 이와 함께 환경부 장관은 관계 중앙행정기관이나 지방자치단체의 장, 시설운영자에게 대기오염물질 배출시설의 가동률 조정을 요청할 수도 있다.
> 미세먼지 특별법으로 시·도지사, 시장, 군수, 구청장은 어린이나 노인 등이 이용하는 시설이 많은 지역을 '미세먼지 집중관리구역'으로 지정해 미세먼지 저감사업을 확대할 수 있게 되었다. 그리고 집중관리구역 내에서는 대기오염 상시측정망 설치, 어린이 통학차량의 친환경차 전환, 학교 공기정화시설 설치, 수목 식재, 공원 조성 등을 위한 지원이 우선적으로 이뤄지게 된다.
> 국무총리 소속의 '미세먼지 특별대책위원회'와 이를 지원하기 위한 '미세먼지 개선기획단'도 설치된다. 국무총리와 대통령이 지명한 민간위원장은 위원회의 공동위원장을 맡는다. 위원회와 기획단의 존속 기간은 5년으로 설정했으며, 연장하려면 만료되기 1년 전에 그 실적을 평가해 국회에 보고하게 된다.
> 아울러 정부는 5년마다 미세먼지 저감 및 관리를 위한 종합계획을 수립하고 시·도지사는 이에 따른 시행계획을 수립하고 추진실적을 매년 보고하도록 했다. 또한 미세먼지 특별법은 입자의 지름이 $10\mu m$ 이하인 먼지는 '미세먼지', $2.5\mu m$ 이하인 먼지는 '초미세먼지'로 구분하기로 확정했다.

① 미세먼지와 초미세먼지 구분 방법
② 미세먼지 특별대책위원회의 역할
③ 미세먼지 집중관리구역 지정 방안
④ 미세먼지 저감을 위한 대기오염 상시측정망의 효과
⑤ 미세먼지 특별법의 제정과 시행

28 다음 수제 초콜릿에 대한 분석 기사를 읽고 〈보기〉에서 설명하는 SWOT 분석에 의한 마케팅 전략을 진행하고자 할 때, 마케팅 전략의 내용으로 적절하지 않은 것은?

> 오늘날 식품 시장을 보면 원산지와 성분이 의심스러운 제품들로 넘쳐 납니다. 이로 인해 소비자들은 고급스럽고 안전한 먹거리를 찾고 있습니다. 우리의 수제 초콜릿은 이러한 요구를 완벽하게 충족시켜주고 있습니다. 풍부한 맛, 고급 포장, 모양, 건강상의 혜택, 강력한 스토리텔링 모두 높은 품질을 원하는 소비자들의 요구를 충족시키는 것입니다. 사실 수제 초콜릿을 만드는 데는 비용이 많이 듭니다. 각종 장비 및 유지 보수에서부터 값비싼 포장과 유통 업체의 높은 수익을 보장해주다 보면 초콜릿을 생산하는 업체에 남는 이익은 많지 않습니다. 또한, 수제 초콜릿의 존재 자체를 많은 사람들이 알지 못하는 상황입니다. 하지만 보다 좋은 식품에 대한 인기가 높아짐에 따라 더 많은 업체들이 수제 초콜릿을 취급하기를 원하고 있습니다. 따라서 수제 초콜릿은 일반 초콜릿보다 더 높은 가격에 판매될 수 있을 것입니다. 현재 초콜릿을 대량으로 생산하는 대형 기업들은 자신들의 일반 초콜릿과 수제 초콜릿의 차이를 줄이는 데 최선을 다하고 있습니다. 그리고 직접 맛을 보기 전에는 일반 초콜릿과 수제 초콜릿의 차이를 알 수 없기 때문에 소비자들은 굳이 초콜릿에 더 많은 돈을 지불해야 하는 이유를 알지 못할 수 있습니다. 따라서 수제 초콜릿의 효과적인 마케팅 전략이 필요한 시점입니다.

〈보기〉

〈SWOT 분석에 의한 마케팅 전략〉

- SO전략 : 강점을 살려 기회를 포착한다.
- ST전략 : 강점을 살려 위협을 회피한다.
- WO전략 : 약점을 보완하여 기회를 포착한다.
- WT전략 : 약점을 보완하여 위협을 회피한다.

① 수제 초콜릿의 값비싸고 과장된 포장을 바꾸고, 그 비용으로 안전하고 맛있는 수제 초콜릿을 홍보하면 어떨까.
② 수제 초콜릿을 고급 포장하여 수제 초콜릿의 스토리텔링을 더 살려보는 것은 어떨까.
③ 수제 초콜릿의 스토리텔링을 포장에 명시한다면 소비자들이 믿고 구매할 수 있을 거야.
④ 수제 초콜릿의 마케팅을 강화하는 방법으로 수제 초콜릿의 차이를 알려 대기업과의 경쟁에서 이겨야겠어.
⑤ 전문가의 의견을 통해 수제 초콜릿의 풍부한 맛을 알리는 동시에 일반 초콜릿과 맛의 차이도 알려야겠어.

29 다음은 S피자 1판 주문 시 구매 방식별 할인 혜택과 비용을 나타낸 자료이다. 이를 참고할 때, 정가가 12,500원인 S피자 1판을 가장 저렴하게 살 수 있는 구매 방식은?

〈구매 방식별 할인 혜택과 비용〉

구매 방식	할인 혜택과 비용
스마트폰 앱	정가의 25% 할인
전화	정가에서 1,000원 할인 후, 할인된 가격의 10% 추가 할인
회원카드와 쿠폰	회원카드로 정가에서 10% 할인 후, 할인된 가격의 15%를 쿠폰으로 추가 할인
직접 방문	정가의 30% 할인, 교통비용 1,000원 발생
교환권	교환권으로 S피자 1판 갈음, 교환권 구매비용 10,000원 발생

※ 구매 방식은 한 가지만 선택함

① 스마트폰 앱　　　　　　　　　② 전화
③ 회원카드와 쿠폰　　　　　　　④ 직접 방문
⑤ 교환권

30 다음 〈보기〉 중 유상증자, 무상증자 청약방법에 대한 설명으로 옳지 않은 것을 모두 고르면?

─────〈보기〉─────

ㄱ. 무상증자는 별도의 청약절차가 필요 없다.
ㄴ. 유상증자 청약 시 거래하고 있는 증권사 지점방문으로만 신청이 가능하다.
ㄷ. 주주배정 유상증자는 신주배정기준일까지 해당주식을 보유한 주주를 대상으로 한다.
ㄹ. 유상증자를 청약할 때 청약금액의 50%를 청약증거금으로 계좌에 입금해야 한다.

① ㄱ, ㄴ　　　　　　　　　　② ㄱ, ㄷ
③ ㄴ, ㄷ　　　　　　　　　　④ ㄴ, ㄹ
⑤ ㄷ, ㄹ

31 다음 중 펌뱅킹에 대한 설명으로 옳지 않은 것은?

① 이용기관의 전산과 은행의 전산을 VAN망 또는 전용선으로 연결한다.
② 은행과 약속된 전자문서 교환을 통해 거래를 진행한다.
③ 물품판매대금 수납, 급여 지급, 입·출고내역 전송 등의 업무가 가능하다.
④ 거래건수의 제한이 거의 없다.
⑤ 인증서나 OTP를 사용하여 보안을 강화한다.

32 다음은 제품 생산에 소요되는 작업시간과 〈조건〉을 정리한 자료이다. 이에 대한 설명으로 옳은 것은?

〈제품 생산에 소요되는 작업시간〉

(단위 : 시간)

제품 \ 작업구분	절삭 작업	용접 작업
a	2	1
b	1	2
c	3	3

─〈조건〉─
- a, b, c제품을 각 1개씩 생산한다.
- 주어진 기계는 절삭기 1대, 용접기 1대이다.
- 각 제품은 절삭 작업을 마친 후 용접 작업을 해야 한다.
- 총작업시간을 최소화하기 위해 제품의 제작 순서는 관계없다.

① 가장 적게 소요되는 총작업시간은 8시간이다.
② 가장 많이 소요되는 총작업시간은 12시간이다.
③ 총작업시간을 최소화하기 위해 제품 b를 가장 늦게 만든다.
④ 총작업시간을 최소화하기 위해 제품 a를 가장 먼저 만든다.
⑤ b → c → a 순서로 작업할 때 제품 b 작업 후 1시간 동안 용접을 더 하면 작업시간이 늘어난다.

33 S대리는 사내 체육대회의 경품추첨에 당첨된 직원들에게 나누어줄 경품을 선정하고 있다. 제시된 〈조건〉이 모두 참일 때, 다음 중 반드시 참인 것은?

─〈조건〉─
- S대리는 펜, 노트, 가습기, 머그컵, 태블릿PC, 컵받침 중 3종류의 경품을 선정한다.
- 머그컵을 선정하면 노트는 경품에 포함하지 않는다.
- 노트는 반드시 경품에 포함된다.
- 태블릿PC를 선정하면, 머그컵을 선정한다.
- 태블릿PC를 선정하지 않으면, 가습기는 선정되고 컵받침은 선정되지 않는다.

① 가습기는 경품으로 선정되지 않는다.
② 머그컵과 가습기 모두 경품으로 선정된다.
③ 컵받침은 경품으로 선정된다.
④ 태블릿PC는 경품으로 선정된다.
⑤ 펜은 경품으로 선정된다.

34 다음 글에서 ㉠~㉤의 수정 방안으로 가장 적절한 것은?

소아시아 지역에 위치한 비잔틴 제국의 수도 콘스탄티노플이 이슬람교를 신봉하는 오스만인들에 의해 함락되었다는 소식이 인접해 있는 유럽 지역에까지 전해졌다. 그 지역 교회의 한 수도원 서기는 이에 대해 "㉠ 지금까지 이보다 더 끔찍했던 사건은 없었으며, 앞으로도 결코 없을 것이다."라고 기록했다.

1453년 5월 29일 화요일, 해가 뜨자마자 오스만 제국의 군대는 난공불락으로 유명한 케르코포르타 성의 작은 문을 뚫고 진군하기 시작했다. 해가 질 무렵, 약탈당한 도시에 남아있는 모든 것은 그들의 차지가 되었다. 비잔틴 제국의 86번째 황제였던 콘스탄티노스 11세는 서쪽 성벽 아래에 있는 좁은 골목에서 전사하였다. 이것으로 ㉡ 1100년 이상 존재했던 소아시아 지역의 기독교도 황제가 사라졌다. 잿빛 말을 타고 화요일 오후 늦게 콘스탄티노플에 입성한 술탄 메흐메드 2세는 우선 성소피아 대성당으로 갔다. 그는 이 성당을 파괴하는 대신 이슬람 사원으로 개조하라는 명령을 내렸고, 우선 그 성당을 철저하게 자신의 보호하에 두었다. 또한, 학식이 풍부한 그리스 정교회 수사에게 격식을 갖추어 공석 중인 총대주교직을 수여하고자 했다. 그는 이슬람 세계를 위해 ㉢ 기독교의 제단뿐만 아니라 그 이상의 것들도 활용했다. 역대 비잔틴 황제들이 제정한 법을 그가 주도하고 있던 법제화의 모델로 이용하였던 것이다. 이러한 행위들은 ㉣ 단절을 추구하는 정복왕 메흐메드 2세의 의도에서 비롯된 것이라고 할 수 있다. 그는 자신이야말로 지중해를 '우리의 바다'라고 불렀던 로마 제국의 진정한 계승자임을 선언하고 싶었던 것이다. 일례로 그는 한때 유럽과 아시아를 포함한 지중해 전역을 지배했던 제국의 정통 상속자임을 선언하면서, 의미심장하게도 자신의 직함에 '룸 카이세리', 즉 로마의 황제라는 칭호를 추가했다. 또한, 그는 패권 국가였던 로마의 옛 명성을 다시 찾기 위한 노력의 일환으로 로마 사람의 땅이라는 뜻을 지닌 루멜리아에 새로 수도를 정했다. 이렇게 함으로써 그는 ㉤ 오스만 제국이 유럽으로 확대될 것이라는 자신의 확신을 보여주었다.

① ㉠ : '지금까지 이보다 더 영광스러운 사건은 없었으며'로 고친다.
② ㉡ : '1100년 이상 존재했던 소아시아 지역의 이슬람 황제가 사라졌다'로 고친다.
③ ㉢ : '기독교의 제단뿐만 아니라 그 이상의 것들도 파괴했다'로 고친다.
④ ㉣ : '연속성을 추구하는 정복왕 메흐메드 2세의 의도에서 비롯된 것'으로 고친다.
⑤ ㉤ : '오스만 제국이 아시아로 확대될 것이라는 자신의 확신을 보여주었다'로 고친다.

35 다음 〈보기〉에서 최종점수로 1 ~ 2학년은 필기 60%, 실기 40%, 3 ~ 4학년은 필기 40%, 실기 60%를 반영하려고 한다. 함수를 〈조건〉과 같이 정의할 때, [E2]에 수식을 넣고 드래그 기능을 이용하여 [E2 : E9]를 채우려고 한다. [E2]에 들어갈 수식은?(단, 최종점수는 소수점 둘째 자리에서 반올림한다)

〈보기〉

	A	B	C	D	E
1	학년	이름	필기	실기	최종점수
2	1	김지수	34.6	32.7	33.8
3	2	이영호	45.3	43.5	44.6
4	1	한석훈	33.4	44.1	37.7
5	2	최다솜	39.6	34.2	37.4
6	3	권지우	45.9	27.7	35.0
7	4	장다영	45.7	26.9	34.4
8	3	박보영	35.8	45.3	41.5
9	4	정상현	24.7	46.7	37.9

〈조건〉

- ■(인수1, 인수2, ⋯) : 인수 중 하나라도 참이면 참을 반환하는 함수
- ○(인수1, 인수2, ⋯) : 인수가 모두 참이어야 참을 반환하는 함수
- ▲(조건, 인수1, 인수2) : 조건이 참이면 인수1, 그 외에는 인수2를 반환하는 함수
- △(셀1, x) : 셀1을 x자리에서 반올림하는 함수
- ▽(셀1, x) : 셀1을 x자리에서 내림하는 함수
- ♤(셀1, x) : 셀1에서 x자리 이하를 버림하는 함수

① = ▽(▲(○(A2＝3, A2＝4), C2*0.6＋D2*0.4, C2*0.4＋D2*0.6), 1)

② = △(▲(○(A2＝1, A2＝2), C2*0.6＋D2*0.4, C2*0.4＋D2*0.6), 2)

③ = △(▲(■(A2＝1, A2＝2), C2*0.6＋D2*0.4, C2*0.4＋D2*0.6), 1)

④ = △(▲(■(A2＝1, A2＝2), C2*0.6＋D2*0.4, C2*0.4＋D2*0.6), 2)

⑤ = ♤(▲(■(A2＝3, A2＝4), C2*0.6＋D2*0.4, C2*0.4＋D2*0.6), 2)

36 수민이는 학교과제로 이동 거리에 따라 교통수단을 추천해주는 프로그램을 구현 중이다. 다음 〈순서도〉를 기반으로 프로그램을 구현 중인 수민이는 테스트 삼아 자신의 현재 위치를 출발지로 하여 3.5km 떨어진 친구 집을 도착지로 설정해 보았다. 이때, 출력되는 결과로 옳은 것은?(단, 수민이는 본인의 차를 소유하고 있지 않으며, 휴대폰에 택시호출 앱이 설치되어 있다)

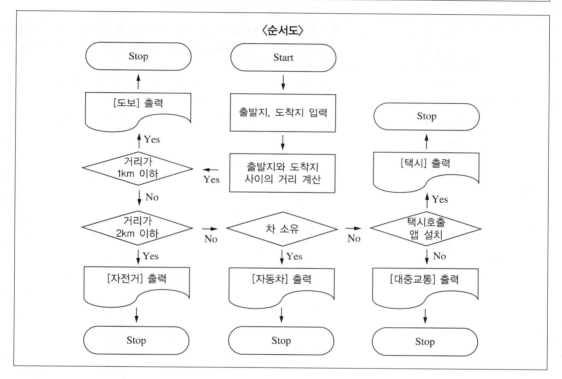

① 도보
② 자전거
③ 자동차
④ 대중교통
⑤ 택시

37 다음 글을 읽고 이어질 문단을 논리적 순서대로 바르게 나열한 것은?

> 낙수 이론(Trickle Down Theory)은 낙수 효과(Trickle Down Effect)에 의해서 경제 상황이 개선될 수 있다는 것을 골자로 하는 이론이다. 이 이론은 경제적 상위계층의 생산 혹은 소비 등의 전반적 경제활동에 따라 경제적 하위계층에게도 그 혜택이 돌아간다는 모델에 기반을 두고 있다.

> (가) 한국에서 이 낙수 이론에 의한 경제구조의 변화를 실증적으로 나타내는 것이 바로 70년대 경제 발전기의 경제 발전 방식과 그 결과물이다. 한국은 대기업 중심의 경제 발전을 통해서 경제의 규모를 키웠고, 이는 기대 수명 증가 등 긍정적 결과로 나타났다.
> (나) 그러나 낙수 이론에 기댄 경제정책이 실증적인 효과를 낸 전력이 있음에도 불구하고, 낙수 이론에 의한 경제 발전 모델이 과연 전체의 효용을 바람직하게 증가시켰는지에 대해서는 비판들이 있다.
> (다) 사회적 측면에서는 계층 간 위화감 조성이라는 문제점 또한 제기된다. 결국 상류층이 돈을 푸는 것으로 인하여 하류층의 경제적 상황에 도움이 되는 것이므로, 상류층과 하류층의 소비력의 차이가 여실히 드러나며, 이는 사회적으로 위화감을 조성시킨다는 것이다.
> (라) 제일 많이 제기되는 비판은 경제적 상류계층이 경제활동을 할 때까지 기다려야 한다는 낙수 효과의 본질적인 문제점에서 연유한다. 결국 낙수 효과는 상류계층의 경제활동에 의해 이루어지는 것이므로, 당사자가 움직이지 않는다면 발생하지 않기 때문이다.

① (가) – (나) – (라) – (다)   ② (가) – (다) – (라) – (나)

③ (가) – (라) – (나) – (다)   ④ (다) – (가) – (라) – (나)

⑤ (다) – (나) – (가) – (라)

38 다음은 S은행 탄소Zero챌린지 적금 상품에 대한 설명이다. 이 상품에 가입하고자 하는 고객 A씨에 대한 정보가 〈보기〉와 같을 때, 옳지 않은 내용은?

〈탄소Zero챌린지 적금〉

- 대상과목 : 정기적금
- 가입방법 : 스마트뱅킹
- 가입금액(계좌당)
  - 초입금 : 1만 원 이상
  - 가입한도 : 월 10만 원, 연 120만 원 이하
  - 회차별 적립금 : 1만 원 이상 10만 원 이하
- 가입기간 : 12개월 만기(가입기간 연장 불가)
- 기본이율 : 신규 가입일의 정기적금 12개월 이율(세전 연 3.3%) 적용
- 우대이율
  - 최고 우대이율 : 0.25%p

우대조건		우대이율(세전)
조건	충족횟수	
1) 탄소Zero생활 실천 우대	8회	0.1%p
2) 대중교통 이용 우대	10회 이상	0.2%p
3) 종이거래Zero 실천 우대	1회	0.05%p

  1) 탄소중립 생활실천 12개 항목 중 8개 이상의 항목에 '참여동의' 시 우대이율 적용
  2) 본 적금 가입 후 만기전전월 말일까지 S은행 후불교통카드(신용 및 체크카드)로 대중교통(버스, 지하철) 이용 실적이 10회 이상일 때 우대이율 적용(단, 실물카드로 결제하는 경우에만 우대이율이 적용되며 각종 페이 및 결제앱 등의 비실물카드 이용실적은 미인정)
  3) 본 적금 가입 후 만기일까지 종이통장 발급 이력이 없는 경우 우대이율 적용
- 이자지급방식 : 만기일시지급식
- 기타
  - 무통장거래 가능하며, 재예치 불가능
  - 분할해지 등의 중도인출은 불가능하며, 중도해지 시 보통예탁금 금리 적용

〈보기〉

- A씨는 스마트뱅킹을 통해 탄소Zero챌린지 적금 상품에 가입하고자 한다.
- 2024년 9월 5일에 가입하여 10만 원을 초입금으로 하고, 월 9만 원을 납입하고자 한다.
- 가입 시 실물통장을 발급받고자 한다.
- 2024년 10월부터 2025년 6월까지 매월 5회 이상 S은행 후불교통카드를 이용할 것이다.
- 탄소중립 생활실천 12개 항목 중 5개 항목은 동의하지 않았다.

① A씨가 받을 수 있는 금리는 연 3.5%이다.
② A씨는 탄소Zero챌린지 적금 상품을 신청할 수 있다.
③ A씨는 재예치를 통해 2026년 9월을 만기로 할 수 있다.
④ A씨는 2025년 5월에 중도인출을 하고자 하더라도 인출할 수 없다.
⑤ A씨가 가입신청 시 종이통장을 발급받지 않는다면 최고 우대이율을 적용받을 수 있다.

39 숫자 0, 1, 2, 3, 4가 적힌 5장의 카드에서 2장을 뽑아 두 자리 정수를 만들 때 그 수가 짝수일 확률은?

① $\dfrac{3}{8}$　　　　　　　　　　② $\dfrac{1}{2}$

③ $\dfrac{5}{8}$　　　　　　　　　　④ $\dfrac{3}{4}$

⑤ $\dfrac{7}{8}$

40 썰매 시합에서 A팀과 B팀이 경기를 치르고 있다. A팀이 먼저 출발하였고 총 150km의 거리를 평균 속력 60km/h로 질주하여 경기를 마쳤다. 이어서 B팀이 출발하였고 80km를 남기고 평균 속력이 40km/h이었을 때, 앞으로 남은 80km 구간 동안 B팀의 평균 속력이 최소 몇 km/h를 초과해야 A팀을 이길 수 있는가?

① 100km/h　　　　　　　　② $\dfrac{310}{3}$ km/h

③ $\dfrac{320}{3}$ km/h　　　　　　　④ 110km/h

⑤ 120km/h

41 다음 중 빈칸에 들어갈 숫자가 바르게 짝지어진 것은?

- 카드론 : 장기카드대출이라고 하며, 카드사에서 고객의 신용카드 사용실적, 신용도 등을 종합적으로 판단하여 최장 ___㉠___ 개월까지 자금을 빌려주는 서비스이다.
- 현금서비스 : 단기카드대출이라고 하며, 통상적으로 신용카드 한도의 ___㉡___ % 내에서 대출이 이루어진다.
- 리볼빙 : 일부결제금액이월약정이라고 하며, 카드대금이 100만 원이고 일부결제금액이 10만 원일 경우 리볼빙 비율은 ___㉢___ %이다.
- 대출철회제도 : 카드론 등 실행 후 ___㉣___ 일 이내에 대출상품에 대한 철회 의사표시를 하고, 원리금을 상환함으로써 계약을 철회할 수 있다.

※ 단, 본인의 신용도와 이용실적에 따라 조정될 수 있음

① ㉠ : 24, ㉡ : 50 　　　　　② ㉠ : 36, ㉢ : 10
③ ㉡ : 40, ㉢ : 15 　　　　　④ ㉡ : 40, ㉣ : 10
⑤ ㉢ : 10, ㉣ : 7

42 콩쥐, 팥쥐, 향단, 춘향 네 사람은 함께 마을 잔치에 참석하기로 했다. 빨간색, 파란색, 노란색, 검은색 색깔별로 총 12개의 족두리, 치마, 고무신을 구입하여 각자 다른 색의 족두리, 치마, 고무신을 착용하기로 했다. 예를 들어, 어떤 사람이 빨간색 족두리, 파란색 치마를 착용한다면, 고무신은 노란색 또는 검은색으로 착용해야 한다. 다음 〈조건〉을 참고할 때, 항상 참인 것은?

─────〈조건〉─────
- 선호하는 것을 배정받고, 싫어하는 것은 배정받지 않는다.
- 콩쥐는 빨간색 치마를 선호하고, 파란색 고무신을 싫어한다.
- 팥쥐는 노란색을 싫어하고, 검은색 고무신을 선호한다.
- 향단은 검은색 치마를 싫어한다.
- 춘향은 빨간색을 싫어한다.

① 콩쥐는 검은색 족두리를 착용한다.
② 팥쥐는 노란색 족두리를 착용한다.
③ 향단이는 파란색 고무신을 착용한다.
④ 춘향이는 검은색 치마를 착용한다.
⑤ 빨간색 고무신을 착용하는 사람은 파란색 족두리를 착용한다.

43 다음은 매년 버려지는 일회용품 쓰레기의 종류별 비율을 나타낸 자료이다. 이에 대한 설명으로 옳지 않은 것은?(단, 비율의 곱은 소수점 둘째 자리에서 반올림한다)

〈일회용품 쓰레기의 종류별 비율〉

(단위 : %)

연도 품목	2021년	2022년	2023년
종이컵	18.3	15.2	16.9
비닐봉투	31.5	30.2	29.8
종이봉투	12.4	13.8	15.2
숟가락·젓가락	8.7	5.4	5.6
접시·그릇	3.5	3.9	3.3
기저귀	22.1	20.2	21.8
기타	3.5	11.3	7.4

〈전체 쓰레기의 종류별 비율〉

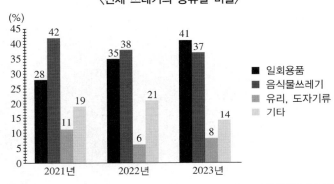

① 일회용품 쓰레기 중 비닐봉투가 차지하는 비율은 매년 낮아지고 있지만, 종이봉투가 차지하는 비율은 매년 높아지고 있다.

② 전체 쓰레기 중 종이컵이 차지하는 비율은 2021년이 2023년보다 2.0%p 이상 낮다.

③ 매년 일회용품 쓰레기 중 차지하는 비율이 가장 높은 상위 2개 항목의 비율의 합은 전체 일회용품 쓰레기 비율의 합의 절반 이상을 차지한다.

④ 일회용품 쓰레기 중 숟가락·젓가락의 비율이 가장 높은 연도와 가장 낮은 연도의 비율의 차이는 접시·그릇 경우의 5.5배이다.

⑤ 전체 쓰레기 중 일회용품 비율의 증감 추이와 같은 양상을 보이는 것은 종이봉투뿐이다.

일반적으로 문화는 '생활양식' 또는 '인류의 진화로 이룩된 모든 것'이라는 포괄적인 개념을 갖고 있다. 이렇게 본다면 언어는 문화의 하위 개념에 속하는 것이다. 그러나 언어는 문화의 하위 개념에 속하면서도 문화 자체를 표현하여 그것을 전파·전승하는 기능도 한다. 이로 보아 언어에는 그것을 사용하는 민족의 문화와 세계 인식이 녹아있다고 할 수 있다. 가령 '사촌'이라고 할 때, 영어에서는 'Cousin'으로 이를 통칭하는 것을 우리말에서는 친·외, 고종·이종 등으로 구분하고 있다. 친족 관계에 대한 표현에서 우리말이 영어보다 좀 더 섬세하게 되어 있는 것이다. 이것은 친족 관계를 좀 더 자세히 표현하여 차별 내지 분별하려 한 우리 문화와 그것을 필요로 하지 않는 영어권 문화의 차이에서 기인한 것이다.

문화에 따른 이러한 언어의 차이는 낱말에서만이 아니라 어순에서도 나타난다. 우리말은 영어와 주술 구조가 다르다. 우리는 주어 다음에 목적어, 그 뒤에 서술어가 온다. 이에 비해 영어에서는 주어 다음에 서술어, 그 뒤에 목적어가 온다. 우리말의 경우 '나는 너를 사랑한다.'라고 할 때, '나'와 '너'를 먼저 밝히고, 그 다음에 '나의 생각'을 밝히는 것에 비하여, 영어에서는 '나'가 나오고, 그 다음에 '나의 생각'이 나온 뒤에 목적어인 '너'가 나온다. 이러한 어순의 차이는 결국 나의 의사보다 상대방에 대한 관심을 먼저 보이는 우리와 나의 의사를 밝히는 것이 먼저인 영어를 사용하는 사람들의 문화 차이에서 기인한 것이다. 대화를 할 때 다른 사람을 대우하는 것에서도 이런 점을 발견할 수 있다.

손자가 할아버지에게 무엇을 부탁하는 경우를 생각해 보자. 이 경우 영어에서는 'You do it, please.'라고 하고, 우리말에서는 '할아버지께서 해 주세요.'라고 한다. 영어에서는 상대방이 누구냐에 관계없이 상대방을 가리킬 때 'You'라는 지칭어를 사용하고, 서술어로는 'do'를 사용한다. 그런데 우리말에서는 상대방을 가리킬 때, 무조건 영어의 'You'에 대응하는 '당신(너)'이라는 말만을 쓰는 것은 아니고 상대에 따라 지칭어를 달리 사용한다. 뿐만 아니라, 영어의 'do'에 대응하는 서술어도 상대에 따라 '해 주어라, 해 주게, 해 주오, 해 주십시오, 해 줘, 해 줘요'로 높임의 표현을 달리한다. 이는 우리말이 서열을 중시하는 전통적인 유교 문화를 반영하고 있기 때문이다. 언어는 단순한 음성기호 이상의 의미를 지니고 있다. 앞의 예에서 알 수 있듯이 언어에는 그 언어를 사용하는 민족의 문화가 용해되어 있다. 따라서 우리 민족이 한국어라는 구체적인 언어를 사용한다는 것은 단순히 지구상에 있는 여러 언어 가운데 개별 언어 한 가지를 쓴다는 사실만을 의미하지는 않는다. 한국어에는 우리 민족의 문화와 세계 인식이 녹아있기 때문이다. 따라서 우리말에 대한 애정은 우리 문화에 대한 사랑이요, 우리의 정체성을 살릴 수 있는 길일 것이다.

① 언어는 문화를 표현하고 전파·전승하는 기능을 한다.
② 문화의 하위 개념인 언어는 문화와 밀접한 관련이 있다.
③ 영어에 비해 우리말은 친족 관계를 나타내는 표현이 다양하다.
④ 우리말에 높임 표현이 발달한 것은 서열을 중시하는 문화가 반영된 것이다.
⑤ 우리말의 문장 표현에서는 상대방에 대한 관심보다는 나의 생각을 우선시한다.

45 다음 글에서 밑줄 친 ㉠ ~ ㉤의 수정 방안으로 적절하지 않은 것은?

'오투오(O2O; Online to Off-line) 서비스'는 모바일 기기를 통해 소비자와 사업자를 유기적으로 이어주는 서비스를 말한다. 어디에서든 실시간으로 서비스가 가능하다는 편리함 때문에 최근 오투오 서비스의 이용자가 증가하고 있다. 스마트폰에 설치된 앱으로 택시를 부르거나 배달 음식을 주문하는 것 등이 대표적인 예이다.

오투오 서비스 운영 업체는 스마트폰에 설치된 앱을 매개로 소비자와 사업자에게 필요한 서비스를 ㉠ 제공받고 있다. 이를 통해 소비자는 시간이나 비용을 절약할 수 있게 되었고, 사업자는 홍보 및 유통 비용을 줄일 수 있게 되었다. 이처럼 소비자와 사업자 모두에게 경제적으로 유리한 환경이 조성되어 서비스 이용자가 ㉡ 증가함으로써 오투오 서비스 운영 업체도 많은 수익을 낼 수 있게 되었다.

㉢ 게다가 오투오 서비스 시장이 성장하면서 여러 문제들이 발생하고 있다. ㉣ 또한 오투오 서비스 운영 업체의 경우에는 오프라인으로 유사한 서비스를 제공하는 기존 업체와의 갈등이 발생하고 있다. 소비자의 경우 신뢰성이 떨어지는 정보나 기대에 부응하지 못하는 서비스를 제공받는 사례가 늘어나고 있고, 사업자의 경우 관련 법규가 미비하여 수수료 문제로 오투오 서비스 운영 업체와 마찰이 생기는 사례도 증가하고 있다.

이를 해결하기 위해 소비자는 오투오 서비스에서 제공한 정보가 믿을 만한 것인지를 ㉤ 꼼꼼이 따져 합리적으로 소비하는 태도가 필요하고, 사업자는 수수료와 관련된 오투오 서비스 운영 업체와의 마찰을 해결하기 위한 다양한 방법을 강구해야 한다. 오투오 서비스 운영 업체 역시 기존 업체들과의 갈등을 조정하기 위한 구체적인 노력들이 필요하다.

스마트폰 사용자가 늘어나고 있는 추세를 고려할 때, 오투오 서비스 산업의 성장을 저해하는 문제점들을 해결해 나가면 앞으로 오투오 서비스 시장 규모는 더 커질 것으로 예상된다.

① ㉠ : 문맥을 고려하여 '제공하고'로 수정한다.
② ㉡ : 격조사의 쓰임이 적절하지 않으므로 '증가함으로서'로 수정한다.
③ ㉢ : 앞 문단과의 내용을 고려하여 '하지만'으로 수정한다.
④ ㉣ : 글의 흐름을 고려하여 뒤의 문장과 위치를 바꾼다.
⑤ ㉤ : 맞춤법에 어긋나므로 '꼼꼼히'로 수정한다.

46 다음은 S은행 적금 상품인 S은행 안녕, 반가워 적금의 상품 설명서이다. 이에 대한 내용으로 적절하지 않은 것은?

〈S은행 안녕, 반가워〉

구분	내용
상품특징	• S은행 첫 거래 시 실적에 따라 우대이율을 제공하는 적립식 상품
상품과목	• 정기적금
가입대상	• 개인
가입기간	• 12개월
가입금액	• 1천 원부터 50만 원까지
금리	• 기본금리 : 연 2.0% • 우대금리 : 다음 우대조건의 충족 여부에 따라 최고 연 3.0%p 우대(1개 달성 시 연 2.0%p, 2개 이상 달성 시 연 3.0%p) 　－ 첫 적금 : 가입 직전 1년간 S은행 정기예금, 정기적금, 주택청약 상품이 없었던 고객이 이 예금에 신규 가입한 경우 　－ 첫 급여 : 가입 직전 1년간 S은행으로 급여이체, 급여클럽 월급봉투 수령 실적이 없었던 고객이 이 예금에 신규 가입한 후 S은행 입출금통장으로 급여이체를 한 경우 　－ S카드(신용) : S카드(신용) 최초·신규 고객, 탈회 후 3개월 경과 고객, 유효기간 만료 고객이 이 예금에 신규 가입한 후 S카드(신용)를 신규 가입하고 S은행으로 결제계좌를 지정한 경우
이자지급방법	• 만기일시지급식(단리식)
가입방법	• 인터넷, 모바일, 영업점
유의사항	• 온라인에서 가입한 상품은 만기일(휴일인 경우 익영업일)에 자동 해지되어 출금계좌로 자동 입금 • 온라인에서 가입한 상품은 온라인으로 해지 가능(평일 09:00 ~ 21:30)하며, 영업점에서도 실명확인 후 해지 가능 • 휴일은 만기 및 만기경과 예적금에 한하여 해지 가능

① S은행을 이용 중인 고객이라 하더라도 해당 상품의 가입이 가능하다.

② 이전에 S은행을 이용한 실적이 있는 고객이라 하더라도 최고 우대금리를 적용받을 수 있다.

③ 최초 납입한 원금에 대해서만 금리를 적용한다.

④ 인터넷으로 가입한 고객은 별도의 만기해지 절차가 필요하지 않다.

⑤ 온라인 가입자가 만기일 이전 중도해지를 해야 할 경우에는 평일에만 가능하다.

47 다음은 A주임이 2023년 1월 초일부터 6월 말일까지 S카드사의 카드인 S1카드와 S2카드를 이용한 내역이다. 카드사의 포인트 적립 기준과 포인트별 수령 가능한 사은품에 대한 정보에 따라 A주임이 2023년 2분기까지의 적립 포인트로 받을 수 있는 사은품은?

〈A주임의 카드 승인금액〉

(단위 : 원)

구분	2023년 1월	2023년 2월	2023년 3월	2023년 4월	2023년 5월	2023년 6월
S1카드	114.4만	91.9만	91.2만	120.1만	117.5만	112.2만
S2카드	89.2만	90.5만	118.1만	83.5만	87.1만	80.9만

〈S카드사 분기별 포인트 적립 기준〉

각 회원의 분기별 포인트는 직전 분기 동안의 S카드사 카드별 승인금액 합계 구간에 따라 아래의 기준과 같이 적립된다.

(단위 : p)

구분	300만 원 미만	300만 원 이상 500만 원 미만	500만 원 이상 1,000만 원 미만	1,000만 원 이상
승인금액 10만 원당 적립 포인트	650	800	950	1,100

분기별 적립 포인트는 해당 분기 말일 자정에 0p로 초기화된다.

〈S카드사 사은품 지급 정보〉

각 회원이 분기별 적립 포인트에 따라 받을 수 있는 사은품은 다음과 같다.

구분	3만p 이상	5만p 이상	8만p 이상	10만p 이상	15만p 이상
사은품	스피커	청소기	공기청정기	에어컨	냉장고

- 각 회원은 하나의 사은품만 수령할 수 있다.
- 각 회원은 해당되는 가장 높은 포인트 구간의 사은품만 수령할 수 있다.

① 스피커
② 청소기
③ 공기청정기
④ 에어컨
⑤ 냉장고

48 다음 중 풋옵션에 대한 설명으로 옳지 않은 것은?

① 거래 당사자들이 미리 정한 가격으로 장래 특정시점에 해당 자산을 팔 수 있는 권리를 뜻한다.
② 풋옵션을 매도한 경우 매도자는 시장이 급락하면 이익이 크게 늘어날 수 있다.
③ 풋옵션을 매수한 경우 매수자는 해당 자산의 가격이 미리 정한 가격보다 더 하락해도 미리 정한 가격에 팔 수 있다.
④ 풋옵션을 매수한 경우 최대 손실은 지급한 프리미엄이다.
⑤ 풋옵션은 조기상환청구권에 해당된다.

49 다음 중 조세정책에 대한 설명으로 옳지 않은 것은?

① 조세정책은 정부가 경제영역 중 분배영역에 개입할 수 있는 중요한 수단 중 하나이다.
② 정부는 기업의 고용 및 투자를 촉진하기 위한 수단으로 소득세, 법인세 감면 등을 시행한다.
③ 조세정책을 시행하는 곳은 한국은행이다.
④ 세율을 높이면 세수입이 늘어나지만 일정 수준 이상의 세율에서는 오히려 세금이 줄어드는 현상이 나타난다.
⑤ 조세정의 실현을 위해 지하경제 양성화, 역외탈세 근절 등이 매우 중요하다.

50 한 대학교의 기숙사에서는 기숙사에 거주하는 가 ~ 라 4명을 1층부터 4층에 매년 새롭게 배정하고 있다. 올해는 다음 〈조건〉에 따라 배정하려고 할 때, 항상 참인 것은?(단, 한 층에는 1명만 거주한다)

───────〈조건〉───────
• 한 번 거주한 층에는 다시 거주하지 않는다.
• 가와 라는 2층에 거주한 적이 있다.
• 나와 다는 3층에 거주한 적이 있다.
• 가와 나는 1층에 거주한 적이 있다.
• 가, 나, 라는 4층에 거주한 적이 있다.

① 다는 4층에 배정될 것이다.
② 라는 3층에 거주한 적이 있을 것이다.
③ 라는 1층에 거주한 적이 있을 것이다.
④ 다는 2층에 거주한 적이 있을 것이다.
⑤ 기숙사에 3년 이상 산 사람은 가밖에 없다.

51 다음은 우리나라 국민들의 환경오염 방지 기여도에 대한 자료이다. 이에 대한 설명으로 옳은 것은?

〈환경오염 방지 기여도〉

(단위 : %)

구분		합계	매우 노력함	약간 노력함	별로 노력하지 않음	전혀 노력하지 않음
성별	남성	100	13.6	43.6	37.8	5.0
	여성	100	23.9	50.1	23.6	2.4
연령	10 ~ 19세	100	13.2	41.2	39.4	6.2
	20 ~ 29세	100	10.8	39.9	42.9	6.4
	30 ~ 39세	100	13.1	46.7	36.0	4.2
	40 ~ 49세	100	15.5	52.4	29.4	2.7
	50 ~ 59세	100	21.8	50.4	25.3	2.5
	60 ~ 69세	100	29.7	46.0	21.6	2.7
	70세 이상	100	31.3	44.8	20.9	3.0
경제활동	취업	100	16.5	47.0	32.7	3.8
	실업 및 비경제활동	100	22.0	46.6	27.7	3.7

① 10세 이상 국민들 중 환경오염 방지를 위해 별로 노력하지 않는 사람 비율의 합이 가장 높다.

② 10세 이상 국민들 중 환경오염 방지를 위해 매우 노력하는 사람의 비율이 가장 높은 연령층은 60 ~ 69세 이다.

③ 10세 이상 국민들 중 환경오염 방지를 위해 전혀 노력하지 않는 사람의 비율이 가장 높은 연령층은 10 ~ 19세이다.

④ 10 ~ 69세까지 각 연령층에서 약간 노력하는 사람의 비중이 가장 높다.

⑤ 매우 노력함과 약간 노력함의 비율 합은 남성보다 여성이, 취업자보다 실업 및 비경제활동자가 더 높다.

52 다음 글의 빈칸 (가) ~ (다)에 들어갈 문장을 〈보기〉에서 찾아 바르게 연결한 것은?

한 조사 기관에 따르면, 해마다 척추 질환으로 병원을 찾는 청소년들이 연평균 5만 명에 이르며 그 수가 지속적으로 증가하고 있다. 청소년의 척추 질환은 성장을 저해하고 학업의 효율성을 저하시킬 수 있다. _____ _____(가)_____ 따라서 청소년 척추 질환의 원인을 알고 예방하기 위한 노력이 필요하다. 전문가들은 앉은 자세에서 척추에 가해지는 하중이 서 있는 자세에 비해 1.4배 정도 크기 때문에 책상 앞에 오래 앉아 있는 청소년들의 경우, 척추 건강에 적신호가 켜질 가능성이 매우 높다고 말한다. 또한 전문가들은 청소년들의 운동 부족도 청소년 척추 질환의 원인이라고 강조한다. 척추 건강을 위해서는 기립근과 장요근 등을 강화하는 근력 운동이 필요하다. 그런데 실제로 질병관리본부의 조사에 따르면, 청소년들 가운데 주 3일 이상 근력 운동을 하고 있다고 응답한 비율은 남성이 약 33%, 여성이 약 9% 정도밖에 되지 않았다. 청소년들이 생활 속에서 비교적 쉽게 척추 질환을 예방할 수 있는 방법은 무엇일까? 첫째, 바른 자세로 책상 앞에 앉아 있는 습관을 들여야 한다. _____(나)_____ 또한 책을 보기 위해 고개를 아래로 많이 숙이는 행동은 목뼈가 받는 부담을 크게 늘려 척추 질환을 유발하므로 책상 높이를 조절하여 목과 허리를 펴고 반듯하게 앉아 책을 보는 것이 좋다. 둘째, 틈틈이 척추 근육을 강화하는 운동을 해 준다. _____(다)_____ 그리고 발을 어깨보다 약간 넓게 벌리고 서서 양손을 허리에 대고 상체를 서서히 뒤로 젖혀 준다. 이러한 동작들은 척추를 지지하는 근육과 인대를 강화시켜 척추가 휘어지거나 구부러지는 것을 막아 준다. 따라서 이런 운동은 척추 건강을 위해 반드시 필요하다.

─────〈보기〉─────
㉠ 허리를 곧게 펴고 앉아 어깨를 뒤로 젖히고 고개를 들어 하늘을 본다.
㉡ 그렇기 때문에 적절한 대응 방안이 마련되지 않으면 문제가 더욱 심각해질 것이다.
㉢ 의자에 앉아 있을 때는 엉덩이를 의자 끝까지 밀어 넣고 등받이에 반듯하게 상체를 기대 척추를 꼿꼿하게 유지해야 한다.

	(가)	(나)	(다)
①	㉠	㉡	㉢
②	㉡	㉠	㉢
③	㉡	㉢	㉠
④	㉢	㉠	㉡
⑤	㉢	㉡	㉠

53 다음 〈보기〉는 한 과일가게의 제품배송현황에 대한 표이다. 10월 영업을 마친 과일가게는 '배송현황'열에 11월 전의 목록은 '완료'로, 11월 목록은 공백으로 표시하고 싶다. 함수를 〈조건〉과 같이 정의할 때, 사용할 수식으로 옳은 것은?

〈보기〉

	A	B	C	D
1	일자	제품	수량	배송현황
2	2023-09-21	복숭아(3개입)	4	완료
3	2023-10-22	딸기(1박스)	7	완료
4	2023-10-30	사과(7개입)	2	완료
5	2023-11-01	바나나(1묶음)	6	
6	2023-11-03	자몽(8개입)	4	
7	2023-11-11	라임(3개입)	8	

〈조건〉

- △(범위1, 조건, 범위2) : 범위1에서 조건을 충족하는 셀과 같은 행에 있는 범위2 셀의 평균을 구하는 함수
- ▲(조건, 인수1, 인수2) : 조건이 참이면 인수1, 그 외에는 인수2를 반환하는 함수
- ♤(셀1) : 셀1의 날짜값 중 '일(日)'을 반환하는 함수
- ■(셀1) : 셀1의 날짜값 중 '년(年)'을 반환하는 함수
- ♡(셀1) : 셀1의 날짜값 중 '월(月)'을 반환하는 함수

① =△(A2 : A7,"> 2023-10-30",C2 : C7)
② =▲(♡(A2)> 11,"완료"," ")
③ =▲(♡(A2)< 11,"완료"," ")
④ =▲(■(A2)< 11,"완료"," ")
⑤ =▲(♤(A2)< 11,"완료"," ")

54 다음 〈보기〉 중 가격상한제에 대한 설명으로 옳은 것을 모두 고르면?

〈보기〉

ㄱ. 가격상한제를 통해 재화와 서비스의 품질 증대를 기대할 수 있다.
ㄴ. 가격상한제가 도입되면 수요가 증가하고 거래량이 감소하여 후생손실(Deadweight Loss)이 발생하게 된다.
ㄷ. 가격상한가를 균형가격보다 낮은 상태로 유지할 경우 공급곡선과 수요곡선은 점차 가파르게 된다.
ㄹ. 2022년 말 유럽연합(EU) 및 주요 선진 7개국(G7) 등이 러시아산 원유에 60달러의 가격상한제를 도입하였다.

① ㄱ, ㄴ
② ㄱ, ㄷ
③ ㄴ, ㄷ
④ ㄴ, ㄹ
⑤ ㄷ, ㄹ

55 다음은 고용노동부에서 제공하는 퇴직금 산정 기준과 S은행 직원 5명의 퇴직금 정보이다. 5명 모두 미사용 연차 일수가 5일일 때, 퇴직금이 두 번째로 적은 직원은?(단, 모든 계산은 소수점 첫째 자리에서 반올림한다)

〈퇴직금 산정 기준〉

- (퇴직금)=(1일 평균임금)×30×$\dfrac{(근속연수)}{(1년)}$

- (1일 평균임금)=(A+B+C)÷90
  - A=(3개월간의 임금 총액)=[(기본급)+(기타수당)]×3
  - B=(연간 상여금)×$\dfrac{(3개월)}{(12개월)}$
  - C=(연차수당)×(미사용 연차일수)×$\dfrac{(3개월)}{(12개월)}$

〈S은행 직원 퇴직금 관련 정보〉

구분	근속연수	기본급	기타수당	연차수당	연간 상여금
최과장	12년	3,000,000원	–	140,000원	1,800,000원
박과장	10년	2,700,000원	–	115,000원	1,500,000원
홍대리	8년	2,500,000원	450,000원	125,000원	1,350,000원
신대리	6년	2,400,000원	600,000원	97,500원	1,200,000원
양주임	3년	2,100,000원	–	85,000원	900,000원

① 최과장
② 박과장
③ 홍대리
④ 신대리
⑤ 양주임

사피어 – 워프 가설은 어떤 언어를 사용하느냐에 따라 사고의 방식이 정해진다는 이론이다. 이에 따르면 언어는 인간의 사고나 사유를 반영함은 물론이고, 그 언어를 쓰는 사람들의 사고방식에까지 영향을 미친다. 공동체의 언어 습관이 특정한 해석을 선택하도록 하기 때문에 우리는 일반적으로 우리가 행한 대로 보고 듣고 경험한다고 한 사피어의 관점에 영향을 받아, 워프는 언어가 경험을 조직한다고 주장했다. 한 문화의 구성원으로서, 특정한 언어를 사용하는 화자로서, 우리는 언어를 통해 암묵적 분류를 배우고 이 분류가 세계의 정확한 표현이라고 간주한다. 그리고 그 분류는 사회마다 다르므로, 각 문화는 서로 다른 의견을 가질 수 있는 개인들로 구성됨에도 불구하고 독특한 합의를 보여 준다.

가령, 에스키모어에는 눈에 관한 낱말이 많은데 영어로는 한 단어인 '눈(snow)'을 네 가지 다른 단어, 즉 땅 위의 눈(aput), 내리는 눈(quana), 바람에 날리는 눈(piqsirpoq), 바람에 날려 쌓이는 눈(quiumqsuq) 등으로 표현한다는 것이다. 북아프리카 사막의 유목민들은 낙타에 대한 10개 이상의 단어를 가지고 있으며, 우리도 마찬가지다. 영어의 'rice'에 해당하는 우리말은 '모', '벼', '쌀', '밥' 등이 있다.

그렇다면 언어와 사고, 언어와 문화의 관계는 어떻게 볼 수 있을까? 일단 우리는 언어와 정신 활동이 상호 의존성을 갖는다고 말할 수 있을 것이다. 하지만 그들 간의 관계 중 어떤 것이 우월한 것인지를 잘 식별할 수 없는 정도로 인식이 되고 나면, 우리의 생각은 언어 우위 쪽으로 기울기 쉽다.

왜냐하면 언어의 사용에 따라 사고가 달라지는 것이라고 규정하는 것이 사고를 통해 언어가 만들어진다는 것보다 훨씬 더 쉽게 이해되기 때문이다. 이러한 면에서 사피어 – 워프 가설은 언어 우위론적 입장을 보인다고 할 수 있다.

그러나 사피어 – 워프 가설이 언어 우위론의 근거로만 설명되는 것은 아니다. 앞의 에스키모어의 예를 보면, 사람들이 눈을 인지하는 방법이 달라진 것(사고의 변화)으로 인해 언어도 달라지게 되었는지, 반대로 언어 체계가 달라진 것으로 인해 눈을 인지하는 방법이 달라졌는지를 명확하게 설명할 수 없기 때문이다.

① 사피어 – 워프 가설은 언어 우위론으로 입증할 수 있다.
② 사피어 – 워프 가설의 예로 에스키모어가 있다.
③ 사피어 – 워프 가설은 우리의 언어 생활과 밀접한 이론이다.
④ 언어와 사고의 관계에 대한 사피어 – 워프 가설을 증명하기는 쉽지 않다.
⑤ 사피어 – 워프 가설은 학계에서 대체로 인정하는 추세이다.

57 다음 중 DSR에 대한 〈보기〉의 설명 중 옳은 것을 모두 고르면?

─────〈보기〉─────

ㄱ. DSR은 총부채 원리금 상환비율이라고 한다.

ㄴ. DSR 계산 시 전세대출, 중도금대출, 소액신용대출은 DSR 적용에서 제외된다.

ㄷ. 대출 심사 시 총부채 상환비율보다 대출한도가 늘어날 수 있다.

ㄹ. 은행권 기준 총 대출 1억 원이 넘을 경우 차주는 DSR이 50%를 넘을 수 없다.

① ㄱ, ㄴ   ② ㄱ, ㄷ

③ ㄴ, ㄷ   ④ ㄴ, ㄹ

⑤ ㄷ, ㄹ

58 다음은 2023년 연령별 인구수 현황을 나타낸 그래프이다. 이를 통해 각 연령대를 기준으로 남성 인구가 40% 이하인 연령대 ㉠과 여성 인구가 50% 초과 60% 이하인 연령대 ㉡을 순서대로 바르게 나열한 것은?

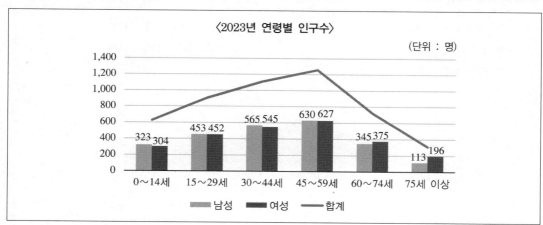

	㉠	㉡
①	0 ~ 14세	15 ~ 29세
②	30 ~ 44세	15 ~ 29세
③	45 ~ 59세	60 ~ 74세
④	75세 이상	60 ~ 74세
⑤	75세 이상	45 ~ 59세

59 다음 문단을 논리적 순서대로 바르게 나열한 것은?

(가) 매년 수백만 톤의 황산이 애팔래치아 산맥에서 오하이오 강으로 흘러들어 간다. 이 황산은 강을 붉게 물들이고 산성으로 변화시킨다. 이렇게 강이 붉게 물드는 것은 티오바실러스라는 세균으로 인해 생성된 침전물 때문이다. 철2가 이온(Fe^{2+})과 철3가 이온(Fe^{3+})의 용해도가 이러한 침전물의 생성에 중요한 역할을 한다.

(나) 애팔래치아 산맥의 석탄 광산에 있는 황철광에는 이황화철(FeS_2)이 함유되어 있다. 티오바실러스는 이 황철광에 포함된 이황화철(FeS_2)을 산화시켜 철2가 이온(Fe^{2+})과 강한 산인 황산을 만든다. 이 과정에서 티오바실러스는 일차적으로 에너지를 얻는다. 일단 만들어진 철2가 이온(Fe^{2+})은 티오바실러스에 의해 다시 철3가 이온(Fe^{3+})으로 산화되는데, 이 과정에서 또 다시 티오바실러스는 에너지를 이차적으로 얻는다.

(다) 이황화철(FeS_2)의 산화는 다음과 같이 가속된다. 티오바실러스에 의해 생성된 황산은 황철광을 녹이게 된다. 황철광이 녹으면 황철광 안에 들어 있던 이황화철(FeS_2)은 티오바실러스와 공기 중의 산소에 더 노출되어 화학반응이 폭발적으로 증가하게 된다. 티오바실러스의 생장과 번식에는 이와 같이 에너지의 원료가 되는 이황화철(FeS_2)과 산소 그리고 세포 구성에 필요한 무기질이 꼭 필요하다. 이러한 환경조건이 자연적으로 완비된 광산 지역에서는 일반적인 방법으로 티오바실러스의 생장을 억제하기가 힘들다. 이황화철(FeS_2)과 무기질이 다량으로 광산에 있으므로 이 경우 오하이오 강의 오염을 막기 위한 방법은 광산을 밀폐시켜 산소의 공급을 차단하는 것뿐이다.

(라) 철2가 이온(Fe^{2+})은 강한 산(pH 3.0 이하)에서 물에 녹은 상태를 유지한다. 그러한 철2가 이온(Fe^{2+})은 자연 상태에서 pH 4.0 ~ 5.0 사이가 되어야 철3가 이온(Fe^{3+})으로 산화된다. 놀랍게도 티오바실러스는 강한 산에서 잘 자라고, 강한 산에 있는 철2가 이온(Fe^{2+})을 적극적으로 산화시켜 철3가 이온(Fe^{3+})을 만든다. 그리고 물에 녹지 않는 철3가 이온(Fe^{3+})은 다른 무기 이온과 결합하여 붉은 침전물을 만든다. 환경에 영향을 미칠 정도로 다량의 붉은 침전물을 만들기 위해서는 엄청난 양의 철2가 이온(Fe^{2+})과 강한 산이 있어야 한다. 이것들은 어떻게 만들어지는 것일까?

① (가) - (나) - (라) - (다)
② (가) - (라) - (나) - (다)
③ (라) - (가) - (다) - (나)
④ (라) - (나) - (가) - (다)
⑤ (라) - (나) - (다) - (가)

60 S은행은 직원들의 체력증진 및 건강개선을 위해 점심시간을 이용해 운동 프로그램을 운영하고자 한다. 해당 프로그램을 운영할 업체는 직원들을 대상으로 한 사전조사 결과를 바탕으로 정한 선정점수에 따라 결정된다. 다음 〈조건〉에 따라 업체를 선정할 때, 최종적으로 선정될 업체는?

〈후보 업체 사전조사 결과〉

업체명	프로그램	흥미 점수	건강증진 점수
A업체	집중GX	5점	7점
B업체	필라테스	7점	6점
C업체	자율 웨이트	5점	5점
D업체	근력운동	6점	4점
E업체	스피닝	4점	8점

〈조건〉
- S은행은 전 직원들을 대상으로 후보 업체들에 대한 사전조사를 하였다. 각 후보 업체에 대한 흥미 점수와 건강증진 점수는 전 직원들이 10점 만점으로 부여한 점수의 평균값이다.
- 흥미 점수와 건강증진 점수를 2:3의 가중치로 합산하여 1차 점수를 산정하고, 1차 점수가 높은 후보 업체 3개를 1차 선정한다.
- 1차 선정된 후보 업체 중 흥미 점수와 건강증진 점수에 3:3 가중치로 합산하여 2차 점수를 산정한다.
- 2차 점수가 가장 높은 1개의 업체를 최종적으로 선정한다. 만일 1차 선정된 후보 업체들의 2차 점수가 모두 동일한 경우, 건강증진 점수가 가장 높은 후보업체를 선정한다.

① A업체 ② B업체
③ C업체 ④ D업체
⑤ E업체

61 민채는 집에서 도서관을 거쳐 영화관에 갔다가 되돌아오려고 한다. 집에서 도서관에 가는 길은 3가지이고, 도서관에서 영화관에 가는 길은 4가지일 때, 다음 〈조건〉을 만족하는 경우의 수는 모두 몇 가지 인가?

〈조건〉

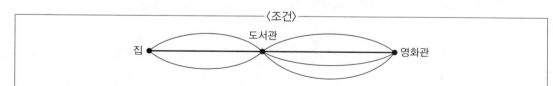

- 도서관에서 영화관을 다녀올 때 같은 길을 이용한다면, 집과 도서관 사이에는 다른 길을 이용해야 한다.
- 도서관에서 영화관을 다녀올 때 다른 길을 이용한다면, 집과 도서관 사이에는 같은 길을 이용해야 한다.

① 12가지 ② 48가지
③ 60가지 ④ 128가지
⑤ 144가지

62 다음 글을 통해 알 수 있는 내용으로 가장 적절한 것은?

> 많은 것들이 글로 이루어진 세상에서 읽지 못한다는 것은 생활하는 데에 큰 불편함을 준다. 난독증이 바로 그 예이다. 난독증(Dyslexia)은 그리스어로 불충분, 미성숙을 뜻하는 접두어 'dys'에 말과 언어를 뜻하는 'lexis'가 합쳐져 만들어진 단어이다.
>
> 난독증은 지능에는 문제가 없으며, 단지 언어활동에만 문제가 있는 질환이다. 특히 영어권에서 많이 나타나는데, 비교적 복잡한 발음체계 때문이다. 인구의 5 ~ 10% 정도가 난독증이 있으며, 피카소, 톰 크루즈, 아인슈타인 등이 난독증을 극복하고 자신의 분야에서 성공한 사례이다.
>
> 난독증은 단순히 읽지 못하는 것뿐만이 아니라, 여러 가지 증상으로 나타난다. 단어의 의미를 다른 것으로 바꾸어 해석하거나 글자를 섞어서 보는 경우가 있다. 또한 문자열을 전체로는 처리하지 못하고 하나씩 취급하여 전체 문맥을 이해하지 못하기도 한다.
>
> 지금까지 난독증의 원인은 흔히 두뇌의 역기능이나 신경장애와 연관된 것이라고 여겨졌으며, 유전적인 원인이나 청각의 왜곡 등이 거론되기도 하였다. 우리나라에서는 실제 아동의 2 ~ 8% 정도가 난독증을 경험하는 것으로 알려져 있으며, 지능과 시각, 청각이 모두 정상임에도 경험하는 경우가 있다.
>
> 난독증을 유발하는 원인은 많이 있지만 그중 하나는 바로 '얼렌 증후군'이다. 미국의 교육심리학자 얼렌(Helen L. lrlen)이 먼저 발견했다고 해서 붙여진 이름으로, 광과민 증후군으로도 알려져 있다. 이는 시신경 세포와 관련이 있는 난독증 유발 원인이다.
>
> 얼렌 증후군은 시신경 세포가 정상인보다 작거나 미성숙해서 망막으로 들어오는 정보를 뇌에 제대로 전달하지 못하는 질환이다. 얼렌 증후군이 생기는 이유는 유전인 경우가 많다. 이로 인해 집중력이 떨어지기 때문에 능률이 저하되며, 독서의 경우에는 속독이 어렵다.
>
> 사물이 흐릿해지면서 두세 개로 보이는 것과 같은 시각적 왜곡이 생기기 때문이다. 그래서 책을 보고 있으면 눈이 쉽게 충혈되고, 두통이나 어지러움증 등 신체에 다른 영향을 미치기도 한다. 그래서 얼렌 증후군 환자들은 어두운 곳에서 책을 보고 싶어 하는 경우가 많다.
>
> 얼렌 증후군의 치료를 위해서는 원인이 되는 색조합을 찾아서 얼렌 필터 렌즈를 착용하는 것이 일반적이다. 특정 빛의 파장을 걸러주면서 이 질환을 교정하는 것이다. 얼렌 증후군은 교정이 된 후에는 글씨가 뚜렷하게 보여 읽기가 편해지고 난독증이 어느 정도 치유되기 때문에, 증상을 보이면 안과를 찾아 정확한 검사를 받는 것이 중요하다.

① 난독증은 주로 지능에 문제가 있는 사람들에게서 나타난다.
② 단순히 전체 문맥을 이해하지 못하는 것은 난독증에 해당하지 않는다.
③ 시각과 청각이 모두 정상이라면 난독증을 경험하지 않는다.
④ 시신경 세포가 적어서 생기는 난독증의 경우 환경의 요인을 많이 받는다.
⑤ 얼렌 증후군 환자들은 밝은 곳에서 난독증을 호소하는 경우가 더 많다.

63 S은행에 근무하는 김사원은 부서 워크숍을 진행하기 위하여 다음과 같이 워크숍 장소를 선정하였다. 주어진 〈조건〉을 참고할 때, 워크숍 장소로 가장 적절한 곳은?

〈S은행 워크숍 장소 후보〉

후보	거리(S은행 기준)	수용 가능 인원	대관료	이동 시간(편도)
A호텔	40km	100명	40만 원/일	1시간 30분
B연수원	40km	80명	50만 원/일	2시간
C수련원	20km	40명	30만 원/일	1시간
D리조트	60km	80명	80만 원/일	2시간 30분
E호텔	100km	120명	100만 원/일	3시간 30분

─〈조건〉─
- 워크숍은 1박 2일로 진행한다.
- 김사원이 속한 부서의 직원은 모두 80명이며 전원 참석한다.
- 거리는 공사 기준 60km 이하인 곳으로 선정한다.
- 대관료는 100만 원 이하인 곳으로 선정한다.
- 이동 시간은 왕복으로 3시간 이하인 곳으로 선정한다.

① A호텔　　　　　　　　　　② B연수원
③ C수련원　　　　　　　　　④ D리조트
⑤ E호텔

---

64 다음 중 빈칸에 들어갈 단어가 바르게 연결되지 않은 것은?

- 어음은 일정한 금액을 정해진 날짜에 지급하기로 약속한 ___㉠___ 이다.
- 어음 발행인이 지급을 스스로 약속하는 어음을 ___㉡___ 이라 한다.
- 어음행위는 서면행위와 ___㉢___ 으로 법적인 효력이 발생한다.
- 현금영수증은 현금거래를 ___㉣___ 에 통보하고, 그 증거로 받는 영수증이다.
- 현금영수증 발급을 위해서 ___㉤___ 에 휴대전화 번호 등록이 필요하다.

① ㉠ : 유가증권　　　　　　② ㉡ : 약속어음
③ ㉢ : 교부계약　　　　　　④ ㉣ : 금융감독원
⑤ ㉤ : 홈택스

65 S은행 서울 지점에 근무 중인 A씨와 B씨는 부산 지점으로 출장을 가게 되었다. 서울에서 부산까지 400km를 운행하는 열차로는 일반열차와 급행열차가 있다. 일반열차는 중간에 있는 4개의 역에서 10분씩 정차를 하고, 급행열차는 정차하는 역 없이 한 번에 부산역에 도착한다. 오전 10시에 일반열차를 탄 A씨와 동시에 도착하려면 B씨는 급행열차를 몇 시에 타야 하는가?(단, 일반열차의 속력은 160km/h, 급행열차의 속력은 200km/h이다)

① 오전 11시   ② 오전 11시 10분
③ 오전 11시 20분   ④ 오전 11시 30분
⑤ 오전 11시 40분

66 다음 글의 빈칸 (가) ~ (다)에 들어갈 사례를 〈보기〉에서 찾아 바르게 연결한 것은?

> 아파트 주거환경은 일반적으로 공동체적 연대를 약화하는 것으로 인식되어 있다. 그러나 오늘날 한국 사회에서 보편화된 아파트 단지에는 도시화의 진전에 따른 공동체적 연대의 약화를 예방하거나 치유하는 집단적 노력이 존재한다. _____(가)_____ 물론 아파트의 위치나 평형, 단지의 크기 등에 따라 공동체 형성의 정도가 서로 다른 것은 사실이다. _____(나)_____
> 더 심각한 문제는 사회문화적 동질성에 입각한 아파트 근린관계가 점차 폐쇄적이고 배타적인 공동체로 변하고 있다는 것이다. 이에 대한 대책이 '소셜 믹스(Social Mix)'이다. 이는 동일 지역에 다양한 계층이 더불어 살도록 함으로써 계층 간 갈등을 줄이려는 정책이다.
> 그러나 이 정책의 실제 효과에 대해서는 회의적 시각이 많다. 대형 아파트 주민들도 소형 아파트 주민들과 이웃이 되기를 싫어하지만, 저소득층이 대부분인 소형 아파트 주민들 역시 부자들에게 위화감을 느끼면서 굳이 같은 공간에서 살려고 하지 않기 때문이다. 그럼에도 불구하고 우리나라에서는 사회 통합적 주거환경을 규범적 가치로 인식하여, 아파트 단지 구성에 있어 대형과 소형, 분양과 임대가 공존하는 수평적 공간 통합을 지향한다. 우리 사회가 규범적으로는 부자 동네와 가난한 동네가 뚜렷이 구분되지 않는 주거환경을 지향한다는 것이다. _____(다)_____
> 아파트를 둘러싼 계층 간의 공간 통합 혹은 공간 분리 문제를 단순히 주거환경의 문제로만 보면 근본적인 해결이 어려울 수도 있다. 지금의 한국인에게 아파트는 주거공간으로서의 의미를 넘어 부의 축적 수단이라는 의미를 담고 있기 때문이다.

─────〈보기〉─────

> ㉠ 아파트 부녀회의 자원 봉사자들이 단지 내의 경로당과 공부방을 중심으로 다양한 프로그램을 운영하여 주민들 사이의 교류를 활성화한 사례
> ㉡ 대규모 아파트 단지를 조성할 때 소형 및 임대 아파트를 포함해야 한다는 법령과 정책 사례
> ㉢ 대형 고급 아파트 단지에서는 이웃에 누가 사는지도 잘 모르지만 중소형 서민 아파트 단지에서는 학부모 모임이 활발한 사례

	(가)	(나)	(다)		(가)	(나)	(다)
①	㉠	㉢	㉡	②	㉡	㉠	㉢
③	㉡	㉢	㉠	④	㉢	㉠	㉡
⑤	㉢	㉡	㉠				

※ S은행에서 송년회를 개최하려고 한다. 이어지는 질문에 답하시오. **[67~68]**

<송년회 후보지별 평가점수>

구분	가격	거리	맛	음식 구성	평판
A호텔	★★★☆	★★☆	★★★	★★★☆	★★★
B호텔	★★	★★★☆	★★☆	★★★	★★☆
C호텔	★☆	★★	★★	★★★☆	★★★☆
D호텔	★★☆	★☆	★★☆	★★★	★★☆
E호텔	★★★	★★☆	★★★☆	★★☆	★★★☆

※ ★은 하나당 5점이며, ☆은 하나당 3점임

67 S은행 임직원들은 맛과 음식 구성의 합산 점수가 가장 높은 호텔을 송년회 장소로 결정하기로 하였다. 어느 호텔에서 송년회를 진행하겠는가?(단, 맛과 음식 구성의 합산 점수가 1위인 곳과 2위인 곳의 점수 차가 3점 이하일 경우 가격 점수가 가장 높은 호텔로 결정한다)

① A호텔
② B호텔
③ C호텔
④ D호텔
⑤ E호텔

68 A ~ E호텔의 1인당 식대가 다음과 같고, 예산이 200만 원이라면 어느 호텔로 결정하겠는가?(단, S은행의 임직원은 총 25명이며, 총식사비용이 가장 저렴한 두 곳의 차이가 10만 원 이하일 경우 맛 점수가 가장 높은 곳으로 결정한다)

<호텔별 1인당 식대>

A호텔	B호텔	C호텔	D호텔	E호텔
73,000원	82,000원	85,000원	77,000원	75,000원

① A호텔
② B호텔
③ C호텔
④ D호텔
⑤ E호텔

69 다음은 A ~ C대학교 입학 및 졸업 인원에 대한 자료이다. 빈칸에 들어갈 수치로 옳은 것은?(단, 각 수치는 매년 일정한 규칙으로 변화한다)

〈대학교별 입학 및 졸업 인원〉

(단위 : 명)

구분	A대학교		B대학교		C대학교	
	입학	졸업	입학	졸업	입학	졸업
2019년	670	613	502	445	422	365
2020년	689	632	530	473	436	379
2021년	740	683	514		452	395
2022년	712	655	543	486	412	355
2023년	749	692	540	483	437	380

① 448

② 457

③ 462

④ 473

⑤ 487

'정보 파놉티콘(Panopticon)'은 사람에 대한 직접적 통제와 규율에 정보 수집이 합쳐진 것이다. 정보 파놉티콘에서의 '정보'는 벤담의 파놉티콘에서의 시선(視線)을 대신하여 규율과 통제의 메커니즘으로 작동한다. 작업장에서 노동자들을 통제하고 이들에게 규율을 강제한 메커니즘은 시선에서 정보로 진화했다. 19세기에는 사진 기술을 이용하여 범죄자 프로파일링을 했는데, 이 기술이 20세기의 폐쇄회로 텔레비전이나 비디오 카메라와 결합한 통계학으로 이어진 것도 그러한 맥락에서 이해할 수 있다. 더 극단적인 예를 들자면, 미국은 발목에 채우는 전자기기를 이용하여 죄수를 자신의 집 안과 같은 제한된 공간에 가두어 감시하면서 교화하는 프로그램을 운용하고 있다. 이 경우 개인의 집이 교도소로 변하고, 국가가 관장하던 감시가 기업이 판매하는 전자기기로 대체됨으로써 전자기술이 파놉티콘에서의 간수의 시선을 대신한다.

컴퓨터나 전자기기를 통해 얻은 정보가 간수의 시선을 대체했지만, 벤담의 파놉티콘에 갇힌 죄수가 자신이 감시를 당하는지 아닌지를 모르듯이, 정보 파놉티콘에 노출된 사람들 또한 자신의 행동이 국가나 직장의 상관에 의해 열람될지의 여부를 확신할 수 없다. "그들이 감시당하는지 모를 때도 우리가 그들을 감시하고 있다고 생각하도록 만든다."라고 한 관료가 논평했는데, 이는 파놉티콘과 전자 감시의 유사성을 뚜렷하게 보여준다.

전자 감시는 파놉티콘의 감시 능력을 전 사회로 확장했다. 무엇보다 시선에는 한계가 있지만 컴퓨터를 통한 정보 수집은 국가적이고 전 지구적이기 때문이다. "컴퓨터화된 정보 시스템이 작은 지역 단위에서만 효과적으로 작동했을 파놉티콘을 근대 국가에 의한 일상적인 대규모 검열로 바꾸었는가?"라고 한 정보사회학자 롭 클링은 시선의 국소성과 정보의 보편성 사이의 차이를 염두에 두고 있었다. 철학자 들뢰즈는 이러한 인식을 한 단계 더 높은 차원으로 일반화하여, 지금 우리가 살고 있는 사회는 푸코의 규율 사회를 벗어난 새로운 통제 사회라고 주장했다.

그에 의하면 규율 사회는 증기 기관과 공장이 지배하고 요란한 구호에 의해 통제되는 사회이지만, 통제 사회는 컴퓨터와 기업이 지배하고 숫자와 코드에 의해 통제되는 사회이다.

① 정보 파놉티콘은 범죄자만 감시 대상에 해당하는 것이 아니다.
② 정보 파놉티콘은 기술이 발달할수록 더욱 정교해질 것이다.
③ 정보 파놉티콘은 교정 시설의 체계를 효율적으로 바꿀 수 있다.
④ 정보 파놉티콘이 발달할수록 개인의 사생활은 보장될 수 없을 것이다.
⑤ 정보 파놉티콘이 종국에는 감시 체계 자체를 소멸시킬 것이다.

신한은행 SLT 필기시험
정답 및 해설

제1회 모의고사 정답 및 해설

01	02	03	04	05	06	07	08	09	10
③	④	③	③	①	③	②	④	③	②
11	12	13	14	15	16	17	18	19	20
①	②	①	①	③	④	⑤	⑤	②	②
21	22	23	24	25	26	27	28	29	30
⑤	④	③	④	①	④	④	⑤	④	①
31	32	33	34	35	36	37	38	39	40
②	②	②	④	③	②	③	①	①	②
41	42	43	44	45	46	47	48	49	50
①	③	③	②	①	⑤	②	①	②	⑤
51	52	53	54	55	56	57	58	59	60
②	①	①	③	①	②	①	④	④	②
61	62	63	64	65	66	67	68	69	70
③	②	③	⑤	③	⑤	④	⑤	③	④

01
정답 ③

- A씨 : 계좌별 3회 이내에서 총 15회 한도로 분할인출이 가능하며, 이때 인출금액에 제한이 없다. 단, 분할인출 후 계좌별 잔액을 100만 원 이상 유지해야 한다.
- E씨 : 고정금리형의 계약기간은 1개월 ~ 3년 이내에서 월 또는 일단위로 정한다. 또한 단위기간 금리연동형의 경우에는 12개월 이상 ~ 36개월 이내에서 월단위로 정한다.

오답분석
- B씨 : 신규 시에는 최저 100만 원 이상 예치해야 하며, 건별로 10만 원 이상 원단위로 추가입금이 가능하다.
- C씨 : 은행창구에서 신규가입한 미성년자 명의 예금의 해지는 은행창구에서만 가능하다.
- D씨 : 고정금리형 계좌의 계약기간은 1개월 ~ 3년 이내에서 정하고, 단위기간 금리연동형 계좌의 계약기간은 12개월 이상 ~ 36개월 이내에서 정한다.

02
정답 ④

단위기간 금리연동형으로 가입 후 2회전(단위기간 1 ~ 2개월은 3회전) 이상 경과 후 해지할 경우에 약정이율 외에 0.1%의 보너스 금리를 추가로 적용한다.

오답분석
① 분할인출이 가능한 계좌는 고정금리형 계좌이다. 고정금리형 계좌와 달리 단위기간 금리연동형 계좌는 분할인출이 불가능하다.
② 단위기간 금리연동형은 S-Star 클럽 고객 대상 우대금리 제공에 해당되지 않는다.
③ 만기 후 이율은 경과기간이 3개월 이내이면 연 0.2%, 3개월 초과이면 연 0.1%이다.
⑤ 인터넷뱅킹이나 앱으로도 해지 처리가 가능하다.

03
정답 ③

고정금리형의 만기이자지급식(확정금리) 계좌의 3년 만기 시 이율은 연 1.95%이다. 여기에 우대이율 연 0.1%p를 적용하므로 최종 이율은 연 2.05%이다. 그러므로 1년이 지나면 $1,000,000 \times 0.0205 = 20,500$원의 이자가 발생한다. 이자지급시기 내용에 따르면 만기이자지급식은 만기 시에 이자를 단리로 계산해 원금과 함께 지급한다. 따라서 3년의 만기가 지나면 $20,500 \times 3 = 61,500$원의 이자를 얻을 수 있다.

04
정답 ③

먼저 A씨의 퇴직금을 구하기 위해서는 1일 평균임금을 구해야 한다. 3개월간 임금총액은 $6,000,000 + 720,000 = 6,720,000$원이고, 1일 평균임금은 $6,720,000$원 $\div 80$일$= 84,000$원이다.
따라서 A씨가 받는 퇴직금은 $84,000$원$\times 30$일$\times (730 \div 365) = 5,040,000$원이다.

05

주어진 조건에 따르면 김씨는 남매끼리 서로 인접하여 앉을 수 없으며, 박씨와도 인접하여 앉을 수 없으므로 김씨 여성은 왼쪽에서 첫 번째 자리에만 앉을 수 있다. 또한, 박씨 남성 역시 김씨와 인접하여 앉을 수 없으므로 왼쪽에서 네 번째 자리에만 앉을 수 있다. 나머지 자리는 최씨 남매가 모두 앉을 수 있으므로 6명이 앉을 수 있는 경우는 다음과 같다.

ⅰ) 경우 1

김씨 여성	최씨 여성	박씨 여성	박씨 남성	최씨 남성	김씨 남성

ⅱ) 경우 2

김씨 여성	최씨 남성	박씨 여성	박씨 남성	최씨 여성	김씨 남성

따라서 경우 1과 경우 2 모두 최씨 남매는 왼쪽에서 첫 번째 자리에 앉을 수 없다.

오답분석
② 어느 경우에도 최씨 남매는 인접하여 앉을 수 없다.
③ 박씨 남매는 항상 인접하여 앉는다.
④ 최씨 남성은 박씨 여성과 인접하여 앉을 수도 있고 인접하여 앉지 않을 수도 있다.
⑤ 김씨 여성은 최씨 여성과 인접하여 앉을 수도 있고 인접하여 앉지 않을 수도 있다.

06

정답 ③

우리나라가 지식 기반 산업 위주의 사회로 바뀌면서 내부 노동시장에 의존하던 인력 관리 방식이 외부 노동시장에서의 채용으로 변화함에 따라 지식 격차에 의한 소득 불평등과 국가 간 경제적 불평등 현상이 심화되고 있다고 말하고 있다.

오답분석
① 정보통신 기술을 통해, 전 지구적 노동시장이 탄생하여 기업을 비롯한 사회 조직들이 국경을 넘어 인력을 충원하고 재화와 용역을 구매하고 있다고 언급했다. 하지만 이러한 국가 간 노동 인력의 이동이 가져오는 폐해에 대해서는 언급하고 있지 않다.
② 지식 기반 경제로의 이행은 지식 격차에 의한 소득 불평등 심화 현상을 일으킨다. 하지만 이것에 대한 해결책은 언급하고 있지 않다.
④ 생산 기능은 저개발국으로 이전되고 연구 개발 기능은 선진국으로 모여들어 정보 격차가 확대되고 있다. 하지만 국가 간의 격차 축소 정책의 필요성은 언급하고 있지 않다.
⑤ 사회 불평등 현상은 지식 기반 산업 위주로 변화하는 국가에서 나타나거나 나라와 나라 사이에서 나타나기도 한다. 본문에 언급한 내용이지만 전체 주제를 포괄하고 있지 않으므로 적절하지 않다.

07

정답 ②

CD(양도성 예금증서)는 은행의 정기예금에 양도성을 부여한 것으로, 은행이 발행하고 증권회사와 종합 금융회사의 중개를 통해 매매된다.

오답분석
① CP(기업어음) : 기업체가 자금 조달을 목적으로 발행하는 어음
③ RP(환매조건부채권) : 금융기관이 일정 기간 후 확정 금리를 보태어 되사는 조건으로 발행하는 채권
④ CMA(어음관리계좌) : 고객의 예탁금을 어음 및 국공채 등 단기금융상품에 직접 투자하여 운용한 후 그 수익을 고객에게 돌려주는 실적배당 금융상품
⑤ ABCP(자산담보부기업어음) : 유동화 전문회사인 특수목적회사(SPC)가 자산을 담보로 발행하는 기업어음

08

정답 ④

제시문은 우리 몸의 면역 시스템에서 중요한 역할을 하는 킬러 T세포가 있음을 알려주고, 이것의 역할과 작용 과정을 차례로 설명하며 마지막으로 킬러 T세포의 의의에 대해 이야기하는 글이다. 따라서 (라) 우리 몸의 면역 시스템에 중요한 역할을 하는 킬러 T세포 – (가) 킬러 T세포의 역할 – (마) 킬러 T세포가 작용하기 위해 거치는 단계 – (다) 킬러 T세포의 작용 과정 – (나) 킬러 T세포의 의의 순으로 나열되어야 한다.

09

정답 ③

중국의 원/위안 값은 매 분기 증가하고 있다. 이는 같은 위안으로 환전할 때, 더 많은 원화가 필요하다는 뜻이므로 원화의 가치는 내려가고 위안화의 가치는 증가하였다는 뜻이다.

10

정답 ②

2023년 2분기의 미국 환율은 1,300원/달러이고, 독일 환율은 1,420원/유로이다.

따라서 $1{,}300{,}000$달러$\times \dfrac{1{,}300원}{1달러} \times \dfrac{1유로}{1{,}420원}$

$= \dfrac{1{,}300{,}000 \times 1{,}300}{1{,}420} ≒ 1{,}190{,}140.85$유로이다.

11

정답 ①

2023년 1분기의 일본 환율은 910원/엔이므로 $\dfrac{1{,}800{,}000}{910} ≒$ 1,978.02엔이다.
2023년 4분기의 일본 환율은 907원/엔이므로 $1{,}978.02 \times 907 ≒$ 1,794,064.14원이다.
따라서 S씨는 $1{,}800{,}000 - 1{,}794{,}064.14 = 5{,}935.86$원 ≒ 6,000원 손해를 보았다.

12
정답 ②

11월의 마지막 날은 30일이기 때문에 ⓐ는 30이다.
지수는 짝수일마다 10,000원씩 저축하므로, 홀수일에는 저축하지 않고 다음 날로 넘어가야 한다. 따라서 ⓑ는 Yes, ⓒ는 No이다.

13
정답 ①

ㄱ. 34세로 소득 7분위인 갑의 경우 X학자금의 대출 조건인 신청 연령(35세 이하)과 가구소득 기준(1 ~ 8분위)을 만족하고, 직전 학기에 14학점을 이수하여 평균 B학점을 받았다. 따라서 성적 기준(직전 학기 12학점 이상 이수 및 평균 C학점 이상)까지 모두 만족하여 X학자금 대출을 받을 수 있다.
ㄴ. X학자금 대출의 한 학기당 대출한도는 소요되는 등록금 전액과 생활비 150만 원이므로 을은 한 학기의 등록금 300만 원과 생활비 150만 원을 더한 총 450만 원을 대출받을 수 있다.

오답분석

ㄷ. Y학자금 대출 신청대상의 신용 요건에 따르면 금융채무불이행자나 저신용자는 대출이 불가능하므로 옳지 않다.
ㄹ. X학자금 대출의 경우 졸업 후 기준소득을 초과하는 소득이 발생하지 않았다면 상환이 유예되나, Y학자금 대출의 경우는 소득과 관계없이 졸업 직후 매월 대출금을 상환해야 한다. 따라서 졸업 후 소득 발생 전, X학자금 대출과 Y학자금 대출의 매월 상환금액이 같다는 것은 옳지 않다.

14
정답 ①

우리나라의 ○○버거 가격 2,500원을 시장 환율 1,250원으로 나누면 2달러가 나온다. 이는 우리나라의 ○○버거 가격이 미국의 ○○버거 가격보다 0.5달러 싸다는 것을 뜻한다.
따라서 원화가 저평가되어 있음을 의미한다.

15
정답 ③

ㄴ. 환율이 상승하면 수출업자는 수출의 대가로 같은 금액의 외화를 받더라도 원화로 따지면 더 큰 금액을 받는 셈이 되므로 수출품을 이전보다 싼 가격에 팔 수 있게 된다. 그 결과 수출량이 늘어나게 된다. 따라서 국제수지 개선을 이룰 수 있다.
ㄷ. 환율이 상승하면 원화의 가치가 떨어지게 되므로 외국인 관광객의 입장에서는 싼 값에 한국을 여행할 수 있게 된다. 따라서 국내를 여행하는 외국인 관광객이 증가한다.

오답분석

ㄱ. 환율이 오르면 우리나라에서 판매 중인 수입품의 가격은 상승한다.
ㄹ. 환율이 오르면 같은 금액의 원화로 살 수 있는 외화의 금액이 적어지기 때문에 외국을 여행하는 내국인이 감소한다.

16
정답 ④

10원짜리와 100원짜리는 0개, 1개, 2개의 3가지 방법으로, 50원짜리와 500원짜리는 0개, 1개의 2가지 방법으로 지불할 수 있다.
또 각각의 경우는 금액이 중복되지 않으므로 지불할 수 있는 금액의 경우의 수는 $3 \times 2 \times 3 \times 2 = 36$가지이다.
이때 0원을 지불하는 것은 제외해야 하므로 지불할 수 있는 금액의 경우의 수는 총 35가지이다.

17
정답 ⑤

평균 비용이 한계 비용보다 큰 경우, 공공요금을 평균 비용 수준에서 결정하면 수요량이 줄면서 거래량이 따라 줄고, 결과적으로 생산량도 감소한다. 이는 사회 전체의 관점에서 볼 때 자원이 효율적으로 배분되지 못하는 상황이므로 ⑤는 제시문의 내용으로 적절하지 않다.

오답분석

①·②는 첫 번째 문단, ③은 두 번째 문단, ④는 마지막 문단에서 확인할 수 있다.

18
정답 ⑤

최고기온(B2 : B8)에서 최저기온(C2 : C8)을 뺀 값 중 가장 큰 값을 함수 ▲를 사용해서 구하는 수식이다.

오답분석

① 월요일의 최저기온 합을 구하는 수식이다.
② 월요일의 일교차를 구하는 수식이다.
③ 월요일의 최고기온과 최저기온 합을 구하는 수식이다.
④ 최고기온(B2 : B8)에서 최저기온(C2 : C8)을 뺀 값 중 가장 작은 값을 구하는 수식이다.

19
정답 ②

직장인 H가 S은행 적금 베스트 3종 가입 시 우대금리까지 고려하여 적용되는 금리는 다음과 같다.

구분	적용되는 우대금리	최종 적용 금리
S직장인 월 복리 적금	– 급여이체 여성 연계상품 : 0.3%p – 당행 적립식 펀드 1개 이상 가입 : 0.2%p	1.8+0.3+0.2=2.3%
e금리 우대적금	– 급여이체 여성 연계상품 : 0.1%p – 당행 신용 또는 체크카드 사용 : 0.1%p – 당행 적립식 펀드 1개 이상 가입 : 0.2%p	2.2+0.1+0.1+0.2=2.6%
S쏠쏠 적금	– 급여이체 여성 연계상품 : 0.1%p – S쏠쏠 신용카드 실적 월 30만 원 이상 50만 원 미만 : 0.1%p	1.8+0.1+0.1=2.0%

e금리우대적금과 S쏠쏠적금은 같은 연 복리 적금 상품이고, 가입기간과 금액이 같으므로 최종 적용금리가 더 높은 e금리우대적금의 이자와 S직장인 월 복리 적금의 이자금액만 비교해보면 다음과 같다.

구분	이자금액
S직장인 월 복리 적금	$300,000 \times \dfrac{\left(1+\dfrac{0.023}{12}\right)\left\{\left(1+\dfrac{0.023}{12}\right)^{24}-1\right\}}{\dfrac{0.023}{12}}$ $-300,000 \times 24$ $=300,000 \times \dfrac{1.0019 \times 0.047}{0.0019}-7,200,000$ $\fallingdotseq 300,000 \times 24.78-7,200,000=234,000$원
e금리 우대적금	$300,000 \times \dfrac{(1+0.026)^{\frac{1}{12}}\left\{(1+0.026)^{\frac{24}{12}}-1\right\}}{(1+0.026)^{\frac{1}{12}}-1}$ $-300,000 \times 24$ $=300,000 \times \dfrac{1.002 \times (1.05-1)}{0.002}-7,200,000$ $=300,000 \times 25.05-7,200,000=315,000$원

따라서 e금리우대적금이 315,000원으로 가장 많은 이자를 받을 수 있다.

20
정답 ②

2023년의 전년 대비 신규법인 수가 가장 많이 증가한 지역은 75개가 증가한 아시아로 2023년 투자금액은 전체 지역 중에서 가장 많다.

오답분석

① 2022년 전체 송금횟수 중 북미와 중남미에서 송금한 횟수의 비율은 $\dfrac{2,621+813}{15,903} \times 100 \fallingdotseq 21.6\%$로, 2023년의 비율인 $\dfrac{2,638+865}{16,949} \times 100 \fallingdotseq 20.7\%$보다 높다.

③ 2022년 아시아 신고금액은 대양주, 중동, 아프리카의 신고금액을 합한 것보다 $15,355,762-(1,110,459+794,050+276,180)=15,355,762-2,180,689=13,175,073$천 달러 많다.

④ 2023년 전년 대비 신고건수 비율이 세 번째로 높은 증가율을 보인 지역은 약 16.5% 증가한 중남미이다.

⑤ 유럽의 2022년 신고건수당 신고금액은 $\dfrac{8,523,533}{966} \fallingdotseq 8,823.5$ 천 달러/건이고, 2023년에는 $\dfrac{14,348,891}{1,348} \fallingdotseq 10,644.6$천 달러/건으로 2022년이 2023년보다 1,821.1천 달러 적다.

21
정답 ⑤

E주임이 1열 A석에 앉는다면 B대리는 1열 B석에 앉게 된다. 또한 G사원은 C대리가 앉은 2열보다 앞쪽에 앉아야 하므로 1열 C석에 앉게 된다. 따라서 ⑤는 반드시 참이다.

오답분석

① E주임은 B대리의 옆 좌석에만 앉으면 되므로 B대리가 1열 B석에 앉으면 E주임은 1열 A석에 앉을 수 있다.

② A과장이 3열 A석에 앉더라도 3열 B석에는 F주임이 아닌 D주임이 앉을 수도 있다.

③ 1열에는 B대리와 E주임이 이웃해 앉아야 하므로 G사원은 1열 B석에 앉을 수 없다. 따라서 F주임이 2열 B석에 앉게 되더라도 서로 이웃해 앉는 경우는 발생하지 않는다.

④ A과장이 3열 A석에 앉는다면, D주임과 F주임은 2열 B석과 3열 B석에 나누어 앉게 되므로 이웃해 앉게 된다.

22
정답 ④

두 번째 문단에 따르면 전문 화가들의 그림보다 문인사대부들의 그림을 더 높이 사는 풍조는 동양 특유의 문화 현상에서만 나타나는 것이므로 서양 문화에서는 전문 화가들의 그림을 더 높게 평가하였을 것이다.

오답분석

① 문인사대부들은 정교한 기법이나 기교에 바탕을 둔 장식적인 채색풍을 멀리하였고, 동기창(董其昌)은 정통적인 화공보다 이러한 문인사대부들의 그림을 더 높이 평가하였으므로 옳지 않다.

② 두 개의 회화적 전통이 성립된 곳이 오로지 극동 문화권뿐이라고 하였으므로 옳지 않다.

③ 문방사우를 이용해 그린 문인화(文人畵)는 화공들이 아닌 문인사대부들이 주로 그렸다.

⑤ 동양 문화를 대표하는 지·필·묵은 동양 문화 내에서 사유 매체로서의 기능을 담당한 것이므로 옳지 않다.

23
정답 ③

오답분석

① 총공급곡선이 우상향 형태일 때 물가수준이 하락하면 총공급곡선 자체가 이동하는 것이 아니라 총공급곡선상에서 좌하방으로 이동한다.

② 확장적 재정정책을 실시하면 이자율이 상승하여 민간투자가 감소하는 구축효과가 발생하게 되는데, 변동환율제도하에서는 확장적 재정정책을 실시하면 환율하락으로 인해 추가적으로 총수요가 감소하는 효과가 발생한다. 즉, 확장적 재정정책으로 이자율이 상승하면 자본유입이 이루어지므로 외환의 공급이 증가하여 환율이 하락한다. 따라서 평가절상이 이루어지면 순수출이 감소하므로 폐쇄경제에서보다 총수요가 더 큰 폭으로 감소한다.

④ 장기균형 상태에 있던 경제에 원유가격이 일시적으로 상승하면 단기에는 물가가 상승하고 국민소득이 감소하지만 장기적으로는 원유가격이 하락하여 총공급곡선이 다시 오른쪽으로 이동하므로 물가와 국민소득은 변하지 않는다.

⑤ 단기 경기변동에서 소비와 투자가 모두 경기순응적이며, 소비의 변동성은 투자의 변동성보다 작다.

24

ㄱ. • 2022년 한국 농경지 비율 : $\frac{1,644}{9,749} \times 100 ≒ 16.9\%$

• 2023년 중국 농경지 비율 : $\frac{135,697}{942,470} \times 100 ≒ 14.4\%$

따라서 두 비율의 차이는 16.9−14.4=2.5%p로 2%p 이상
이다.

ㄷ. 2023년 총면적이 전년 대비 증가한 국가는 한국이며, 전년 대비
2023년 한국의 농경지 면적은 감소, 비농경지는 증가하였다.

오답분석

ㄴ. 2022년 국가별 경지 비율은 각각 다음과 같다.

(단위 : %)

한국	중국	인도
$\frac{1,421}{9,749} \times 100$	$\frac{119,492}{942,470} \times 100$	$\frac{156,463}{297,319} \times 100$
≒14.6	≒12.7	≒52.6
일본	**필리핀**	**대만**
$\frac{4,184}{36,456} \times 100$	$\frac{5,590}{29,817} \times 100$	$\frac{589}{3,541} \times 100$
≒11.5	≒18.7	≒16.6

따라서 일본의 경지 비율이 가장 낮으며, 일본의 총면적에서
육지 면적 비율은 $\frac{36,456}{37,797} \times 100 ≒ 96.5\%$로 95% 이상이다.

ㄹ. 2023년 농경지가 전년 대비 감소한 국가는 '한국, 중국, 일
본, 대만' 4곳이며, 이 중 경지와 과수원 면적 모두 감소한
국가는 일본 1곳으로 50% 미만이다.

25

보완재는 두 가지 이상의 재화가 함께 사용됨으로써 효용을 얻을
수 있는 재화이다.

오답분석

② 데스크탑과 노트북은 서로 대체하여 사용할 수 있는 대체재이다.
③ 삼겹살과 상추는 보완재 관계이다.
④ 경찰서와 소방서는 배제성과 경합성이 없는 공공재이다.
⑤ 공기는 대가를 지불하지 않고 자유롭게 얻을 수 있는 자유재,
공원은 공공재이다.

26

최고기온과 최저기온의 차이가 가장 큰 값을 찾는 함수를 사용해야
한다. 이때 B2−C2, B3−C3, B4−C4, …, B13−C13의 최
댓값을 찾아야 하므로, B열에서 C열의 배열을 뺀 값을 배열로 설
정한 뒤 그 배열에서 최댓값을 구하는 배열함수를 적용해야 한다.
따라서 {=☆(B2:B13−C2:C13)}을 사용해야 한다.

오답분석

① [B2:B13]의 최댓값과 [C2:C13]의 최댓값의 차이를 구하는 함
수이다.
② ◇(B2:B13)값과 ◇(C2:C13)값은 배열이 아니므로 함수로 적
용되지 않고 텍스트로 처리된다.
③ [B2:B13]의 최댓값과 [C2:C13]의 최솟값의 차이를 구하는 함
수이다.
⑤ 배열끼리 계산한 값을 그대로 사용할 경우, 오류가 발생한다.

27

마지막 11번째 자리는 체크기호로 난수이다. 6 ~ 10번째 자리가
지점 내 발급 순서를 의미하므로 432번째에 개설된 당좌예금이다.

28

ㄱ. 제시된 자료를 통해 아파트단지, 놀이터, 공원의 경우 매년
감소하지 않는다는 것을 알 수 있다.

ㄷ. • 2022년 대비 2023년의 학교 안전지킴이집의 감소율 :

$\frac{7,700 - 7,270}{7,700} \times 100 ≒ 5.58\%$

• 2022년 대비 2023년의 유치원 안전지킴이집의 감소율 :

$\frac{1,381 - 1,373}{1,381} \times 100 ≒ 0.58\%$

따라서 0.58×10=5.8%이므로 2022년 대비 2023년의 학교
안전지킴이집의 감소율은 2022년 대비 2023년의 유치원 안
전지킴이집 감소율의 10배 미만이다.

ㄹ. • 2022년 전체 어린이 안전지킴이집에서 24시 편의점이 차지
하는 비중 : $\frac{2,528}{20,512} \times 100 ≒ 12.32\%$

• 2023년 전체 어린이 안전지킴이집에서 24시 편의점이 차지
하는 비중 : $\frac{2,542}{20,205} \times 100 ≒ 12.58\%$

따라서 24시 편의점이 차지하는 비중은 증가하였다.

오답분석

ㄴ. 2019년 대비 2023년의 선정업소 형태별로 감소한 어린이 안
전지킴이집의 감소량을 구하면 다음과 같다.

• 24시 편의점 : |2,542−3,013|=471개
• 약국 : |1,546−1,898|=352개
• 문구점 : |3,012−4,311|=1,299개
• 상가 : |6,770−9,173|=2,403개
• 기타 : |6,335−5,699|=636개

따라서 2019년 대비 2023년에 가장 많이 감소한 업소 형태는
상가이다.

29 정답 ④

첫 번째 문단에서 영업 비밀의 범위와 영업 비밀이 법적 보호 대상으로 인정받기 위해 일정 조건을 갖추어야 한다는 것은 언급하고 있으나 영업 비밀이 법적 보호 대상으로 인정받기 위한 절차는 언급되어 있지 않다.

오답분석

① 첫 번째 문단에서 '영업 비밀은 생산 방법, 판매 방법, 그 밖에 영업 활동에 유용한 기술상 또는 경영상의 정보 등'이라고 언급하고 있다.
② 첫 번째 문단과 두 번째 문단에서 최근 ICT 다국적 기업이 지식 재산으로 거두는 수입에 대한 과세 문제가 불거지고 있으며, 디지털세의 배경에는 법인세 감소에 대한 각국의 우려가 있다고 언급하고 있다.
③ 첫 번째 문단에서 법으로 보호되는 특허권과 영업 비밀은 모두 지식 재산이라고 언급하고 있다.
⑤ 마지막 문단에서 지식 재산 보호의 최적 수준은 유인 비용과 접근 비용의 합이 최소가 될 때라고 언급하고 있다.

30 정답 ①

세 번째 문단에 따르면 ICT 다국적 기업이 여러 국가에 자회사를 설립하는 방식은 디지털세 때문이 아니고 법인세를 피하기 위해서이다.

오답분석

② 두 번째 문단에서 '디지털세는 이를 도입한 국가에서 ICT 다국적 기업이 거둔 수입에 대해 부과되는 세금'이라고 언급하고 있다.
③ 첫 번째 문단과 두 번째 문단에 따르면 일부 국가에서 디지털세 도입을 진행하는 것은 지식 재산 보호를 위해서가 아니라 ICT 다국적 기업이 지식 재산으로 거두는 수입에 대한 과세 문제를 해결하기 위해서이다.
④ 두 번째 문단에 '디지털세의 배경에는 법인세 감소에 대한 각국의 우려가 있다.'는 내용이 나와 있다.
⑤ 세 번째 문단에서 ICT 다국적 기업의 본사를 많이 보유한 국가 중 어떤 국가들은 디지털세 도입에는 방어적이라고 언급하고 있다.

31 정답 ②

최저임금이 W_2로 오르면 공급(S)은 늘어나고 수요(D)는 줄어든다. 이는 초과공급이 발생하는 것으로 기업이 필요로 하는 노동자 수는 줄어드는 한편 고용되기를 원하는 사람은 많아지는 것이다. 따라서 W_2를 최저임금으로 할 때, 일을 원하는 사람은 L_2이고, 기업이 고용할 수 있는 사람은 L_1이므로 비자발적 실업자 수는 $L_2 - L_1 = 80 - 20 = 60$명임을 알 수 있다.

32 정답 ②

각국에서 출발한 직원들이 국내(대한민국)에 도착하는 시간을 계산하기 위해서는 먼저 시차를 구해야 한다. 동일시점에서의 각국의 현지시각을 살펴보면 국내의 시각이 가장 빠르다는 점을 알 수 있다. 즉, 국내의 현지시각을 기준으로 각국의 현지시각을 빼면 시차를 구할 수 있다. 시차는 계산 편의상 24시를 기준으로 한다.

구분	계산식	시차
대한민국 ~ 독일	(6일 06:20)−(5일 23:20)	7시간
대한민국 ~ 인도	(6일 06:20)−(6일 03:50)	2시간 30분
대한민국 ~ 미국	(6일 06:20)−(5일 17:20)	13시간

각국의 직원들이 국내에 도착하는 시간은 출발지 기준 이륙시각에서 비행시간과 시차를 더하여 구할 수 있다. 시차는 계산 편의상 24시를 기준으로 한다.

구분	계산식	대한민국 도착시각
독일	(6일 16:20)+(11:30)+(07:00)	7일 10:50
인도	(6일 22:10)+(08:30)+(02:30)	7일 09:10
미국	(6일 07:40)+(14:00)+(13:00)	7일 10:40

따라서 인도에서 출발하는 직원이 가장 먼저 도착하고, 미국 – 독일 순서로 도착하는 것을 알 수 있다.

33 정답 ②

제시된 조건에 따르면, 1층에는 남성인 주임을 배정해야 하므로 C주임이 배정된다. 그러면 3층에 배정 가능한 직원은 남성인 B사원 또는 E대리이다. 먼저 3층에 B사원을 배정하는 경우, 5층에는 A사원이 배정된다. 그리고 D주임은 2층에, E대리는 이보다 위층인 4층에 배정된다. 다음으로 3층에 E대리를 배정하는 경우, 5층에 A사원이 배정되면 4층에 B사원이 배정되고, 5층에 B사원이 배정되면 4층에 A사원이 배정된다. 그리고 D주임은 항상 E대리보다 아래층인 2층에 배정된다. 이를 정리하면 다음과 같다.

층수	경우 1	경우 2	경우 3
5층	A사원	A사원	B사원
4층	E대리	B사원	A사원
3층	B사원	E대리	E대리
2층	D주임	D주임	D주임
1층	C주임	C주임	C주임

따라서 5층에 A사원이 배정되더라도, 4층에는 B사원이 아닌 E대리가 배정될 수도 있다.

오답분석

① D주임은 항상 2층에 배정된다.
③・⑤ 5층에 B사원이 배정되면 3층에는 E대리, 4층에는 A사원이 배정된다.
④ C주임은 항상 1층에 배정된다.

34
정답 ④

IS–LM 모형은 이자율과 국민소득 간의 관계를 분석하는 경제모형이다. 이 모형은 물가가 고정되어 있다는 한계점을 가지고 있긴 하나, 여전히 유용한 경제모형으로 활용되고 있다. IS 곡선은 생산물시장의 균형을 달성하는 이자율과 국민소득을 나타내며, LM 곡선은 화폐시장의 균형을 달성하는 이자율과 국민소득을 나타낸다. IS–LM에서 균형이 Y=25, r=2.5이고, 현재 Y=30, r=2.5이므로, 현재상태가 IS 곡선 상방에 있어 상품시장에서 초과공급, LM 곡선 하방에 있어 화폐시장에서 초과수요이다.

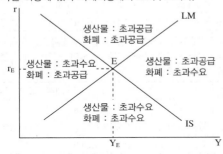

35
정답 ③

F카드는 전월 52만 원을 사용했을 때 K통신에 대한 할인금액이 15,000원으로 가장 많다.

오답분석
① S통신을 이용할 경우 가장 많은 통신비를 할인받을 수 있는 제휴카드는 C카드이다.
② 전월에 33만 원을 사용했을 경우 L통신 할인금액은 G카드는 1만 원, D카드는 9천 원이므로 G카드가 더 많다.
④ C카드는 전월 카드 1회 사용 시 5천 원 할인이 가능하다.
⑤ 전월 23만 원을 사용했을 경우 K통신 통신비를 할인받을 수 있는 제휴카드는 없다.

36
정답 ②

마지막 문단에서 기존 라이프로그 관리 시스템들은 총체적인 라이프 이벤트 관리와 관계 데이터 모델 기반의 라이프로그 관리 시스템 및 그 응용 기능은 제공하지 않지만, 라이프로그 그룹을 생성하고 브라우징하기 위한 간단한 기능은 제공한다고 이야기하고 있다. 따라서 기존의 라이프로그 관리 시스템이 라이프로그 그룹 생성 기능을 이미 갖추고 있는 것으로 추론할 수 있으므로 ②는 적절하지 않다.

오답분석
① 첫 번째 문단에 따르면 센서 기술의 발달로 건강상태를 기록하는 라이프로그가 생겨나고 있다. 이러한 라이프로그는 헬스케어 분야에서 활용될 수 있을 것으로 추론할 수 있다.
③ 첫 번째 문단에서 라이프로그 관리의 중요성에 대한 인식이 확산됨에 따라 효과적인 라이프로그 관리 시스템들이 제안되었다는 것을 통해 사람들이 라이프로그 관리의 중요성을 인식하고 있음을 추론할 수 있다.

④ 마지막 문단에 따르면 기존 라이프로그 관리 시스템에서는 추가 정보를 간단히 태깅하는 기능만을 제공할 뿐 기존 태그 정보를 수정하는 방법을 제공하지 않는다. 따라서 기존 라이프로그 관리 시스템은 태깅된 정보 수정에 한계가 있음을 추론할 수 있다.
⑤ 마지막 문단에 따르면 사람들이 더욱 관심을 가지는 것은 기억에 남는 다양한 사건들로, 이러한 사람들의 요구사항을 충족시키기 위해 개별 라이프로그 관리에서 한발 더 나아가야 한다는 내용을 통해 점차 라이프로그 간의 관계에 대한 관리가 중요해질 것을 추론할 수 있다.

37
정답 ③

정규근로시간 외에 초과근무가 있는 날의 시간외근무시간을 구하면 다음과 같다.

근무 요일	초과근무시간			1시간 공제
	조기출근	야근	합계	
1 ~ 15일	–	–	–	770분
18일(월)	–	70분	70분	10분
20일(수)	60분	20분	80분	20분
21일(목)	30분	70분	100분	40분
25일(월)	60분	90분	150분	90분
26일(화)	30분	160분	190분	130분
27일(수)	30분	100분	130분	70분
합계				1,130분

∴ 1,130분=18시간 50분
따라서 월 단위 계산 시 1시간 미만은 절사하므로 시간외근무수당은 7,000원×18시간=126,000원이다.

38
정답 ①

클레임 사유(C2 : C7) 중 '지연("*지연*")'이 포함된 경우가 몇 건인지 세는 수식이다.

오답분석
② 클레임 사유(C2 : C7) 중 '지연("지연*")'으로 시작하는 경우가 몇 건인지 세는 수식이다.
③ 클레임 사유(C2 : C7)에서 오른쪽을 기준으로 두 글자를 반환하는 수식이다.
④ 클레임 사유(C2 : C7)에서 오른쪽을 기준으로 반환한 두 글자가 '지연'일 경우 '+1'을, 그렇지 않으면 공백을 출력하는 수식이다.
⑤ 클레임 사유(C2 : C7)에서 오른쪽을 기준으로 반환한 두 글자가 '지연'일 경우 공백을, 그렇지 않으면 '+1'을 출력하는 수식이다.

39 정답 ①

제시문은 케인스가 주장하였던 유동성 함정(Liquidity Trap)의 상황이다. 유동성 함정이란 시장에 현금이 흘러 넘쳐 구하기 쉬운데도 기업의 생산·투자와 가계의 소비가 늘지 않아 경기가 나아지지 않고, 마치 경제가 함정(Trap)에 빠진 것처럼 보이는 상황을 말한다. 유동성 함정에서는 금리를 아무리 낮추어도 실물경제에 영향을 미치지 못하게 된다.

40 정답 ②

예금 업무를 보려는 사람들의 대기 순번과 공과금 업무를 보려는 사람들의 대기 순번은 별개로 카운트된다. A는 예금 업무이고, A보다 B가 늦게 발권하였으나 대기번호는 A보다 빠른 4번이므로 B는 공과금 업무를 보려고 한다는 사실을 알 수 있다. 그리고 1인당 업무 처리 시간은 모두 동일하게 주어지므로 주어진 조건들을 표로 정리하면 다음과 같다.

예금 창구		공과금 창구	
대기번호 2번	업무진행 중	대기번호 3번	업무진행 중
대기번호 3번	–	대기번호 4번	B
대기번호 4번	–	대기번호 5번	C
대기번호 5번	E	대기번호 6번	–
대기번호 6번	A	대기번호 7번	–
대기번호 –번	D	대기번호 8번	–

따라서 대기자 중 업무를 보는 순서는 B – C – E – A – D이다.

41 정답 ①

직원 A~E 중 직원 C는 직원 E의 성과급이 늘었다고 하였고, 직원 D는 직원 E의 성과급이 줄었다고 하였으므로 직원 C와 D 중 1명은 거짓말을 하고 있다.

ⅰ) 직원 C가 거짓말을 하고 있는 경우
   직원 B – A – D 순으로 성과급이 늘었고, 직원 E와 C는 성과급이 줄어들었다.

ⅱ) 직원 D가 거짓말을 하고 있는 경우
   직원 B – A – D 순으로 성과급이 늘었고, 직원 C와 E도 성과급이 늘었지만, 순위는 알 수 없다.

따라서 어떤 경우이든 직원 B의 성과급이 가장 많이 올랐음을 알 수 있다.

42 정답 ③

통화승수는 통화량을 본원통화로 나눈 값이다.

[통화승수(m)] $= \dfrac{1}{c + z(1-c)}$ 이므로, 현금통화비율(c)이 하락하거나 지급준비율(z)이 낮아지면 통화승수가 커진다.

43 정답 ③

오답분석

① 삼강령과 팔조목은 『대학』이 『예기』의 편명으로 있었을 때에는 사용되지 않았으나, 『대학』이 사서의 하나로 격상되면서부터 사용되기 시작했다고 하였다.

② 삼강령과 팔조목은 종적으로 서로 밀접한 관계를 형성하고 있어 한 항목이라도 없으면 과정에 차질이 생기는 것은 옳으나, 횡적으로는 서로 독립된 항목이라 보고 있다.

④ 백성의 명덕을 밝혀 백성과 한마음이 되는 것은 제가·치국·평천하이다.

⑤ 팔조목은 반드시 순서에 따라 이루어지는 것은 아니며, 서로 유기적으로 연관되어 있는 것이므로 함께 또는 동시에 갖추어야 할 실천 항목이라 볼 수 있다고 하였다.

44 정답 ②

2023년 사용자별 지출액의 전년 대비 증가율은 다음과 같다.

- 공공사업자 : $\dfrac{783 - 736}{736} \times 100 = 6.4\%$

- 민간사업자 : $\dfrac{567 - 372}{372} \times 100 = 52.4\%$

- 개인 : $\dfrac{1,294 - 985}{985} \times 100 = 31.4\%$

따라서 민간사업자의 증가율이 가장 높다.

오답분석

① 2021 ~ 2023년 동안 공공사업자 지출액의 전년 대비 증가폭은 2021년에 683-634=49억 원, 2022년 736-683=53억 원, 2023년 783-736=47억 원으로 2022년 지출액의 전년 대비 증가폭이 가장 크다.

③ 2021 ~ 2023년 동안 사용자별 지출액의 전년 대비 증가율은 다음과 같다.

구분	공공사업자	민간사업자	개인
2021년	$\dfrac{683-634}{634} \times 100 = 7.7\%$	$\dfrac{280-212}{212} \times 100 = 32.1\%$	$\dfrac{725-532}{532} \times 100 = 36.3\%$
2022년	$\dfrac{736-683}{683} \times 100 = 7.8\%$	$\dfrac{372-280}{280} \times 100 = 32.9\%$	$\dfrac{985-725}{725} \times 100 = 35.9\%$
2023년	$\dfrac{783-736}{736} \times 100 = 6.4\%$	$\dfrac{567-372}{372} \times 100 = 52.4\%$	$\dfrac{1,294-985}{985} \times 100 = 31.4\%$

따라서 전년 대비 증가율은 매년 공공사업자가 가장 낮다.

④ 공공사업자와 민간사업자의 지출액 합은 2020년 634+212=846억 원, 2021년 683+280=963억 원, 2022년 736+372=1,108억 원, 2023년 783+567=1,350억 원으로 매년 개인 지출액보다 크다.

⑤ 2023년 모든 사용자의 지출액 합은 2020년 대비 $\dfrac{2,644-1,378}{1,378} \times 100 = 91.9\%$의 증가율을 보인다.

45

정답 ①

모든 우대금리조건을 만족하므로 최대 연 0.3%p가 기본금리에 적용되어 $2.1+0.3=2.4$%가 된다.

n개월 후 연복리 이자는 (월납입금)$\times\dfrac{(1+r)^{\frac{n+1}{12}}-(1+r)^{\frac{1}{12}}}{(1+r)^{\frac{1}{12}}-1}$

$-$(적립원금)이므로, 이에 따른 식은 다음과 같다.

$200,000\times\dfrac{(1.024)^{\frac{13}{12}}-(1.024)^{\frac{1}{12}}}{(1.024)^{\frac{1}{12}}-1}-200,000\times12$

$=200,000\times1.0019\times\dfrac{1.024-1}{0.0019}-2,400,000$

$\fallingdotseq2,531,000-2,400,000=131,000$원

따라서 만기 시 A씨가 얻을 수 있는 이자는 131,000원이다.

46

정답 ⑤

월요일 시험 점수가 70점 이상이면 수요일 시험은 면제이므로 ⓐ는 '수요일 시험 면제'이다. 시험 1회에 10문제를 풀어야 하므로 문제를 푸는 반복문은 총 10번 실행되어야 한다. 따라서 ⓒ는 10이다. 반복문은 (월요일 시험에서 70점 이상을 못 넘어) 수요일에 시험을 본 학생들을 대상으로 실행되므로, ⓑ는 '수요일 시험 결과'가 들어가야 한다.

47

정답 ②

국내 금융기관에 대한 SWOT 분석 결과는 다음과 같다.

강점(Strength)	약점(Weakness)
• 높은 국내 시장 지배력 • 우수한 자산건전성 • 뛰어난 위기 관리 역량	• 은행과 이자 수익에 편중된 수익구조 • 취약한 해외 비즈니스와 글로벌 경쟁력
기회(Opportunities)	위협(Threats)
• 해외 금융시장 진출 확대 • 기술 발달에 따른 핀테크의 등장 • IT 인프라를 활용한 새로운 수익 창출	• 새로운 금융 서비스의 등장 • 글로벌 금융기관과의 경쟁 심화

ㄱ. SO전략은 강점을 살려 기회를 포착하는 전략으로, 강점인 국내 시장 점유율을 기반으로 핀테크 사업에 진출하려는 ㄱ은 적절한 SO전략으로 볼 수 있다.

ㄷ. ST전략은 강점을 살려 위협을 회피하는 전략으로, 강점인 우수한 자산건전성을 강조하여 글로벌 금융기관과의 경쟁에서 우위를 차지하려는 ㄷ은 적절한 ST전략으로 볼 수 있다.

오답분석

ㄴ. WO전략은 약점을 보완하여 기회를 포착하는 전략이다. 그러나 위기 관리 역량은 이미 국내 금융기관이 지니고 있는 강점에 해당하므로 WO전략으로 적절하지 않다.

ㄹ. 해외 비즈니스 역량을 강화하여 해외 금융시장에 진출하는 것은 약점을 보완하여 기회를 포착하는 WO전략에 해당한다.

48

정답 ①

제시문의 논지는 자신의 인지 능력이 다른 도구로 인해 보완되는 경우, 그 보강된 인지 능력도 자신의 것이라는 입장이다. 그런데 ①은 메모라는 다른 도구로 기억력을 보완했다고 하더라도 그것은 자신의 인지 능력이 향상된 것으로 볼 수 없다는 의미이므로, 제시문의 논지를 반박한다고 볼 수 있다.

49

정답 ②

항목별 환산점수 방법에 따라 점수를 부여하면 다음과 같다.

(단위 : 점)

적금 상품	대상 연령	입금가능 금액	만기 이자율	이자율 차이	만기 기간	만족도
A	4	2	4	$4-1=3$	2	2
B	5	5	1	$2.5-1$ $=1.5$	3	2
C	1	1	5	$5-2=3$	3	3
D	2	3	3	$3.5-0.5$ $=3$	2	1
E	3	4	2	$3-1=2$	3	3

- A적금 : $4+2+4+3+2+2=17$점
- B적금 : $5+5+1+1.5+3+2=17.5$점
- C적금 : $1+1+5+3+3+3=16$점
- D적금 : $2+3+3+3+2+1=14$점
- E적금 : $3+4+2+2+3+3=17$점

따라서 환산점수의 합이 가장 높은 적금상품은 B적금이다.

50

정답 ⑤

만 35세이므로 C적금은 제외되고, 만기기간이 짧은 적금은 2년 만기인 B, E적금이며 두 적금 모두 만족도는 보통 이상이다. 따라서 두 적금 중 만기이자율이 3%로 B적금보다 더 높은 E적금이 고객에게 가장 적절하다.

51

정답 ②

ㄱ. 온라인 도박 경험이 있다고 응답한 사람은 $59+16+8=83$명이다.

ㄷ. 온라인 도박 경험이 있다고 응답한 사람 중 오프라인 도박 경험이 있다고 응답한 사람의 비중은 $\dfrac{8}{83}\times100\fallingdotseq10$%이고, 전체 응답자 중 오프라인 도박 경험이 있다고 응답한 사람의 비중은 $\dfrac{16}{500}\times100=3.2$%이다. 따라서 옳은 내용이다.

ㄴ. 오프라인 도박에 대해 '경험은 없으나 충동을 느낀 적이 있음'으로 응답한 사람은 21+25+16=62명이므로 전체 응답자 500명의 10%인 50명을 초과한다. 따라서 옳지 않은 내용이다.

ㄹ. 온라인 도박과 오프라인 도박 모두에 대해 '경험이 없고 충동을 느낀 적도 없음'으로 응답한 사람이 250명, 즉 50%를 나타내고 있다. 그런데 온라인 도박에 대해 이같이 응답한 사람은 이보다 23명이 많으므로 당연히 전체 응답자에서 차지하는 비중은 50%를 넘는다. 따라서 옳지 않은 내용이다.

52 정답 ①

제시문은 코젤렉의 '개념사'에 대한 정의와 특징에 대한 글이다. 따라서 (라) 개념에 대한 논란과 논쟁 속에서 등장한 코젤렉의 개념사 – (가) 코젤렉의 개념사와 개념에 대한 분석 – (나) 개념에 대한 추가적인 분석 – (마) 개념사에 대한 추가적인 분석 – (다) 개념사의 목적과 코젤렉의 주장 순서대로 나열하는 것이 적절하다.

53 정답 ①

완전경쟁기업은 가격과 한계비용이 같아지는 점(P=MC)에서 생산하므로, 주어진 비용함수를 미분하여 한계비용을 구하면 MC=10Q이다. 시장전체의 단기공급곡선은 개별 기업의 공급곡선을 수평으로 합한 것이므로 시장전체의 단기공급곡선은 $P=\frac{1}{10}Q$로 도출된다. 따라서 시장수요함수와 공급함수를 연립해서 계산하면 350−60P=10P이므로 P=5이다.

54 정답 ③

스태그플레이션이란 '경기불황' 속에서 '인플레이션(물가상승)'이 동시에 발생하고 있는 상태를 일컫는 말이다.

55 정답 ①

전체 월급을 1이라고 하면 다음과 같다.

• 저금한 나머지 : $1-\frac{1}{4}=\frac{3}{4}$

• 모임회비와 월세 : $\frac{3}{4}\times\frac{1}{4}+\frac{3}{4}\times\frac{2}{3}=\frac{11}{16}$

• 모임회비와 월세를 낸 후 나머지 : $\frac{3}{4}-\frac{11}{16}=\frac{1}{16}$

• 부모님 용돈 : $\frac{1}{16}\times\frac{1}{2}=\frac{1}{32}$

• 생활비 : $\frac{1}{16}-\frac{1}{32}=\frac{1}{32}$

따라서 생활비는 월급의 $\frac{1}{32}$이다.

56 정답 ②

열차 2와 열차 3이 지나는 지역은 대전을 제외하고 중복되지 않는다고 했으므로, E의 고향은 대전이고, 열차 1은 대전을 경유한다. B가 탈 수 있는 열차는 열차 2뿐인데, 대전, 부산은 각각 E, A의 고향이므로, B의 고향은 춘천이다.

열차 1에는 D를 포함한 세 사람이 타는데, B는 열차 2를 이용하고, C는 D와 같이 탈 수 없다. 그러므로 A, D, E가 열차 1을 이용하고, C는 열차 3을 이용한다. 조건을 표로 정리하면 다음과 같다.

구분	경유지	탑승자
열차 1	대전, 대구, 부산 또는 대전, 광주, 부산	A, D, E
열차 2	대전, 춘천, 부산	B
열차 3	대전, 대구 또는 대전, 광주	C

따라서 열차 1은 대전, 대구, 부산 또는 대전, 광주, 부산을 경유하므로 ②가 옳지 않다.

57 정답 ①

(가) : 2020년 대비 2021년 의료 폐기물의 증감률로
$$\frac{48,934-49,159}{49,159}\times100 \fallingdotseq -0.5\%이다.$$

(나) : 2018년 대비 2019년 사업장 배출시설계 폐기물의 증감률로
$$\frac{123,604-130,777}{130,777}\times100 \fallingdotseq -5.5\%이다.$$

58 정답 ④

제시된 자료에서 '상품혜택' 빈칸에 해당하는 요소들을 관계식으로 나타내면 (최대소득공제한도)×(예상세율)=(최대절세효과)이며, 이에 따라 빈칸 (가), (나), (다)에 들어갈 내용을 관계식에 대입하여 구하면 다음과 같다.

(가)

− (가)×0.066=330,000 → (가)=$\frac{330,000}{0.066}$=5,000,000원

− (가)×0.165=825,000 → (가)=$\frac{825,000}{0.165}$=5,000,000원

(나) : 3,000,000×0.165=495,000원 ~ 3,000,000×0.385=1,155,000원

(다) : $\frac{770,000}{2,000,000}\times100$=38.5% ~ $\frac{924,000}{2,000,000}\times100$=46.2%

따라서 각 빈칸에 들어갈 알맞은 내용은 (가)는 500만 원, (나)는 495,000 ~ 1,155,000원, (다)는 38.5 ~ 46.2%이다.

59
정답 ④

먼저 층이 정해진 부서를 배치하고, 나머지 부서들의 층수를 결정해야 한다. 변경 사항에서 연구팀은 기존 5층보다 아래층으로 내려가고, 영업팀은 기존 6층보다 아래층으로 내려간다. 또한 생산팀은 연구팀보다 위층에 배치돼야 하지만 인사팀과의 사이에는 하나의 부서만 가능하므로 6층에 총무팀을 기준으로 5층 또는 7층에 배치가 가능하다. 그러므로 다음과 같은 4가지 경우가 나올 수 있다.

층수	경우 1	경우 2	경우 3	경우 4
7층	인사팀	인사팀	생산팀	생산팀
6층	총무팀	총무팀	총무팀	총무팀
5층	생산팀	생산팀	인사팀	인사팀
4층	탕비실	탕비실	탕비실	탕비실
3층	연구팀	영업팀	연구팀	영업팀
2층	전산팀	전산팀	전산팀	전산팀
1층	영업팀	연구팀	영업팀	연구팀

따라서 생산팀은 어느 경우에도 3층에 배치될 수 없다.

60
정답 ②

마지막 문단의 '미래의 어느 시점에 그 진술을 입증 또는 반증하는 증거가 나타날 여지가 있다면 그 진술은 유의미하다.'를 통해 반증할 수 있는 인과 진술 역시 유의미한 진술임을 알 수 있다.

오답분석

① 네 번째 문단에 따라 관련 법칙과 자료를 모르거나 틀린 법칙을 썼다고 해서 인과 진술이 무의미하다고 주장할 수는 없다.
③ 첫 번째 문단에서 '사건 X는 사건 Y의 원인이다.'라는 진술은 '사건 X는 사건 Y보다 먼저 일어났고, X로부터 Y를 예측할 수 있다.'를 뜻한다. 즉, 먼저 일어난 사건이 항상 원인이 된다.
④ 마지막 문단에 따르면 미래의 어느 시점에 그 진술을 입증 또는 반증하는 증거가 나타날 여지가 있다면 그 진술은 유의미하다.
⑤ 네 번째 문단에 따르면 관련 법칙과 자료를 지금 모두 알 수 없어도 우리는 여전히 유의미하게 인과 관계를 주장할 수 있다.

61
정답 ③

ㄱ. 'C는 D의 원인이다.'는 C로부터 D를 논리적으로 도출하기 위해 사용한 자료와 법칙이 모두 참이므로 유의미한 진술이다. 'A는 B의 원인이다.'의 경우 거짓 법칙과 자료를 사용하였지만, 거짓 법칙을 써서라도 A로부터 B를 논리적으로 도출할 수 있다면 이는 유의미한 진술이다.
ㄷ. 참인 법칙과 자료로부터 논리적으로 도출한 진술이므로 참된 진술로 입증될 수 있다.

오답분석

ㄴ. 진술이 참된 진술로 입증되려면 참인 법칙과 자료로부터 논리적으로 도출할 수 있어야 한다. 그러나 병호가 A로부터 B를 논리적으로 도출하기 위해 사용한 법칙과 자료는 거짓이므로 병호의 진술이 참인지 거짓인지는 판단할 수 없다.

62
정답 ②

8월 10일에 B부서의 과장이 연차이지만 마지막 조건에 따라 B부서와 C부서의 과장은 워크숍에 참여하지 않는다. 따라서 워크숍 기간으로 적절한 기간은 8월 9 ~ 10일이다.

오답분석

① 8월 6 ~ 7일은 부사장의 외부 일정으로 불가능하다.
③ 일요일(8월 15일)은 워크숍 일정에 들어갈 수 없다.
④ 8월 19일은 회식 전날이므로 불가능하다.
⑤ 8월 31일은 부사장의 외부 일정이 있으므로 불가능하다.

63
정답 ③

(나)의 설립 목적은 신발을 신지 못한 채 살아가는 아이들을 돕기 위한 것이었고, 이러한 설립 목적은 가난으로 고통받는 제3세계의 아이들이라는 코즈(Cause)와 연계되어 소비자들은 제품 구매 시 만족감과 충족감을 얻을 수 있었다.

오답분석

①·⑤ 코즈 마케팅은 기업이 추구하는 사익과 사회가 추구하는 공익을 동시에 얻는 것을 목표로 하므로 기업의 실익을 얻으면서 공익과의 접점을 찾는 마케팅 기법으로 볼 수 있다.
②·④ 코즈 마케팅은 기업의 노력에 대한 소비자의 호의적인 반응과 그로 인한 기업의 이미지가 제품 구매에 영향을 미친다. 즉, 기업과 소비자의 관계가 중요한 역할을 하므로 소비자의 공감을 얻어낼 수 있어야 성공적으로 적용할 수 있다.

64
정답 ⑤

ㄴ. 입찰가격 평가방법에 따르면 입찰가격이 추정가격의 60% 미만일 경우에 가장 높은 평점을 받을 수 있다. 따라서 한 업체가 추정가격의 80% 미만으로 입찰하였더라도 다른 업체가 추정가격의 60% 미만으로 입찰한다면 가장 높은 점수를 받을 수 없게 된다.
ㄷ. 먼저 B업체의 입찰가격 3억 2천만 원은 추정가격의 80%이므로 $20 \times \left(\dfrac{\text{최저 입찰가격}}{\text{추정가격의 80\%}} \right)$의 평점을 받을 수 있으며,

A업체의 입찰가격은 추정가격의 60% 미만이므로

$20 \times \left(\dfrac{\text{최저 입찰가격}}{\text{추정가격의 80\%}} \right)$의 평점을 받을 수 있으며,

A업체의 입찰가격은 추정가격의 60% 미만이므로

$20 \times \left(\dfrac{\text{최저 입찰가격}}{\text{추정가격의 80\%}} \right)$

$+ \left\{ 2 \times \left(\dfrac{\text{추정가격의 80\%} - \text{추정가격의 60\%}}{\text{추정가격의 80\%} - \text{추정가격의 60\%}} \right) \right\}$

$= 20 \times \left(\dfrac{\text{최저 입찰가격}}{\text{추정가격의 80\%}} \right) + 2$의 평점을 받을 수 있다.

따라서 A업체가 B업체보다 2점의 점수를 더 받을 수 있으며, 이와 마찬가지로 C업체도 B업체보다 최대 2점까지의 점수만 더 받을 수 있다. 이때, A업체와 B업체는 기술능력 평가에서 각각 69점과 70점을 받았으므로 입찰가격 평가점수를 합하면

A업체의 총점수가 B업체보다 1점 더 높다. 따라서 C업체의 입찰가격과 관계없이 B업체가 아닌 A업체가 우선협상 대상자가 된다.

오답분석

ㄱ. B업체가 세 업체 중에 가장 낮은 가격으로 입찰하면, B업체의 입찰가격이 추정가격의 80% 이상인 경우 B업체는 20점 만점을 받으며, B업체의 입찰가격이 추정가격의 80% 미만인 경우에도 B업체가 가장 높은 점수를 받는다. 이때, 기술능력 평가에서 A업체와 B업체, C업체는 각각 69점, 70점, 64점을 받았으므로 B업체는 항상 우선협상 대상자가 된다.

65 정답 ③

- 5월 4일 지인에게 1,000만 원을 달러로 송금

  1,000만 원÷1,140.20=8,770달러(∵ 소수점 이하는 버림, 환전수수료 없음)

- 5월 20일 지인으로부터 투자수익률 10%와 원금을 받음

  8,770×(1+0.1)=9,647달러

- 5월 20일 환전함

  9,647×1,191.50≒11,494,400원(∵ 소수점 이하는 버림, 환전수수료 없음)

- 투자수익률 계산

$$\frac{11,494,400-10,000,000}{10,000,000}\times100≒15\%$$

따라서 S씨는 원화기준으로 원금 대비 15%의 투자수익을 달성하였다.

66 정답 ⑤

모든 조건을 조합하면 다음과 같은 두 가지 경우의 수가 나온다.

- 경우 1

영업2팀

벽	김팀장						복
	강팀장	이대리	유사원	김사원	박사원	이사원	도

영업1팀

- 경우 2

영업2팀

벽	김팀장						복
	강팀장	이대리	김사원	박사원	이사원	유사원	도

영업1팀

따라서 두 가지 경우 모두 강팀장과 이대리는 인접하므로 항상 옳은 것은 ⑤이다.

오답분석

① 유사원과 이대리는 인접할 수도, 그렇지 않을 수도 있다.
② 박사원의 자리는 유사원의 자리보다 왼쪽에 있을 수도, 그렇지 않을 수도 있다.
③ 이사원은 복도 옆에 위치할 수도, 그렇지 않을 수도 있다.
④ 김사원은 유사원과 인접할 수도, 그렇지 않을 수도 있다.

67 정답 ④

표준편차는 변량의 분산 정도를 표시하는 척도이다. 부가서비스별로 선호하는 비중은 남성의 경우 7~19% 사이에 위치하고, 여성의 경우 6~21%에 위치하고 있다. 평균이 약 11.1%(=100% / 9항목)인 것을 감안했을 때, 여성의 비중이 평균에 비해 더 멀리 떨어져 있으므로 표준편차의 값은 남성보다 여성이 더 큰 것을 알 수 있다.

오답분석

① 성별 비율이 각각 50%라면, 포인트 적립 항목의 경우 전체 비율이 (19×0.5)+(21×0.5)=20%가 나와야 한다. 하지만 표에서는 19.8%라고 하였으므로 P대리가 설명한 내용은 옳지 않다. 올바르게 설명하려면 남성의 비율은 60%, 여성의 비율은 40%라고 언급해야 한다.
② 무응답한 비율은 전체 8.4%이므로 1,000×0.084=84명이다. 하지만 남녀 비율이 6 : 4이므로 남성은 600×0.1=60명, 여성은 400×0.06=24명이라고 설명해야 한다.
③ 남성이 두 번째로 선호하는 부가서비스는 무이자 할부(17%)이다.
⑤ 남성과 여성이 선호하는 부가서비스는 서로 순위의 차이는 있지만, 완전히 정반대인 것은 아니다.

68 정답 ⑤

단순히 젊은 세대의 문화만을 존중하거나 기존 세대의 문화만을 따르는 것이 아닌 두 문화가 어우러질 수 있도록 기업 차원에서 분위기를 만드는 것이 문제의 본질적인 해결법으로 가장 적절하다.

오답분석

① 급여받은 만큼만 일하게 되는 악순환이 반복될 것이므로 제시문에서 언급된 문제를 해결하는 기업 차원의 방법으로는 적절하지 않다.
② 기업의 전반적인 생산성 향상을 이룰 수 없으므로 기업 차원의 방법으로 적절하지 않다.
③ 젊은 세대의 채용을 기피하는 분위기가 생길 수 있으므로 적절하지 않다.
④ 젊은 세대의 특성을 받아들이기만 하면, 전반적인 생산성 향상과 같은 기업의 이득은 배제하게 되는 문제점이 발생한다.

69 정답 ③

2022년 3월 2일에 입사하였으므로 현재 기준 입사 2년 차에 해당하고, 2024년 3월 2일부터 입사 3년 차에 해당한다.
입사 3년 차 미만으로 명절 상여금은 못 받고, 여름 휴가비용은 상반기 기간에 해당이 안 된다. 또한 자녀학자금도 과장 이상이 아니므로 제외된다. 그러므로 혜택은 경조사비, 문화생활비, 자기계발비, 출산축하금을 급여와 함께 받을 수 있다.

- 경조사비 : 경조사일이 속한 달의 다음 달 급여에 지급되므로 1월 급여에 주임 직급의 금액으로 지급 → 200,000원
- 문화생활비 : 입사일이 속한 달에 지급되므로 3월에 지급 → 100,000원

- 자기계발비 : 3월 주임 직급에 해당하는 금액만큼 지급
  → 300,000원
- 출산축하금 : 6월에 타 회사 근무 중인 아내가 첫 아이를 출산하므로 남성 출산축하금 지급 → 2,000,000원

월급여는 2024년 1 ~ 4월에는 주임으로 320만 원씩 받고, 5 ~ 6월에는 대리로 진급하므로 350만 원씩 받는다.

따라서 A주임의 상반기 복지 혜택까지 포함된 총급여는 (320×4)+(350×2)+20+10+30+200=2,240만 원이다.

70 정답 ④

69번에서 추가되는 복지 혜택은 1월 명절상여금으로 입사 2년 차로 주임 직급 월급여의 5%인 320×0.05=16만 원이다. 경조사비는 20만 원으로 동일하며, 문화생활비와 자기계발비(사원만 가능)가 없어지고, 출산축하금은 300만 원이다.

따라서 상반기에 복지 혜택까지 포함된 A주임의 총급여는 (320×4)+(350×2)+16+20+300=2,316만 원이다.

제2회 모의고사 정답 및 해설

01	02	03	04	05	06	07	08	09	10
⑤	②	⑤	④	⑤	③	①	③	②	③
11	12	13	14	15	16	17	18	19	20
①	④	③	④	②	⑤	①	④	③	⑤
21	22	23	24	25	26	27	28	29	30
②	⑤	④	④	①	④	②	④	③
31	32	33	34	35	36	37	38	39	40
③	④	④	②	②	①	⑤	①	③	②
41	42	43	44	45	46	47	48	49	50
①	④	⑤	④	④	③	②	③	③	④
51	52	53	54	55	56	57	58	59	60
②	①	②	④	①	①	②	②	③	④
61	62	63	64	65	66	67	68	69	70
⑤	①	①	③	⑤	③	③	①	④	②

01 정답 ⑤

신용카드의 공제율은 15%이고, 체크카드의 공제율은 30%이기 때문에 공제받을 금액은 체크카드를 사용했을 때 더 유리하게 적용된다.

오답분석

① 신용카드와 체크카드 사용금액이 연봉의 25%를 넘어야 공제 가능하다.
② 연봉의 25%를 초과 사용한 범위가 공제대상에 해당된다. 연봉 35,000,000원의 25%는 8,750,000원이므로 현재까지의 사용금액 6,000,000원에서 2,750,000원보다 더 사용해야 공제받을 수 있다.
③ 체크카드 사용금액 5,000,000원에서 더 사용해야 하는 금액 2,750,000원을 뺀 2,250,000원이 공제대상금액이 된다. 이는 체크카드 사용금액 내에 포함되므로 공제율 30%를 적용한 소득공제금액은 675,000원이다.
④ 체크카드 사용금액 5,750,000원에서 더 사용해야 하는 금액 2,750,000원을 뺀 3,000,000원이 공제대상금액이 된다. 이는 체크카드 사용금액 내에 포함되므로 공제율 30%를 적용한 소득공제금액은 900,000원이다.

02 정답 ②

기존 1~8월 지출 내역에 8월 이후 지출 내역을 합산하여 지출 총액과 소득공제 대상금액을 계산하면 다음과 같다.
• 지출 총액 : 2,500,000+3,500,000+4,000,000+5,000,000 =15,000,000원
• 소득공제 대상금액 : 15,000,000−(40,000,000×0.25) =5,000,000원
이때, 공제대상금액 5,000,000원은 현금영수증 사용금액 내에 포함되므로 공제율 30%를 적용하고, 세율표에 따른 세금을 적용하면 다음과 같다.
• 소득공제금액 : 5,000,000×0.3=1,500,000원
• 세금 : 1,500,000×0.15=225,000원
따라서 S씨의 소득공제금액에 대한 세금은 225,000원이다.

03 정답 ⑤

정부의 규제 장치나 법률 제정은 장벽을 만들어 특정 산업의 로비스트들이 지대추구 행위를 계속할 수 있도록 도와준다.

오답분석

①·②·③ 첫 번째 문단에서 확인할 수 있다.
④ 세 번째 문단에서 확인할 수 있다.

04 정답 ④

국어점수(B2 : B7)가 80점 이상이고 사회점수(D2 : D7)가 85점 이상이면 'TRUE'를, 그렇지 않으면 'FALSE'를 반환하는 수식이다.

오답분석

① 수학점수(C2 : C7)가 80점 이상이고 사회점수(D2 : D7)가 85점 이상이면 'TRUE'를, 그렇지 않으면 'FALSE'를 반환하는 수식이다.
② 국어점수(B2 : B7)와 사회점수(D2 : D7)의 합이 85점 이상이면 'TRUE'를, 그렇지 않으면 'FALSE'를 반환하는 수식이다.
③ 국어점수(B2 : B7)와 사회점수(D2 : D7)의 평균이 80점 이상이면 'TRUE'를, 그렇지 않으면 'FALSE'를 반환하는 수식이다.
⑤ 국어점수(B2 : B7)가 80점 이상이거나 사회점수(D2 : D7)가 85점 이상이면 'TRUE'를, 그렇지 않으면 'FALSE'를 반환하는 수식이다.

05

정답 ⑤

살인 신고건수에서 여성 피해자가 남성 피해자의 2배일 때, 남성 피해자의 살인 신고건수는 $1.32 \div 3 = 0.44$백 건이다. 따라서 남성 피해자 전체 신고건수인 $132 \times 0.088 = 11.616$백 건에서 살인 신고건수가 차지하는 비율은 $\frac{0.44}{11.616} \times 100 \fallingdotseq 3.8\%$로, 3% 이상이다.

① 데이트 폭력 신고건수는 피해유형별 신고건수를 모두 합하면 총 $81.84 + 22.44 + 1.32 + 6.6 + 19.8 = 132$백 건, 즉 13,200건 이다.

또한, 신고유형별 신고건수에서도 $5.28 + 14.52 + 10.56 + 101.64 = 132$백 건임을 알 수 있다.

② 112 신고로 접수된 건수는 체포감금, 협박 피해로 신고한 건수의 $\frac{101.64}{22.44} \fallingdotseq 4.5$배이다.

③ 남성 피해자의 50%가 폭행, 상해 피해자로 신고했을 때, 신고 건수는 $132 \times 0.088 \times 0.5 = 5.808$백 건이며, 이는 폭행, 상해 전체 신고건수의 $\frac{5.808}{81.84} \times 100 \fallingdotseq 7.1\%$이다.

④ 방문신고 건수의 25%가 성폭행 피해자일 때, 신고건수는 $14.52 \times 0.25 = 3.63$백 건이며, 전체 신고건수에서 차지하는 비율은 $\frac{3.63}{132} \times 100 \fallingdotseq 2.8\%$이다.

06

정답 ③

ㄴ. 경제적 후생이란 사회구성원이 느끼는 행복을 물질적 이익 또는 소득으로 측정한 것을 말한다.

ㄷ. 가격이 하락하면 수요곡선상 가격의 이동으로 신규 또는 추가의 소비자 잉여가 발생한다.

ㄱ. 완전경쟁시장은 외부효과가 없는 것으로 가정한다.

ㄹ. 생산자 잉여는 생산자가 수취하는 금액에서 생산비용을 뺀 것을 말한다.

07

정답 ①

제시문에서는 냉전의 기원을 서로 다른 관점에서 바라보고 있는 전통주의, 수정주의, 탈수정주의에 대해 각각 설명하고 있다.

② 여러 가지 의견을 제시할 뿐, 어느 의견에 대한 우월성을 논하고 있지는 않다.

08

정답 ③

동남아 국제선의 도착 운항 1편당 도착 화물량은 $\frac{36,265.7}{16,713} \fallingdotseq 2.17$ 톤이므로 옳은 설명이다.

① 중국 국제선의 출발 여객 1명당 출발 화물량은 $\frac{31,315.8}{1,834,699}$ $\fallingdotseq 0.017$톤이고, 도착 여객 1명당 도착 화물량은 $\frac{25,217.6}{1,884,697}$ $\fallingdotseq 0.013$톤이므로 옳지 않은 설명이다.

② 미주 국제선의 전체 화물 중 도착 화물이 차지하는 비중은 $\frac{106.7}{125.1} \times 100 \fallingdotseq 85.3\%$로, 90%보다 작다.

④ 중국 국제선의 도착 운항편수는 12,427편으로, 일본 국제선의 도착 운항편수의 70%인 $21,425 \times 0.7 \fallingdotseq 14,997.5$편 미만 이다.

⑤ 각 국가의 전체 화물 중 도착 화물이 차지하는 비중은 일본 국제선 이 $\frac{49,302.6}{99,114.9} \times 100 \fallingdotseq 49.7\%$이고, 동남아 국제선이 $\frac{36,265.7}{76,769.2}$ $\times 100 \fallingdotseq 47.2\%$이다. 따라서 동남아 국제선이 일본 국제선보다 비중이 낮다.

09

정답 ②

병역 부문에서 채용예정일 이전 전역 예정자는 지원이 가능하다고 제시되어 있다.

① 이번 채용에서 행정직에는 학력상의 제한이 없다.

③ 자격증을 보유하고 있더라도 채용예정일 이전 전역 예정자가 아니라면 지원할 수 없다.

④ 지역별 지원 제한은 2024년 하반기 신입사원 채용부터 폐지되었다.

⑤ 채용공고에서 외국어 능력 성적 기준 제한에 대한 사항은 없다.

10

정답 ③

채용공고일(2024. 7. 23.) 기준으로 만 18세 이상이어야 지원자격이 주어진다.

① 행정직에는 학력 제한이 없으므로 A는 지원 가능하다.

② 기능직 관련 학과 전공자이므로 B는 지원 가능하다.

④ 채용예정일 이전에 전역 예정이므로 D는 지원 가능하다.

⑤ 외국어 능력 성적 보유자에 한해 성적표 제출이므로 현재 외국어 성적을 보유하지 않은 E도 지원 가능하다.

11

정답 ①

제시된 정보를 기호화하여 정리하면 다음과 같다.

A>B, D>C, F>E>A, E>B>D

∴ F>E>A>B>D>C

따라서 옳은 것은 ①이다.

12 정답 ④

ㄴ. 자금 수요자가 주식 또는 채권을 발행하여 자금을 조달하는 것은 직접금융에 해당한다.

ㄹ. 금융시장이 발전하면 주식시장, 채권시장 등이 발전함에 따라 이를 통한 직접금융이 활발해진다.

오답분석

ㄱ. 타인자본을 조달하는 것보다 자기자본에 의한 조달 비용이 더 적게 든다.

ㄷ. 신주발행, IPO 등 직접금융은 상황에 따라 실패할 가능성도 높아 불확실성이 더 크다고 할 수 있다.

13 정답 ③

2주 동안 듣는 강연은 총 5회이다. 그러므로 금요일 강연이 없는 주의 월요일에 첫 강연을 들었다면 5주 차 월요일 강연을 듣기 전까지 10개의 강연을 듣게 된다. 즉, 5주 차 월요일, 수요일 강연을 듣고 6주 차 월요일의 강연이 13번째 강연이 된다.

따라서 6주 차 월요일이 13번째 강연을 듣는 날이므로 8월 1일 월요일을 기준으로 35일 후가 된다. 8월은 31일까지 있기 때문에 $1+35-31=5$일, 즉 9월 5일이 된다.

14 정답 ④

㉠ : '점탄성체의 변형이 그대로 유지될 때'는 두 번째 문단에서 예시로 든 늘어난 고무줄의 길이를 그대로 고정해 놓은 경우를 가리키며, 이러한 경우에는 고무줄의 분자들의 배열 구조가 점차 변하며 응력이 서서히 감소한다. 즉, ㉠은 두 번째 문단에서 든 예시를 통해 유추할 수 있는 과학적 사실을 요약한 것이므로 ㉠의 위치는 (다)가 가장 적절하다.

㉡ : 마지막 문단에서 설명한 응력 완화와 크리프 관련 내용을 통해 유추할 수 있는 과학적 사실에 해당한다. 따라서 ㉡의 위치는 (마)가 가장 적절하다.

15 정답 ②

A과장이 2층 호실을 이용하며, F사원은 A과장과 같은 동의 숙소를 배정받으므로 F사원은 반드시 1층 호실을 사용한다. 또한, 주임들은 같은 동에 숙소를 배정받고, D주임이 2동 2층 숙소를 이용하므로 E주임은 2동 1층 숙소를 이용한다. 남은 B대리와 C대리는 같은 동을 사용하게 되며, C대리가 1층 숙소를 배정받으므로 B대리는 2층 숙소를 배정받는다.

이를 표로 정리하면 다음과 같다.

ⅰ) A과장이 1동 2층 숙소를 이용하는 경우

구분	1동	2동	3동
2층	A	D	B
1층	F	E	C

ⅱ) A과장이 3동 2층 숙소를 이용하는 경우

구분	1동	2동	3동
2층	B	D	A
1층	C	E	F

따라서 항상 참인 설명은 ㄷ뿐이다.

16 정답 ⑤

B대리는 3동 1층 호실을 사용하게 되었고, C대리는 2층 숙소를 배정받게 되었다. 숙소 배정조건에 B대리가 다리를 다친 상황을 반영하여 나타내면 다음과 같다.

구분	1동	2동	3동
2층	A	D	C
1층	F	E	B

따라서 1동 1층 호실을 배정받을 직원은 F사원이다.

17 정답 ①

• 배드민턴 : 물에서 하는 운동이 아니며(NO →) 라켓을 사용하므로(YES →) □ 출력

• 축구 : 물에서 하는 운동이 아니며(NO →) 라켓을 사용하지 않고(NO →), 손을 사용하지 않기 때문에(NO →) ♡ 출력

• 수영 : 물에서 하는 운동이기 때문에(YES →) ○ 출력

18 정답 ④

ㄴ. 유동성함정의 대표적인 사례로는 1929년 미국 대공황, 1990년대 일본 장기불황 등이 있다.

ㄹ. LM 곡선이 수평이 됨에 따라 통화정책의 효과가 발생하지 않게 된다.

오답분석

ㄱ. 유동성함정은 케인스 경제학에서 나온 용어로 통화공급의 증가가 이자율을 낮추지 못하는 상황을 설명한다.

ㄷ. 유동성함정은 유동성이 충분하여 명목금리가 0인 상태를 말하며, 통화를 증가시켜도 이자율에 영향을 주지 못한다.

19 정답 ③

세 번째 문단에 따르면 먼바다에서 지진해일의 파고는 수십 cm 이하이지만 얕은 바다에서는 급격하게 높아진다.

오답분석

① 화산폭발 등으로 인해 발생하는 건 맞지만, 파장이 긴 파도를 지진해일이라 한다.

② 태평양에서 발생한 지진해일은 발생 하루 만에 발생지점에서 지구의 반대편까지 이동할 수 있다.

④ 지진해일이 해안가에 가까워질수록 파도가 강해지는 것은 맞지만, 속도는 시속 45 ~ 60km까지 느려진다.

⑤ 해안의 경사 역시 암초, 항만 등과 마찬가지로 지진해일을 변형시키는 요인이 된다.

20 정답 ⑤

편의를 위해 선택지를 바꾸면, 'GDP 대비 에너지 사용량은 B국이 A국보다 낮다.'로 나타낼 수 있다. 이때 GDP 대비 에너지 사용량은 원점에서 해당 국가를 연결한 직선의 기울기이므로 그래프에서 이를 살펴보면 B국이 A국보다 더 크다는 것을 알 수 있다. 따라서 옳지 않은 내용이다.

오답분석

① 에너지 사용량이 가장 많은 국가는 최상단에 위치한 A국이고, 가장 적은 국가는 최하단에 위치한 D국이므로 옳은 내용이다.
② 원의 면적이 각 국가의 인구수에 정비례한다고 하였으므로 C국과 D국의 인구수는 거의 비슷하다는 것을 알 수 있다. 그런데 총에너지 사용량은 C국이 D국에 비해 많으므로 1인당 에너지 사용량은 C국이 D국보다 많음을 알 수 있다.
③ GDP가 가장 낮은 국가는 가장 왼쪽에 위치한 D국이고, 가장 높은 국가는 가장 오른쪽에 위치한 A국이므로 옳은 내용이다.
④ 분모가 되는 인구수는 B국이 더 크고, 분자가 되는 GDP는 B국이 더 작으므로 1인당 GDP는 H국이 B국보다 높다는 것을 알 수 있다.

21 정답 ②

오답분석

① 어린이도서관 대출 도서 수가 2권이므로 교내 도서관 대출 도서 수는 2권 이상이어야 참가가 가능하다.
③ 교내 도서관 대출 도서 수가 2권이므로 어린이 도서관 대출 도서 수는 2권 이상이어야 참가가 가능하다.
④ 초등학교 1학년 이상 초등학교 6학년 이하인 어린이어야 참가가 가능하다.
⑤ 어린이도서관 대출 도서 수가 1권이므로 교내 도서관 대출 도서 수는 4권 이상이여야 참가가 가능하다.

22 정답 ⑤

마지막 문단을 통해 선거 기간 중 여론 조사 결과의 공표 금지 기간이 과거에 비해 대폭 줄어든 것은 국민들의 알 권리를 보장하기 위한 것임을 알 수 있다. 따라서 공표 금지 기간이 길어질수록 알 권리는 약화된다.

23 정답 ④

가입기간이 24개월이기 때문에 '스마트 적금'과 '청년 적금'은 제외된다. 또한 현재 군 복무 중이 아니기 때문에 '나라지킴이 적금'도 제외된다. '우리아이 정기예금'의 경우 첫 예치 시 1,000만 원 이상부터 가능하지만 500만 원밖에 없다고 했으므로 불가능하다. 따라서 당행 계열사 카드 전월 실적 30만 원 이상 및 당행 예·적금 상품 신규고객에 속하며, 통장에 300만 원 이상 보유한 조건을 갖춰 우대금리를 적용받을 수 있고, 가입기간을 24개월로 할 수 있는 '우리집 만들기 예금'을 추천하는 것이 가장 적절하다.

24 정답 ③

2023년 6월의 학교폭력 신고 누계 건수는 $7,530+1,183+557+601=9,871$건으로, 10,000건 미만이다.

오답분석

① 2023년 1월과 2월의 학교폭력 상담 건수는 각각 다음과 같다.
  • 2023년 1월 : $9,652-9,195=457$건
  • 2023년 2월 : $10,109-9,652=457$건
  따라서 2023년 1월과 2월의 학교폭력 상담 건수는 같다.
② 학교폭력 상담 건수와 신고 건수 모두 2023년 3월에 가장 많다.
④ 전월 대비 학교폭력 상담 건수가 증가한 달은 2022년 9월과 2023년 3월이고, 이때 학교폭력 신고 건수 또한 전월 대비 증가하였다.
⑤ 전월 대비 학교폭력 상담 건수가 가장 크게 감소한 달은 2023년 5월이고, 학교폭력 신고 건수가 가장 크게 감소한 달은 2023년 4월이다.

25 정답 ④

상품권 구매 시에는 현금영수증 발급이 되지 않으며, 상품권으로 다른 재화나 서비스를 구입할 때 현금영수증을 발급받을 수 있다.

오답분석

① 유가증권은 재산적 가치를 가지는 증권이며, 권리를 행사할 때는 증권의 점유를 필요로 한다.
② 증권거래법 제2조(정의)에 유가증권 범위가 열거되어 있다.
③ 유가증권 공모에는 모집과 매출이 있으며, 모집은 신규발행 유가증권을 대상으로 한다.
⑤ 우리나라의 증권유통 시장은 유가증권(KOSPI) 시장과 코스닥(KOSDAQ) 시장으로 나뉜다.

26 정답 ①

제시문에 따르면 저작권법에 의해 보호받을 수 있는 저작물은 최소한의 창작성을 지니고 있어야 하며, 남의 것을 베낀 것이 아닌 저작자 자신의 것이어야 한다.

27 정답 ④

주문한 피자, 치킨, 햄버거 개수를 각각 x, y, z개라고 하자 $(x, y, z \geq 1)$.
$x+y+z=10 \cdots \bigcirc$
그리고 주문한 치킨 개수의 2배만큼 피자를 주문했으므로
$x=2y \cdots \bigcirc$
$\bigcirc$과 $\bigcirc$을 연립하면 $3y+z=10$이다.
이를 만족하는 경우는 $(y, z)=(1, 7), (2, 4), (3, 1)$이므로, $x=2, 4, 6$이다.

이를 토대로 주문 가능한 경우에 따라 총금액을 구하면 다음과 같다.

(단위 : 개)

피자	치킨	햄버거	총금액
2	1	7	$10,000\times2+7,000\times1+5,000\times7$ $=62,000$원
4	2	4	$10,000\times4+7,000\times2+5,000\times4$ $=74,000$원
6	3	1	$10,000\times6+7,000\times3+5,000\times1$ $=86,000$원

따라서 가장 큰 금액과 적은 금액의 차이는 $86,000-62,000=$ $24,000$원이다.

28
정답 ②

사과와 배, 귤을 각각 20개씩 구입한다면 사과는 120원×20= 2,400원, 배는 260원×20=5,200원, 귤은 40원×20=800원의 금액이 필요하다. 총예산에서 이 금액을 제외하면 20,000- (2,400+5,200+800)=11,600원이 남는다. 남은 돈에서 사과와 배, 귤을 똑같은 개수씩 더 구입한다면 11,600÷(120+260+ 40)≒27.6이므로 27개씩 구입이 가능하다. 사과와 배, 귤을 각각 27개씩 추가로 구입한다면 27×(120+260+40)=11,340원이 므로 각각 47개씩 구입하고 남은 금액은 11,600-11,340=260 원이 된다. 이때, 남은 금액은 1개의 배(260원)를 구입할 수 있는 금액이므로 배를 가장 많이 구입했을 때 배의 최소 개수는 20+27 +1=48개이다.

29
정답 ④

- 일비 : 하루에 10만 원씩 지급 → 100,000×3=300,000원
- 숙박비 : 실비 지급 → B호텔 2박 → 250,000×2=500,000원
- 식비 : 8 ~ 9일까지는 3식이고, 10일에는 점심 기내식을 제외하여 아침만 포함 → (10,000×3)+(10,000×3)+(10,000×1) =70,000원
- 교통비 : 실비 지급 → 84,000+10,000+16,300+17,000 +89,000=216,300원
- 합계 : 300,000+500,000+70,000+216,300=1,086,300원

따라서 S차장이 받을 수 있는 여비는 1,086,300원이다.

30
정답 ③

화폐의 가치척도 기능이란 재화 및 용역의 상대적인 가치관계를 공통적인 화폐 단위로 표시하여 교환의 편의성을 제공하는 화폐의 기능을 말한다.

31
정답 ③

사과의 자유무역이 시작되면 국내가격도 국제가격까지 상승하므로, 국내 소비자의 사과 수요는 감소하지만 국내 생산자의 사과 생산량은 증가한다. 따라서 가격이 40일 때 생산량은 40, 수요량은 16이므로 그 차이인 24만큼 수출한다.

오답분석

① 자유무역이 시작되기 전에는 국내시장에서의 수요, 공급 곡선에 의하여만 가격이 결정된다. 따라서 국내가격과 국내 소비량은 각각 32로 결정된다.
② 자유무역이 시작되면 사과 가격은 국제가격인 40으로 인상된다. 따라서 소비자는 수요를 16으로 줄인다. 이는 기존의 수요 32에 비하여 16만큼 감소한 것을 나타낸다.
④ 자유무역 전 A국의 소비자잉여는 세로 16(=48-32), 가로 32(=32-0)의 삼각형이다. 자유무역 후 소비자잉여는 세로 8(=48-40), 가로 16(=16-0)의 삼각형으로 작아진다.
⑤ 자유무역 전 A국의 생산자잉여는 세로 32(=32-0), 가로 32 (=32-0)의 삼각형이다. 자유무역 후 생산자잉여는 세로 40 (=40-0), 가로 40(=40-0)의 삼각형으로 증가한다. 따라서 A국의 총잉여는 가로 24(=40-16), 세로 8(=40-32)의 삼각형 면적만큼 증가한다.

32
정답 ④

구하고자 하는 것은 10월 5일부터 25일까지의 비타민 C 섭취횟수이다. 최종값이 25이므로 초깃값 ⓐ는 5가 된다.
V는 전날 섭취한 비타민 종류이다. 전날 섭취한 비타민이 C이면 당일은 B, B이면 당일은 C를 섭취해야 하므로 ⓑ는 Yes, ⓒ는 No이다.

33
정답 ④

ㄱ. 풍력의 경우 2021 ~ 2023년 동안 출원 건수와 등록 건수가 매년 증가하였으므로 옳지 않은 설명이다.
ㄷ. 2023년 등록 건수가 많은 상위 3개 기술 분야의 등록 건수 합은 2,126건(=950+805+371)으로 2023년 전체 등록 건수 (3,166건)의 약 67%를 차지한다. 따라서 옳지 않은 설명이다.
ㄹ. 2023년 출원 건수가 전년 대비 50% 이상 증가한 기술 분야는 '태양광/열/전지', '석탄가스화', '풍력', '지열'의 4개이므로 옳지 않은 설명이다.

오답분석

ㄴ. 2022년에 출원 건수가 전년 대비 감소한 기술 분야는 '태양광/열/전지', '수소바이오/연료전지', '석탄가스화'이며, 모두 2023년 등록 건수도 전년 대비 감소하였으므로 옳은 설명이다.

34
정답 ②

상품가입 이후 A~D의 정보는 변동되지 않으며 S은행 앱 내 마이데이터 수집에 모두 동의하였으므로, 우대금리를 계산하면 다음과 같다.

- A : 0.3+0.5+0.5=1.3%
- B : 0.3+0.5+0.2+0.5=1.5%
- C : 0.3+0.3+0.2+0.5=1.3%
- D : 계좌 압류 상태이므로 이자 지급 제한을 받는다.

따라서 B의 우대금리가 가장 높다.

35
정답 ②

제시문을 통해 조선 시대 금속활자는 왕실의 위엄과 권위를 상징하는 것임을 알 수 있다. 특히 정조는 왕실의 위엄을 나타내기 위한 을묘원행을 기념하는 의궤 인쇄를 정리자로 인쇄하고, 화성 행차의 의미를 부각하기 위해 그 해의 방목만을 정리자로 간행했다. 이를 통해 정리자는 정조가 가장 중시한 금속활자였다는 것을 알 수 있다. 따라서 빈칸에 들어갈 내용으로 가장 적절한 것은 ②이고, 나머지 선택지는 제시문의 단서만으로는 추론할 수 없다.

36
정답 ①

'절대우위'는 다른 생산자에 비해 더 적은 생산요소를 투입해 같은 상품을 생산할 수 있는 능력이고 '비교우위'는 다른 생산자보다 더 적은 기회비용으로 생산할 수 있는 능력이다.

철수는 영희보다 A, B재화 모두 시간당 최대 생산량이 많으므로 A와 B재화에 절대우위가 있다.

비교우위는 상대적인 기회비용 크기를 비교한다. 그러므로 철수의 B재화 생산 기회비용은 A재화 생산 1개이지만 영희의 B재화 생산 기회비용은 A $\frac{2}{3}$ 개 이다.

따라서 영희가 B재화 생산에 비교우위가 있다.

37
정답 ⑤

성별(B2 : B7)이 '남'인 아이 중 체중(C2 : C7)이 3.4kg 이상인 아이의 수를 미(범위1,조건1, …)함수를 사용하여 구하는 수식이다.

오답분석

① [C2]와 [D2] 중 더 작은 값이 3.4 이상이면 [C2]와 [D2]의 합을, 그렇지 않으면 [C2]와 [D2] 중 더 작은 값을 반환하는 수식이다.
② [C2]와 [D2] 중 더 큰 값이 3.4 이상이면 '남'을, 그렇지 않으면 '여'를 반환하는 수식이다.
③ 성별(B2 : B7)이 '남'인 아이들의 평균 체중(C2 : C7)을 구하는 수식이다.
④ 성별(B2 : B7)이 '남'인 아이 중 체중(C2 : C7)이 3.4kg 이하인 아이의 수를 구하는 수식이다.

38
정답 ①

제시문은 유전자 치료를 위하여 프로브와 겔 전기영동법을 통해 비정상적인 유전자를 찾아내는 방법을 설명하고 있다.
따라서 ①이 제시문의 주제로 가장 적절하다.

39
정답 ③

2014 ~ 2023년 평균 부채 비율은 (61.6+100.4+86.5+80.6+79.9+89.3+113.1+150.6+149.7+135.3)÷10=104.7%이므로 10년간의 평균 부채 비율은 90% 이상이다.

오답분석

① 전년 대비 2018년 자본금 증가폭은 33,560−26,278=7,282억 원으로, 2015 ~ 2023년 중 자본금의 변화가 가장 크다.
② 전년 대비 부채 비율이 증가한 해는 2015년, 2019년, 2020년, 2021년이고 연도별 부채 비율 증가폭을 계산하면 다음과 같다.
  - 2015년 : 100.4−61.6=38.8%p
  - 2019년 : 89.3−79.9=9.4%p
  - 2020년 : 113.1−89.3=23.8%p
  - 2021년 : 150.6−113.1=37.5%p

  따라서 부채 비율이 전년 대비 가장 많이 증가한 해는 2015년이다.
④ 2023년의 자산과 자본은 10년 중 가장 많았지만, 그만큼 부채도 가장 많은 것을 확인할 수 있다.
⑤ 자료를 통해 S사의 자산과 부채는 2016년부터 8년간 꾸준히 증가한 것을 확인할 수 있다.

40
정답 ②

제시된 조건을 기호로 정리하면 다음과 같다.
- ~A → B
- A → ~C
- B → ~D
- ~D → E

E가 행사에 참여하지 않는 경우, 네 번째 조건의 대우인 ~E → D에 따라 D가 행사에 참여한다. D가 행사에 참여하면 세 번째 조건의 대우인 D → ~B에 따라 B는 행사에 참여하지 않는다. 또한 B가 행사에 참여하지 않으면 첫 번째 조건의 대우에 따라 A가 행사에 참여하고, A가 행사에 참여하면 두 번째 조건에 따라 C는 행사에 참여하지 않는다. 따라서 E가 행사에 참여하지 않을 경우 행사에 참여 가능한 사람은 A와 D 2명이다.

41
정답 ①

다섯 번째 조건에 따라 C는 러닝을 한 후 바로 파워워킹으로 이동한다. 첫 번째 조건과 세 번째 조건에서는 A와 C가 이동한 방법의 순서가 서로 반대라고 했고, A는 우체국에서 경찰서까지 러닝으로 이동했다고 하였으므로, C는 성당 − 우체국 구간에 러닝으로, 우체국 − 경찰서 구간은 파워워킹으로 이동한 것이 된다. 따라서 C가 경찰서에서 약수터로 이동 시 사용 가능한 이동 방법은 남은 이동 방법인 뒤로 걷기와 자전거 타기이다.

42

정답 ④

보기의 '묘사'는 '어떤 대상이나 현상 따위를 있는 그대로 언어로 서술하거나 그림으로 그려서 나타내는 것'이다. 따라서 보기의 앞에는 어떤 모습이나 장면이 나와야 하므로 (다) 다음의 '분주하고 정신없는 장면'이 와야 한다. 또한, 보기에서 묘사는 '본 사람이 무엇을 중요하게 판단하고, 무엇에 흥미를 가졌느냐에 따라 크게 다르다.'고 했으므로 보기 뒤에는 (다) 다음의 장면 중 '어느 부분에 주목하고, 또 어떻게 그것을 해석했는지에 따라 즐겁기도 하고 무섭기도 하다.'라는 구체적 내용인 (라) 다음 부분이 이어져야 한다. 따라서 보기의 문장은 (라)에 들어가는 것이 가장 적절하다.

43

정답 ⑤

옐로칩은 중저가 우량주이다.

오답분석

① 블랙칩 : 석유와 탄광 등과 관련된 종목을 의미한다. 요즘은 석유와 탄광에 제한을 두지 않고, 에너지 관련 종목들을 포함하기도 한다. 이들의 주가는 통상 유가에 따라 좌우되는 경향이 있다.

② 그린칩 : 친환경 에너지 관련 종목을 뜻한다. 친환경 에너지에는 태양열, 태양광, 풍력, 바이오 에너지, 조력 에너지 등이 있다. 하지만 친환경 에너지는 가성비 측면에서 기존의 에너지를 능가할 수 없기에, 국가정책에 따라 주가가 영향을 받는 경향을 보인다.

③ 레드칩 : 블루칩과 같은 의미로 사용되는데, 단, 레드칩은 홍콩 투자자들이 자국에 상장되어 있는 우량주들을 지칭할 때 사용된다. 레드칩은 중국정부 및 국영기업이 최대주주로 있고, 홍콩 증시에 상장한 우량주들을 뜻한다.

④ 블루칩 : 간단히 정의하면 우량주라 할 수 있다. 이는 카지노에서 돈 대신 사용하는 칩들을 파란, 빨간, 흰색이 있는데, 그 중에서 파란색이 가장 높은 가치를 갖기 때문이다. 사실 우량주에 대한 명확한 기준은 없으나, 시가총액이 크고, 시장에서의 영향력이 있고, 안정적으로 현금흐름을 오랜 시간동안 창출할 수 있는 기업을 나타낸다.

44

정답 ④

미국의 점수 총합은 $4.2+1.9+5.0+4.3=15.4$점으로, 프랑스의 총점인 $5.0+2.8+3.4+3.7=14.9$점보다 높다.

오답분석

① 기술력 분야에서는 프랑스의 점수가 가장 높다.

② 성장성 분야에서 점수가 가장 높은 국가는 한국이고, 시장지배력 분야에서 점수가 가장 높은 국가는 미국이다.

③ 브랜드파워 분야에서 각각 점수 중 최댓값과 최솟값의 차이는 $4.3-1.1=3.2$점으로 3점 이상이다.

⑤ 시장지배력 분야의 점수는 일본이 1.7점으로, 3.4점인 프랑스보다 낮다.

45

정답 ②

직원들의 대화를 통해 10월 연차 및 교육 일정을 정리하면 다음과 같다.

〈10월 달력〉

일요일	월요일	화요일	수요일	목요일	금요일	토요일
	1	2 B사원 연차	3 개천절	4	5	6
7	8	9 한글날	10 A과장 연차	11 B대리 교육	12 B대리 교육	13
14	15 A사원 연차	16	17 B대리 연차	18 A대리 교육	19 A대리 교육	20
21	22	23	24 A대리 연차	25	26	27
28	29 워크숍	30 워크숍	31			

달력을 통해 세 번째 주에 3명의 직원이 연차 및 교육을 신청했다는 것을 알 수 있다. 이때 A대리와 A사원이 먼저 신청했으므로 B대리의 말이 옳지 않음을 알 수 있고, 대화 내용 중 A대리가 자신이 교육받는 주에 다른 사람 2명이 신청 가능할 것 같다고 한 말은 네 번째 조건에 어긋난다.

따라서 옳지 않은 말을 한 직원은 A대리와 B대리이다.

46

정답 ③

제시문은 '사회적 태만' 현상에 대해 설명하고 있다. 사회적 태만을 방지하기 위해서는 구성원 개개인이 집단의 목표에 직접적으로 동기를 가질 수 있게 하는 것이 좋다. 성과 배분의 의사결정을 할 때에도 집단 관리자가 모든 결정 권한을 가지기보다는 구성원 전체가 자율적으로 결정하는 것이 사회적 태만을 극복할 수 있는 방안이 된다.

오답분석

집단 크기의 최적화, 업무의 개인별 할당, 개인별 평가점수의 공개, 직무기술서 작성 등은 모두 사회적 태만을 최소화할 수 있는 방법들이다.

47

정답 ②

제시문에서 옵트인 방식은 수신 동의 과정에서 발송자와 수신자 모두에게 비용이 발생한다고 했으므로 수신자의 경제적 손실을 막을 수 있다는 ②는 적절하지 않다.

48
정답 ③

실험할 물질은 총 5개이므로 ⓐ는 5이다.
4조인 민영이는 산성 물질에 반응하는 파란 리트머스지로 실험했기 때문에 ⓑ는 Yes, ⓒ는 No이다.

49
정답 ③

팀장의 나이를 x세라고 했을 때, 과장의 나이는 $(x-4)$세이다. 또한 대리는 31세, 사원은 25세이다. 과장과 팀장의 나이 합이 사원과 대리의 나이 합의 2배이므로 다음 식이 성립한다.

$x+(x-4)=2\times(31+25)$
$\rightarrow 2x-4=112$
$\therefore x=58$

따라서 팀장의 나이는 58세이다.

50
정답 ④

ㄴ. B작업장은 생물학적 요인(바이러스)에 해당하는 사례 수가 가장 많다.
ㄷ. 화학적 요인에 해당하는 분진은 집진 장치를 설치하여 예방할 수 있다.

오답분석

ㄱ. A작업장은 인간공학적 요인(부자연스러운 자세)에 해당하는 사례 수가 가장 많다.

51
정답 ②

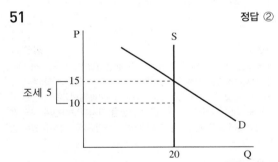

정부의 물품세 부과 시 조세부담의 귀착은 수요와 공급의 탄력성의 크기에 의해 결정된다. 즉, 탄력성과 조세부담의 크기는 반비례하는 성질이 있다. 특히 수요와 공급 중 어느 한쪽이 완전비탄력적일 경우, 완전비탄력적인 쪽이 조세를 100% 부담하게 된다. 제시된 상황에서는 공급곡선의 기울기가 수직이므로, 공급탄력성이 0(완전비탄력)인 상황이다. 따라서 단위당 5만큼의 조세를 생산자가 전부 부담하게 되고, 소비자에게는 조세가 전가되지 않는다. 생산자잉여는 현재 $15\times20=300$인 사각형 면적이지만, 5만큼의 조세부과로 인하여 $10\times20=200$으로 감소하게 된다.

오답분석

①·③ 조세가 100% 생산자에게 귀착되므로, 소비자가 느끼는 조세부담은 없다. 즉, 소비자 가격의 변화는 없다.
④ 정부의 조세수입 면적은 $5\times20=100$의 사각형에 해당한다.
⑤ 수요와 공급 중 어느 한쪽이 완전비탄력적이면 초과부담이 발생하지 않는다.

52
정답 ①

주어진 조건을 정리해 보면 다음과 같다.

구분	월	화	수	목	금
경우 1	보리밥	콩밥	조밥	수수밥	쌀밥
경우 2	수수밥	콩밥	조밥	보리밥	쌀밥

따라서 항상 참인 것은 ①이다.

오답분석

② 금요일에 먹을 수 있는 것은 쌀밥이다.
③·④·⑤ 주어진 조건만으로는 판단하기 어렵다.

53
정답 ②

자신의 식사비를 각자 낸다면 5만 원이 넘는 식사도 가능하다.

오답분석

① 심사대상자로부터 법정 심사료가 아닌 식사 등을 받는 것은 원활한 직무수행이나 사교·의례로 볼 수 없다.
③ 상급자에게 사교·의례의 목적으로 건네는 선물은 5만 원까지이므로 50만 원 상당의 선물은 허용되지 않는다.
④ 졸업한 학생선수 및 그 학부모와 학교운동부지도자 간에 특별한 사정이 없는 한 직무 관련성이 인정되지 않으므로, 1회 100만 원 이하의 금품 등을 수수하는 것은 허용될 수 있다.
⑤ 언론사 임직원이 외부강의 후 사례금으로 90만 원을 받은 것은 외부강의 사례금 상한액 100만 원을 넘지 않았으므로 허용된다.

54
정답 ④

644와 476을 소인수분해하면 다음과 같다.
$644=2^2\times7\times23$
$476=2^2\times7\times17$
즉, 644와 476의 최대공약수는 $2^2\times7=28$이다.
이때 직사각형의 가로에 설치할 수 있는 조명의 개수를 구하면 다음과 같다.
$644\div28+1=23+1=24$개
직사각형의 세로에 설치할 수 있는 조명의 개수를 구하면 다음과 같다.
$476\div28+1=17+1=18$개
따라서 조명의 최소 설치 개수는 $(24+18)\times2-4=84-4=80$개이다.

55

S씨 가족은 4명이므로 4인용 이상의 자동차를 선택해야 한다. 2인용인 B자동차를 제외한 나머지 4종류 자동차의 주행거리에 따른 연료비용은 다음과 같다.

- A자동차 : $\dfrac{140}{25} \times 1,640 ≒ 9,180$원
- C자동차 : $\dfrac{140}{19} \times 1,870 ≒ 13,780$원
- D자동차 : $\dfrac{140}{20} \times 1,640 = 11,480$원
- E자동차 : $\dfrac{140}{22} \times 1,870 = 11,900$원

따라서 A자동차를 이용하는 것이 가장 비용이 적게 든다.

56

정답 ①

고객만족도 순위(D2 : D7)가 3위 이하(<=3)인 지점들의 고객만족도(C2 : C7) 평균을 구하는 수식이다.

오답분석

② 고객만족도(C2 : C7)를 오름차순(1)으로 정렬했을 때, [C2]의 순위를 구하는 수식이다.
③ 고객만족도(C2 : C7)의 평균을 구하는 수식이다.
④ [C2]와 [D2] 값을 비교하여 큰 값을 반환한다.
⑤ ♡(D2 : D7,D2)는 [D2]가 고객만족도 순위(D2 : D7)에서 몇 번째로 큰 수인지 구하는 수식이다. 1 ~ 6에서 5는 두 번째로 큰 수이므로 결괏값은 2가 나온다. 2는 3보다 작거나 같으므로 수식의 결과로는 ⌣(C2 : C7), 즉 고객만족도(C2 : C7)의 평균이 반환된다.

57

정답 ②

㉠은 동물이 인간과 달리 영혼이 없어 쾌락이나 고통을 경험할 수 없다고 하였지만, ㉢은 동물도 고통을 겪는다는 입장이므로 적절한 내용이다.

오답분석

① ㉡은 인간이 이성 능력과 도덕적 실천 능력을 가졌다고 하였으나 이것으로 인해 그가 인간의 이익을 우선시하여 동물실험에 찬성했는지는 알 수 없다. 반대로 ㉠은 동물은 인간과 달리 영혼이 없어 쾌락이나 고통을 경험할 수 없기 때문에 동물실험에 찬성하는 입장이다.
③ ㉡은 인간이 이성 능력과 도덕적 실천 능력을 가지고 있다는 점이 동물과 다르기 때문에 인간과 동물을 다르게 대우해야 한다고 보았다. 하지만 ㉣은 포유류의 예를 들면서 각 동물 개체가 삶의 주체로서 갖는 가치가 있다고 주장하며 인간과 동물을 다르게 대우하는 것을 반대하고 있다.
④ ㉢은 이성이나 언어 능력에서 인간과 동물이 차이가 있다고 하였으므로 적절하지 않은 내용이다.
⑤ ㉣은 각 동물 개체가 삶의 주체로서 갖는 가치가 있다고 하였지만 그것이 동물이 고통을 느끼기 때문인지는 제시문을 통해서는 알 수 없다.

58

정답 ②

두 번째와 세 번째 조건에 따라 A는 가위를 내지 않았고 B는 바위를 내지 않았으므로 A가 바위를 내고 B가 가위를 낸 경우, A가 바위를 내고 B가 보를 낸 경우, A가 보를 내고 B가 가위를 낸 경우, A와 B가 둘 다 보를 낸 경우 총 4가지로 나누어 조건을 따져보면 다음과 같다.

구분	A	B	C	D	E	F
경우 1	바위	가위	바위	가위	바위	보
경우 2	바위	보	바위	보	가위	보
경우 3	보	가위	보	가위	바위	가위
경우 4	보	보	보	보	가위	가위

따라서 A와 B가 모두 보를 낸 경우에만 모든 조건을 만족하므로, E와 F가 이겼다.

59

정답 ③

ㄴ. 국가채권 중 조세채권의 전년 대비 증가율은 2021년에 $\dfrac{30-26}{26} \times 100 ≒ 15.4\%$, 2023년에 $\dfrac{38-34}{34} \times 100 ≒ 11.8\%$ 이다.
ㄷ. 융자회수금의 국가채권과 연체채권의 총합이 가장 높은 해는 2023년(142조 원)이며, 경상이전수입의 국가채권과 연체채권의 총합이 가장 높은 해도 2023년(18조 원)이므로 옳은 설명이다.

오답분석

ㄱ. 2020년 총연체채권은 27조 원으로 2022년 총연체채권의 80%인 $36 \times 0.8 = 28.8$조 보다 적다.
ㄹ. 2020년 대비 2023년 경상이전수입 중 국가채권의 증가율은 $\dfrac{10-8}{8} \times 100 = 25\%$이며, 경상이전수입 중 연체채권의 증가율은 $\dfrac{8-7}{7} \times 100 ≒ 14.3\%$로 국가채권 증가율이 더 높다.

60

정답 ④

네 번째 조건에 따라 운동 분야에는 강변 자전거 타기와 필라테스의 두 프로그램이 있으므로 필요성 점수가 낮은 강변 자전거 타기는 탈락시킨다. 마찬가지로 여가 분야에도 자수교실과 볼링 모임이 있으므로 필요성 점수가 낮은 자수교실은 탈락시킨다. 나머지 4개의 프로그램을 조건에 따라 수요도 점수와 선정 여부를 나타내면 다음과 같다.

분야	프로그램명	가중치 반영 인기 점수	가중치 반영 필요성 점수	수요도 점수	비고
진로	나만의 책 쓰기	10점	(7+2)점	19점	
운동	필라테스	14점	6점	20점	선정
교양	독서 토론	12점	(4+2)점	18점	
여가	볼링 모임	16점	3점	19점	선정

수요도 점수는 '나만의 책 쓰기'와 '볼링 모임'이 19점으로 동일하지만, 인기 점수가 더 높은 '볼링 모임'이 선정된다. 따라서 하반기 동안 운영될 프로그램은 필라테스와 볼링 모임이다.

제2회 정답 및 해설

61
정답 ⑤

마지막 문단을 통해 물의 비열은 변하는 것이 아니라 고유한 특성이라는 내용을 확인할 수 있다.

62
정답 ①

- 네 번째 조건에 따라 C가 참여하면, D는 참여하지 않는다.
- 다섯 번째 조건에 따라 A는 참여한다.
- 세 번째 조건에 따라 B 또는 D가 참여해야 하는데, D가 참여하지 않으므로 B가 참여한다.
- 첫 번째 조건에 따라 E는 참여하지 않는다.

따라서 참석자는 A, B, C이다.

63
정답 ①

화상회의 진행 시각(한국 기준 오후 4 ~ 5시)을 각국 현지 시각으로 변환하면 다음과 같다.

- 파키스탄 지사(−4시간) : 오후 12 ~ 1시, 점심시간이므로 회의에 참석 불가능하다.
- 불가리아 지사(−6시간) : 오전 10 ~ 11시이므로 회의에 참석 가능하다.
- 호주 지사(+1시간) : 오후 5 ~ 6시이므로 회의에 참석 가능하다.
- 영국 지사(−8시간) : 오전 8 ~ 9시이므로 회의에 참석 가능하다(시차는 −9시간이지만, 서머타임을 적용한다).
- 싱가포르 지사(−1시간) : 오후 3 ~ 4시이므로 회의에 참석 가능하다.

따라서 파키스탄 지사는 화상회의에 참석할 수 없다.

64
정답 ③

- 1일 평균임금＝(4월＋5월＋6월 임금총액)÷(근무일수)
  → (160만 원＋25만 원)＋[(160만 원÷16일)×6일]＋(160만 원＋160만 원＋25만 원)÷(22일＋6일＋22일)＝118,000원
- 총근무일수＝31일＋28일＋31일＋22일＋6일＋22일＝140일
- 퇴직금

$$118{,}000원 \times 30일 \times \frac{140일(총근무일수)}{360일} \fallingdotseq 1{,}376{,}667원$$

따라서 퇴직금은 1,376,000원(∵ 1,000원 미만 절사)이다.

65
정답 ③

- 9명의 신입사원을 3명씩 3개의 조로 나누는 경우의 수

$$\colon {}_9C_3 \times {}_6C_3 \times {}_3C_3 \times \frac{1}{3!}$$

$$= \frac{9 \times 8 \times 7}{3 \times 2 \times 1} \times \frac{6 \times 5 \times 4}{3 \times 2 \times 1} \times 1 \times \frac{1}{3 \times 2 \times 1} = 280가지$$

- A, B, C 한 조씩 배정하는 경우의 수
  : 3!＝3×2×1＝6가지

따라서 가능한 모든 경우의 수는 280×6＝1,680가지이다.

66
정답 ③

과장은 서로 다른 지역으로 출장을 가야 하므로 과장이 서로 다른 지역으로 출장을 가는 경우의 수는 ${}_4P_2 = 12$가지이다.

또한 각 지역은 대리급 이상이 포함되어야 한다.

- 과장과 대리 1명이 같은 지역으로 출장을 가는 경우의 수
  : 대리 3명 중 1명이 과장과 같은 지역으로 출장을 가고 남은 대리 둘은 남은 두 지역으로 출장을 간다.

$${}_3C_1 \times {}_2C_1 \times 2! = 12가지$$

- 과장과 대리가 서로 다른 지역으로 출장을 가는 경우의 수
  : 대리 2명, 대리 1명으로 나누어 남은 두 지역으로 출장을 간다.

$${}_3C_2 \times 2! = 6가지$$

각 경우의 남은 세 자리에 대하여 남은 사원 3명이 출장을 가는 경우의 수는 3!가지이다.

따라서 구하고자 하는 확률은 다음과 같다.

$$\frac{12 \times 12 \times 3!}{12 \times 12 \times 3! + 12 \times 6 \times 3!} = \frac{12}{12+6} = \frac{2}{3}$$

67
정답 ③

자금 이체 서비스 이용 실적은 2022년 3/4분기에도 감소하였다.

오답분석

① 조회 서비스 이용 실적은 817 → 849 → 886 → 1,081 → 1,106천 건으로 매 분기 계속 증가하였다.

② 2022년 2/4분기 조회 서비스 이용 실적은 849천 건이고, 전 분기의 이용 실적은 817천 건이므로 849−817＝32, 즉 3만 2천 건 증가하였다.

④ 모바일 뱅킹 서비스 이용 실적의 전 분기 대비 증가율이 가장 높은 분기는 21.8%인 2022년 4/4분기이다.

⑤ 2022년 4/4분기의 조회 서비스 이용 실적은 자금 이체 서비스 이용 실적의 $\frac{1{,}081}{14} \fallingdotseq 77$, 약 77배이다.

68
정답 ①

제시문은 광고를 단순히 상품 판매 도구로만 보지 않고, 문화적 차원에서 소비자와 상품 사이에 일어나는 일종의 담론으로 해석하여 광고라는 대상을 새로운 시각으로 바라보고 있다.

69
정답 ④

출산장려금 지급 시기의 가장 우선순위인 임신일이 가장 긴 임산부는 B, D, E임산부이다. 이 중에서 만 19세 미만인 자녀 수가 많은 임산부는 D, E임산부이고, 둘 중에서 소득 수준이 더 낮은 임산부는 D임산부이다.

따라서 D임산부가 가장 먼저 출산장려금을 받을 수 있다.

70

수직 계열화에서 사용자 중심으로 산업 패러다임이 변화되고 있음을 제시하는 (나) 문단이 가장 먼저 오는 것이 적절하며, 그 다음으로 가스경보기를 예로 들어 수평적 연결에 대해 설명하는 (다) 문단이 적절하다. 그 뒤를 이어 이러한 수평적 연결이 사물인터넷 서비스로 새롭게 성장한다는 (가) 문단이, 마지막으로는 다양해지는 사물인터넷 서비스에 대해 설명하는 (라) 문단이 오는 것이 적절하다.

제3회 모의고사 정답 및 해설

01	02	03	04	05	06	07	08	09	10
⑤	③	④	③	③	②	①	⑤	④	⑤
11	12	13	14	15	16	17	18	19	20
①	④	①	①	②	⑤	①	③	⑤	④
21	22	23	24	25	26	27	28	29	30
③	④	⑤	③	①	④	①	③	②	⑤
31	32	33	34	35	36	37	38	39	40
④	①	④	④	④	⑤	①	④	①	②
41	42	43	44	45	46	47	48	49	50
①	⑤	④	②	⑤	④	④	⑤	④	③
51	52	53	54	55	56	57	58	59	60
⑤	③	①	⑤	①	③	④	⑤	③	⑤
61	62	63	64	65	66	67	68	69	70
⑤	③	④	④	⑤	③	③	⑤	②	③

01
정답 ⑤

마지막 문단의 '기다리지 못함도 삼가고 아무것도 안 함도 삼가야 한다. 작동 중에 있는 자연스런 성향이 발휘되도록 기다리면서도 전력을 다할 수 있도록 돕는 노력도 멈추지 말아야 한다.'는 내용을 통해 ⑤가 제시문의 주제로 가장 적절함을 알 수 있다.

오답분석

① 인위적 노력을 가하는 것은 조장하지 말라고 한 맹자의 말과 반대된다.
② 싹이 성장하도록 기다리는 것도 중요하지만 '전력을 다할 수 있도록 돕는 노력'도 해야 한다.
③ 명확한 목적성을 강조하는 부분은 제시문에 나와 있지 않다.
④ 맹자는 '싹 밑의 잡초를 뽑고, 김을 매주는 일'을 통해 '성장을 보조해야 한다.'고 말하며 적당한 인간의 개입이 필요함을 말하고 있다.

02
정답 ③

농도 12%의 소금물 600g에 들어있는 소금의 양은 $600 \times 0.12 = 72g$이다. 이 상태에서 소금물을 xg 퍼내면 소금의 양은 0.12 $(600-x)$g이 되고, 여기에 물을 xg 더 넣으면 소금물의 양은 $600-x+x=600$g이 된다. 이 소금물과 농도 4%의 소금물을 섞어 농도 5.5%의 소금물 800g을 만들었으므로 농도 4%인 소금물의 양은 $800-600=200$g이 된다.

$$\frac{0.12(600-x)+(200 \times 0.04)}{600+200} \times 100 = 5.5$$

$$\rightarrow 80-0.12x=44$$

$$\rightarrow 0.12x=36$$

$$\therefore \ x=300$$

따라서 처음에 퍼낸 소금물의 양은 300g이다.

03
정답 ④

아버지의 자리가 결정되면 그 맞은편은 어머니의 자리로 고정된다. 어머니와 아버지의 자리가 고정되므로 아버지의 자리를 고정한 후 남은 4자리는 어떻게 앉아도 같아지는 경우가 생기지 않는다. 따라서 자리에 앉는 경우의 수는 $4!=24$가지이다.

04
정답 ③

마지막 조건부터 차례대로 구해보면 면접시험 여성 합격자는 72명이므로 남성 합격자는 $72 \times \frac{3}{4} = 54$명이다.

필기시험과 면접시험 응시자 및 합격자 인원은 다음 표와 같다.

(단위 : 명)

구분	필기시험	면접시험
응시자	$\frac{315}{0.7}=450$	$\frac{126}{0.4}=315$
합격자	$450 \times 0.8=360$	$72+54=126$

따라서 필기시험에 합격한 사람은 360명이다.

05
정답 ③

- A : 유튜브 관련 결제에 대한 할인과 알뜰폰 통신사에 대한 할인을 제공하지 않는 Play++카드는 A씨에게 부적절하다. 남은 두 카드 중에서 국내 결제에 대하여 할인을 제공하는 카드는 Thepay카드이므로 A씨가 사용하기에 적절한 카드는 Thepay카드이다.
- B : 해외여행 및 해외출장이 잦으므로 휴가중카드 또는 Thepay카드를 사용하는 것이 적절하지만, 할인혜택을 제공하는 카드는 Thepay카드뿐이므로 B씨가 사용하기에 적절한 카드는 Thepay카드이다.

06

정답 ②

기준금리가 인상되면 대출 감소, 기업투자 및 가계소비 감소로 경제활동이 둔화되어 물가가 하락하고 부동산 가격도 함께 하락한다. 또한 해외자본 유입이 늘어나 원화가치가 상승하므로 환율이 하락하여 수출품 가격은 상승하고 수입품 가격은 하락한다. 이에 따라 수출이 감소하고 수입은 증가하게 된다.
따라서 기준금리 인상 시 기대되는 효과로 옳은 것은 ②이다.

오답분석

① 기준금리를 인상하면 기업투자 및 가계소비는 감소한다.
③ 기준금리를 인상하면 수출은 감소하고 수입은 증가하여 국제수지가 악화된다.
④ 기준금리를 인상하면 부동산 가격이 하락하고 이자부담이 증가하여 대출이 감소한다.
⑤ 기준금리를 인상하면 수출품 가격은 상승하고 수입품 가격은 하락한다.

07

정답 ①

$$(\text{단리 예금 이자}) = (\text{원금}) \times (\text{기간}) \times \frac{(\text{이율})}{12}$$

$$2,000 \times 24 \times \frac{0.008}{12} = 32\text{만 원}$$

따라서 A고객이 만기 시 받을 이자의 금액은 320,000원이다.

08

정답 ⑤

200만 원대 소득 가구의 근로자 외 가구에서 지출 금액이 10억 원 미만인 항목 개수는 '주류·담배, 의류·신발, 가정용품·가사서비스, 교육'으로 4개이고, 300만 원대 소득 가구에서는 '주류·담배, 교육'으로 2개이다.
따라서 지출 금액이 10억 원 미만 항목 개수는 200만 원대 소득 가구가 300만 원대 소득 가구보다 $4-2=2$개 더 많다.

오답분석

① 200만 원대 소득 가구와 300만 원대 소득 가구 모두 근로자 가구가 근로자 외 가구보다 주류 품목에 소비가 더 많다.
② 소득구간별 전체 가구의 의류·신발 대비 교육 지출액 비율은 각각 다음과 같다.

• 200만 원대 소득 가구 : $\frac{155,301}{164,583} \times 100 = 94.4\%$

• 300만 원대 소득 가구 : $\frac{223,689}{242,353} \times 100 = 92.3\%$

따라서 의류·신발 대비 교육 지출액 비율은 300만 원대 소득 전체 가구가 200만 원대 소득 전체 가구보다 작다.
③ 200만 원대 소득 가구에서 근로자 가구가 보건에 지출하는 순위는 다섯 번째(주거·수도·광열 > 음식·숙박 > 식료품·비주류음료 > 교통 > 보건)로 많으며, 300만 원대 소득 가구에서는 여섯 번째(음식·숙박 > 교통 > 식료품·비주류음료 > 주거·수도·광열 > 기타상품·서비스 > 보건)로 많다.
④ 근로자 가구와 근로자 외 가구의 200만 원대 소득 가구 대비 300만 원대 소득 가구의 음식·숙박 소비 지출 증가액은 각각 다음과 같다.

• 근로자 가구 : $320,855 - 247,429 = 73,426$만 원
• 근로자 외 가구 : $260,575 - 190,093 = 70,482$만 원

따라서 200만 원대 소득 가구 대비 300만 원대 소득 가구의 음식·숙박 소비 지출 증가액은 근로자 가구가 근로자 외 가구보다 많다.

09

정답 ④

한글 맞춤법에 따르면 모음이나 'ㄴ' 받침 뒤에 이어지는 '률'은 '율'로 적어야 한다. 따라서 @은 '범죄율'이 올바른 표기이다.

10

정답 ⑤

그린본드는 자금 사용 목적이 재생에너지, 전기차, 고효율에너지 등 친환경 관련 프로젝트 투자로 한정된 채권으로, 2018년 산업은행이 국내에서 처음으로 2,000억 원의 그린본드를 발행했다.

오답분석

① 불독본드(Bulldog Bond)
② 정크본드(Junk Bond)
③ 캣본드(Cat Bond)
④ 김치본드(Kimchi Bond)

11

정답 ①

함수 ▲를 사용해 번호(A2)가 홀수(■)이면 "30%할인"을, 그렇지 않으면 "20%할인"을 출력하는 수식이다.

오답분석

② 함수 ▲를 사용해 번호(A2)가 짝수(♡)이면 "30%할인"을, 그렇지 않으면 "20%할인"을 출력하는 수식이다.
③ 품명(B2:B7)이 "복숭아"인 단가(C2:C7)의 평균을 구하는 수식이다.
④ 함수 ▲를 사용해 번호(A2)가 홀수(■)이면 "20%할인"을, 그렇지 않으면 "30%할인"을 출력하는 수식이다.
⑤ 함수 ▲를 사용해 번호(A2)를 2로 나눈 나머지가 0이면(슛(A2,2)=0), 즉, 짝수이면 "30%할인"을 출력하고, 그렇지 않으면 "20%할인"을 출력하는 수식이다.

12

정답 ④

미생물을 끓는 물에 노출하면 영양세포나 진핵포자는 죽일 수 있으나, 세균의 내생포자는 사멸시키지 못한다. 멸균은 포자, 박테리아, 바이러스 등을 완전히 파괴하거나 제거하는 것이므로 물을 끓여서 하는 열처리 방식으로는 멸균이 불가능함을 알 수 있다. 따라서 빈칸에 들어갈 내용으로는 소독은 가능하지만, 멸균은 불가능하다는 ④가 가장 적절하다.

제3회 정답 및 해설

13 정답 ①

세 번째와 다섯 번째 조건으로부터 A사원은 야근을 3회, 결근을 2회 하였고, 네 번째와 여섯 번째 조건으로부터 B사원은 지각을 2회, C사원은 지각을 3회 하였다. C사원의 경우 지각을 3회 하였으므로 결근과 야근을 각각 1회 또는 2회 하였는데, 근태 총점수가 −2점이므로 지각에서 −3점, 결근에서 −1점, 야근에서 +2점을 얻어야 한다. 마지막으로 B사원은 결근을 3회, 야근을 1회 하여 근태 총점수가 −4점이 된다. 이를 표로 정리하면 다음과 같다.

(단위 : 회)

구분	A사원	B사원	C사원	D사원
지각	1	2	3	1
결근	2	3	1	1
야근	3	1	2	2
근태 총점수(점)	0	−4	−2	0

따라서 C사원이 지각을 가장 많이 하였다.

14 정답 ①

13번의 결과로부터 A사원과 B사원이 지각보다 결근을 많이 하였음을 알 수 있다.

15 정답 ②

• 전라도 지역에서 광주가 차지하는 비중
13,379(광주)+13,208(전북)+13,091(전남)=39,678명
→ $\frac{13,379}{39,678} \times 100 ≒ 33.72\%$

• 충청도 지역에서 대전이 차지하는 비중
11,863(대전)+8,437(충북)+10,785(충남)=31,085명
→ $\frac{11,863}{31,085} \times 100 ≒ 38.16\%$

따라서 전라도 지역에서 광주가 차지하는 비중이 충청도 지역에서 대전이 차지하는 비중보다 작다.

오답분석
① 의료인력이 수도권인 서울, 경기에 편중되어 있으므로 불균형 상태를 보이고 있다.
③ 서울과 경기를 제외한 나머지 지역 중 의료인력수가 가장 많은 지역은 부산(28,871명)이고 가장 적은 지역은 제주(4,257명)이다. 따라서 부산과 제주의 의료인력의 차는 24,614명으로 이는 경남(21,212명)보다 크다.
④ 제시된 자료에 의료인력별 수치가 나와 있지 않으므로 의료인력수가 많을수록 의료인력 비중이 고르다고 말할 수는 없다.
⑤ 의료인력수가 가장 적은 곳은 제주(도서지역)이다.

16 정답 ⑤

적립금 운용의 책임이 기업에 있는 경우는 확정급여형(DB; Defined Benefit)이다.

> **DC 확정기여형(Defined Contribution)**
> • 근로자는 자기책임의 투자기회, 사용자는 예측 가능한 기업을 운영할 수 있다.
> • 사용자가 매년 근로자의 연간 임금총액의 1/12 이상을 근로자의 퇴직연금 계좌에 적립하면 근로자가 적립금을 운용하고, 퇴직 시 기업이 부담한 금액과 운용 결과를 합한 금액을 일시금 또는 연금형태로 받을 수 있다.
> • 확정기여형 제도는 근로자의 운용 실적에 따라 퇴직급여가 변동될 수 있다.

17 정답 ①

첫 번째 문단에서 엔테크랩이 개발한 감정인식 기술은 모스크바 경찰 당국에 공급할 계획이라고 하였으므로 아직 도입되어 활용되고 있는 것은 아니다. 따라서 감정인식 기술이 큰 기여를 하고 있다는 ①은 적절하지 않다.

18 정답 ③

주어진 조건에 따르면 가장 오랜 시간 동안 사업 교육을 진행하는 A와 부장보다 길게 교육을 진행하는 B는 부장이 될 수 없으므로 C가 부장임을 알 수 있다. 이때, 다섯 번째 조건에 따라 C부장은 교육 시간이 가장 짧은 인사 교육을 담당하는 것을 알 수 있다. 이를 표로 정리하면 다음과 같다.

구분	인사 교육	영업 교육	사업 교육
시간	1시간	1시간 30분	2시간
담당	C	B	A
직급	부장	과장	과장

따라서 바르게 연결된 것은 ③이다.

19 정답 ⑤

BATNA(Best Alternative To a Negotiated Agreement)는 협상을 통해 합의가 이루어지지 않을 경우 자신이 취할 수 있는 최선의 대안으로 협상 중단, 협상 대상 전환, 법원 판결, 파업 등이 이에 속한다.

오답분석
① CIM(중요사건법, Critical Incident Method) : 인사평가 방법 중 하나로 평가기간 동안 발생한 성공이나 실패 등 중요한 사건들을 기록하여 평가하는 방법이다.
② BARS(행위기준고과법, Behaviorally Anchored Rating Scale) : CIM과 평가척도법을 결합한 인사평가 방법으로 업무상 나타나는 피평가자의 실제 행동을 평가의 기준으로 삼는다.
③ SERVQUAL : 서비스 품질에 대한 기대수준과 실제 성과 간의 차이를 분석하는 모형이다.

④ PLC(제품수명주기, Product Life Cycle) : 제품의 출시 이후 퇴출되기까지의 과정을 도입기, 성장기, 성숙기, 쇠퇴기로 구분하여 판매량이나 이익의 변화를 분석하고 마케팅에서의 시사점을 제공하는 이론이다.

20 정답 ④

WT전략은 외부 환경의 위협 요인을 회피하고 약점을 보완하는 전략이다. 그러나 ④는 강점(S)을 강화하는 방법에 대해 이야기하고 있으므로 적절하지 않다.

오답분석

① SO전략 : 기회를 활용하면서 강점을 더욱 강화시키는 전략이므로 옳다.
② WO전략 : 외부의 기회를 사용해 약점을 보완하는 전략이므로 옳다.
③ ST전략 : 외부 환경의 위협을 회피하며 강점을 적극 활용하는 전략이므로 옳다.
⑤ WT전략 : 외부 환경의 위협 요인을 회피하고 약점을 보완하는 전략이므로 옳다.

21 정답 ③

• 첫 번째 빈칸 : 빈칸 앞의 '개발 지원의 효과는 보잘것없었다.'와 빈칸 뒤의 개발 원조를 받은 많은 나라가 부채에 시달리고 있다는 내용을 통해 빈칸에는 원조에도 불구하고 더욱 가난해졌다는 내용의 ⓒ이 적절하다.
• 두 번째 빈칸 : 빈칸 앞의 '공여국과 수혜국 간의 문화 차이'는 빈칸 뒤의 내용에서 잘 드러난다. 공여국 쪽에서는 개인들에게, 수혜국 쪽에서는 경제 개발에 필요한 부문에 우선 지원하고자 하므로 빈칸에는 이들의 문화 차이를 나타내는 내용의 ㉠이 적절하다.
• 세 번째 빈칸 : 빈칸 앞의 내용에 따르면 자국민 말고는 그 나라를 효율적으로 개발할 수 없다. 그렇다면 빈칸에는 자국민이 아닌 사람의 경우 그 나라를 어떻게 효율적으로 개발할 수 있는가에 대한 방법이 와야 한다. 따라서 빈칸에는 외국 전문가의 경우 현지 맥락을 고려해야 한다는 내용의 ⓒ이 적절하다.

22 정답 ④

ㄴ. 2022년 11월 운수업과 숙박 및 음식점업의 국내카드 승인액의 합은 159+1,031=1,190억 원으로, 도매 및 소매업의 국내카드 승인액의 40%인 3,261×0.4=1,304.4억 원 미만이다.
ㄹ. 2022년 9월 협회 및 단체, 수리 및 기타 개인 서비스업의 국내카드 승인액은 보건 및 사회복지 서비스업 국내카드 승인액의 $\frac{155}{337} \times 100 ≒ 46.0\%$이다.

오답분석

ㄱ. 교육 서비스업의 2023년 1월 국내카드 승인액의 전월 대비 감소율은 $\frac{145-122}{145} \times 100 ≒ 15.9\%$이다.

ㄷ. 2022년 10월부터 2023년 1월까지 사업시설관리 및 사업지원 서비스업의 국내카드 승인액의 전월 대비 증감 추이는 '증가 – 감소 – 증가 – 증가'이고, 예술, 스포츠 및 여가 관련 서비스업은 '증가 – 감소 – 감소 – 감소'이다.

23 정답 ⑤

S교통카드 본사에서 10만 원 이상의 고액 환불 시 내방 당일 카드잔액 차감 후 익일 18시 이후 계좌로 입금받는다.

오답분석

① 부분환불은 환불요청금액이 1만 원 이상 ~ 5만 원 이하일 때 가능하며, S교통카드 본사와 지하철 역사 내 S교통카드 서비스센터에서 가능하다.
② 모바일 환불 시 1인 최대 50만 원까지 환불 가능하며, 수수료는 500원이므로 카드잔액이 40만 원일 경우 399,500원이 계좌로 입금된다.
③ 카드잔액이 30만 원일 경우, 20만 원 이하까지만 환불이 가능한 A은행을 제외한 은행 ATM기에서 수수료 500원을 제외하고 299,500원 환불 가능하다.
④ S교통카드 본사 방문 시에는 월 누적 50만 원까지 수수료 없이 환불이 가능하므로, 13만 원 전액 환불 가능하다.

24 정답 ③

자사주 매입을 하면 발행주식수는 감소한다. 그리고 일반적인 시가 매입을 가정하면 자사주 매입 후 주가는 변하지 않는다. 따라서 자기자본가치는 '주가×주식수'이므로, 자사주 매입 후 자기자본가치는 감소한다.

오답분석

① 주당순이익은 '기업의 순이익÷발행주식수'이다. 자사주 매입 시 발행주식수(분모)가 감소하므로, 주당순이익은 증가한다.
② 주가수익비율은 '주가÷주당순이익'이다. 자사주 매입 시 주가(분자)는 불변이고 주당순이익(분모)은 증가하므로, 주가수익비율은 감소한다.
④ 현금배당의 배당락 효과로 인해 배당 후 주가는 하락한다. 자기자본가치는 '주가×주식수'이므로, 현금배당 후 자기자본가치는 감소한다.
⑤ "(버크셔해서웨이) 주식이 가치보다 낮은 가격에 팔리고 충분한 현금 여력이 있다면" 자사주를 매입하겠다고 밝힌 바 있다는 내용은 자사주 매입의 동기를 설명하는 신호가설(Signaling Hypothesis)로 설명된다. 기업의 내부정보를 가진 경영진이 기업의 주가가 저평가되어 있을 때 자사주 매입을 한다는 것이다. 또한 자사주 매입에는 대량의 현금유출이 수반되므로, 이는 향후 충분한 현금흐름이 발생할 것이라는 신호가 될 수 있다.

25

학생들의 점수를 입력하는 일을 160번 반복하기 때문에 @값은 160이다.

순서도는 재시험자 수를 파악하는 것이 목적이다. 따라서 맞은 개수가 40개 이상이 아닌 학생들이 재시험을 보기 때문에 ⓑ는 No, ⓒ는 Yes이다.

정답 ①

26

제시문은 대기업과 중소기업 간의 상생경영의 중요성을 강조하는 글로, 기존에는 대기업이 시혜적 차원에서 중소기업에게 베푸는 느낌이 강했지만, 현재는 협력사의 경쟁력 향상이 곧 기업의 성장으로 이어질 것으로 보고 상생경영의 중요성을 높이고 있다고 하였다. 또한 대기업이 지원해 준 업체의 기술력 향상으로 더 큰 이득을 보상받는 등 상생 협력이 대기업과 중소기업 모두에게 효과적임을 알 수 있다. 따라서 '시혜적 차원에서의 대기업 지원의 중요성'은 제목으로 적절하지 않다.

정답 ④

27

• A사원 : 2+3+1+1=7일
• B사원 : 3+3+3+1=10일
• C사원 : 1+1+3+3=8일
• D사원 : 1+1+3+3+1=9일
• E사원 : 1+2+3+2=8일

따라서 A사원이 총 7일로 연차를 가장 적게 썼다.

정답 ①

28

S사에서는 연차를 한 달에 3일로 제한하고 있으므로, 11월에 연차를 쓸 수 없다면 앞으로 총 6일의 연차를 쓸 수 있다. 휴가에 대해서 손해를 보지 않으려면 이미 9일 이상의 연차를 썼어야 한다. 따라서 이에 해당하는 사원은 B사원과 D사원이다.

정답 ③

29

인코텀즈(INCOTERMS)란 무역 거래에서 널리 쓰이는 무역조건에 대한 해석규칙으로서 국제상업회의소(ICC)가 제정한다.

ㄱ. 인코텀즈를 제정하는 국제상업회의소는 민간조직이다. 따라서 인코텀즈가 국제법의 효력을 지니지는 않는다. 인코텀즈는 무역거래의 관습들을 명문화시켜놓은 '자치적 관습입법'에 해당한다.

ㄴ. 인코텀즈는 국제상업회의소가 10년마다 개정한다. 가장 최근의 개정은 '인코텀즈 2020'으로, 2020년 1월 1일부터 적용되고 있다.

정답 ②

오답분석

ㄷ. 인코텀즈가 무역거래의 모든 것을 다루지는 않는다. 인코텀즈는 무역거래의 당사자인 매도인(셀러)과 매수인(바이어) 간의 의무에 대하여만 다룬다.

ㄹ. 최근 들어 국제거래에 있어 점차 국경의 중요도가 낮아지는 추세로, 국제거래와 국내거래의 차이가 희미해지고 있다. 순수한 국내거래에서도 인코텀즈가 사용되기도 한다.

30

저맥락 문화는 멤버 간에 공유하고 있는 맥락의 비율이 낮고 개인주의와 다양성이 발달했다. 미국은 이러한 저맥락 문화의 대표국가로, 선악의 확실한 구분, 수많은 말풍선을 사용한 스토리 전개 등이 특징이다. 다채로운 성격의 캐릭터 등장은 일본 만화의 특징이다.

정답 ⑤

31

연도마다 총비율은 100%이므로 취업률의 변화율은 취업률 또는 비취업률의 증감률을 구하여 비교하면 된다. 선택지에 해당되는 비취업률의 증감률을 구하면 다음과 같다.

• 2017년 : $\frac{71-71.5}{71.5} \times 100 \fallingdotseq -0.7\%$

• 2019년 : $\frac{65.5-69.2}{69.2} \times 100 \fallingdotseq -5.3\%$

• 2020년 : $\frac{66-65.5}{65.5} \times 100 \fallingdotseq 0.8\%$

• 2021년 : $\frac{71.1-66}{66} \times 100 \fallingdotseq 7.7\%$

• 2022년 : $\frac{69.1-71.1}{71.7} \times 100 \fallingdotseq -2.8\%$

따라서 전년 대비 노인 취업률의 변화율이 가장 큰 연도는 2021년이다.

정답 ④

32

로렌츠곡선은 인구의 누적점유율과 소득의 누적점유율을 도식화한 것으로서, 소득분배 상태를 평가하는 도구이다. 로렌츠곡선이 대각선이면 완전평등상태(완전균등분포선)를 의미하고, 사각형을 따라 직각으로 그려지면 완전불평등 상태를 의미한다. A국의 로렌츠곡선은 곡선으로 그려지므로, A국의 소득분배는 완전히 평등하지 않다.

정답 ①

오답분석

② B국의 로렌츠곡선은 인구 누적점유율의 일정 정도(그림에서 약 60%)까지는 수평선의 형태이다. 이는 곧 약 60%의 인구는 소득이 전혀 없음(누적점유율=0)을 의미한다.

③ 지니계수는 완전균등분포선과 로렌츠곡선 사이에 해당하는 면적(a)을 완전균등분포선 아래의 삼각형 면적($a+b$)으로 나눈 값이다.

즉, 다음 그림의 $\frac{a}{a+b}$ 이다.

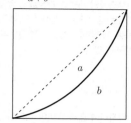

따라서 A국의 지니계수는 0보다 크다. 만약 로렌츠곡선이 완전평등상태의 대각선이면 지니계수는 0, 완전불평등상태의 직각이면 1이 된다.

④ 10분위 분배율은 '하위 40% 소득점유율÷상위 20% 소득점유율'이다. B국의 하위 40%는 소득이 0이므로, 10분위 분배율은 0이 된다.

⑤ 5분위 배율은 '상위 20%의 소득÷하위 20%의 소득'이다. A국은 완전평등 상태가 아니므로, 상위 20%의 소득이 하위 20%의 소득보다 많다. 따라서 5분위 배율은 1보다 크다.

33
정답 ④

첫 번째 조건에 의해 재무팀은 5층 C에 배치되어 있다. 일곱 번째 조건에 의해 인사팀과 노무복지팀의 위치를 각각 6층의 A와 C, 6층의 B와 D, 5층의 B와 D의 경우로 나누어 생각해 보면 인사팀과 노무복지팀의 위치가 6층의 A와 C, 6층의 B와 D일 경우 나머지 조건들을 고려하면 감사팀은 총무팀 바로 왼쪽에 배치되어 있어야 된다는 여섯 번째 조건에 모순된다. 그러므로 인사팀과 노무복지팀의 위치는 5층의 B와 D이고 이를 토대로 나머지 조건들을 고려하면 다음의 배치도를 얻을 수 있다.

〈5층 사무실 배치도〉

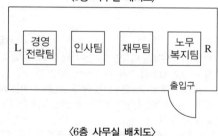

〈6층 사무실 배치도〉

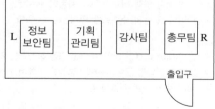

따라서 감사팀 위치는 6층의 C이다.

34
정답 ④

제시문은 스페인의 건축가 가우디의 건축물에 대해 설명하는 글이다. 따라서 (나) 가우디 건축물의 특징인 곡선과 대표 건축물인 까사 밀라 – (라) 까사 밀라에 대한 설명 – (다) 가우디 건축의 또 다른 특징인 자연과의 조화 – (가) 이를 뒷받침하는 건축물인 구엘 공원의 순으로 나열하는 것이 적절하다.

35
정답 ④

2020 ~ 2023년 동안 SOC 투자규모의 전년 대비 증감 추이는 '증가 – 감소 – 감소 – 감소'이고, 총지출 대비 SOC 투자규모 비중은 '증가 – 증가 – 감소 – 감소'이다.

오답분석

① 2023년 총지출을 a조 원이라고 가정하면 $a \times 0.069 = 23.1$조 원이다. $a = \frac{23.1}{0.069} ≒ 334.8$이므로 300조 원 이상이다.

② 2020년 SOC 투자규모의 전년 대비 증가율은 $\frac{25.4-20.5}{20.5} \times 100 ≒ 23.9\%$이다.

③ 전년 대비 투자 규모가 증가한 2020년을 제외한 2021 ~ 2023년 SOC 투자규모의 전년 대비 감소율을 계산하면 다음과 같다.
- 2021년 : $\frac{25.1-25.4}{25.4} \times 100 ≒ -1.2\%$
- 2022년 : $\frac{24.4-25.1}{25.1} \times 100 ≒ -2.8\%$
- 2023년 : $\frac{23.1-24.4}{24.4} \times 100 ≒ -5.3\%$

따라서 SOC 투자규모가 전년에 비해 가장 큰 비율로 감소한 해는 2023년이다.

⑤ 2024년 SOC 투자규모의 전년 대비 감소율이 2023년과 동일하다면, 2024년 SOC 투자규모는 $23.1 \times (1-0.053) ≒ 21.9$조 원이다.

36
정답 ①

사원별 성과지표의 평균을 구하면 다음과 같다.
- A사원 : $(3+3+4+4+4) \div 5 = 3.6$
- B사원 : $(3+3+3+4+4) \div 5 = 3.4$
- C사원 : $(5+2+2+3+2) \div 5 = 2.8$
- D사원 : $(3+3+2+2+5) \div 5 = 3$
- E사원 : $(4+2+5+3+3) \div 5 = 3.4$

즉, A사원만 당해 연도 연봉에 1,000,000원이 추가된다.
각 사원의 당해 연도 연봉을 구하면 다음과 같다.
- A사원 : 300만+(3×300만)+(3×200만)+(4×100만)+(4×150만)+(4×100만)+100만=33,000,000원
- B사원 : 300만+(3×300만)+(3×200만)+(3×100만)+(4×150만)+(4×100만)=31,000,000원
- C사원 : 300만+(5×300만)+(2×200만)+(2×100만)+(3×150만)+(2×100만)=30,500,000원

- D사원 : 300만+(3×300만)+(3×200만)+(2×100만)
  +(2×150만)+(5×100만)=28,000,000원
- E사원 : 300만+(4×300만)+(2×200만)+(5×100만)
  +(3×150만)+(3×100만)=31,500,000원

따라서 가장 많은 연봉을 받을 직원은 A사원이다.

37 정답 ⑤

두 번째 조건과 세 번째 조건에 따라 3학년이 앉은 첫 번째 줄과 다섯 번째 줄의 바로 옆줄인 두 번째 줄과 네 번째 줄, 여섯 번째 줄에는 3학년이 앉을 수 없다. 즉, 두 번째 줄, 네 번째 줄, 여섯 번째 줄에는 1학년 또는 2학년이 앉아야 한다. 이때, 3학년이 앉은 줄의 수가 1학년과 2학년이 앉은 줄의 수와 같다는 네 번째 조건에 따라 남은 세 번째 줄은 반드시 3학년이 앉아야 한다. 따라서 ⑤는 항상 거짓이 된다.

오답분석
① 네 번째 줄에는 1학년 또는 2학년이 앉을 수 있다.
② 책상 수가 몇 개인지는 알 수 없다.
③ 학생 수가 몇 명인지는 알 수 없다.
④ 여섯 번째 줄에는 1학년 또는 2학년이 앉을 수 있다.

38 정답 ②

기업의 임원이 적대적 M&A 등으로 인해 퇴임할 경우, 거액의 퇴직위로금을 지급하도록 하여 기업 인수를 방어하는 정관 조항을 황금낙하산이라고 한다.

오답분석
① 포이즌 필 : 적대적 M&A 시도가 있는 경우, 신주를 저가에 발행하고 기존 주주에게 그것을 매입할 수 있는 권리를 주는 것을 말한다.
③ 왕관의 보석 : 적대적 M&A가 시도된 경우, 기업의 핵심 자산을 제3자에게 매각하는 방식으로 기업의 가(家)와 매력을 감소시킴으로써 기업인수를 무산시키는 방법이다. 이때 매각하는 핵심 자산을 왕관의 보석이라고 한다.
④ 초다수결 : M&A를 하는 데 있어 일반적인 주총 결의 요건보다 더욱 까다로운 결의 요건을 설정하는 것이다.
⑤ 황금주 : 인수 관련 주총 결의 사항에 절대적 거부권을 행사할 수 있는 권리를 가진 주식이다. 기존주주가 황금주를 가지고 있는 경우, 합병의 승인 등 의사결정을 저지할 수도 있다.

39 정답 ①

왼쪽을 기준으로 4글자를 반환한다.

오답분석
② 왼쪽을 기준으로 5글자를 반환하여 '점'까지 출력되므로 오답이다.
③ 1~5번째 글자를 반환하므로 오답이다.
④ 지점(B2:B7)의 문자 개수를 세는 수식이다.
⑤ 오른쪽을 기준으로 4글자를 반환하므로 오답이다.

40 정답 ②

제시문에서는 인지부조화의 개념과 과정을 설명한 후, 이러한 인지부조화를 감소시키는 행동에 자기방어적인 행동을 유발하는 비합리적인 면이 있음을 지적하며, 이러한 행동이 부정적 결과를 초래할 수 있다고 밝히고 있다.

41 정답 ①

같은 부서 사람이 옆자리에 함께 앉아야 하므로 먼저 부서를 한 묶음으로 생각하고 세 부서를 원탁에 배치하는 경우는 2!=2가지이다. 각 부서 사람끼리 자리를 바꾸는 경우의 수는 2!×2!×3!=2×2×3×2=24가지가 나온다. 따라서 조건에 맞게 7명이 앉을 수 있는 경우의 수는 2×24=48가지이다.

42 정답 ⑤

P업체 견인차의 속력을 x km/h(단, $x \neq 0$)라 하자.
S업체 견인차의 속력이 63km/h일 때, 40분 만에 사고지점에 도착하므로 S업체부터 사고지점까지의 거리는 $63 \times \dfrac{40}{60} = 42$ km이다.

사고지점은 P업체보다 S업체에 40km 더 가까우므로 P업체에서 사고지점까지의 거리는 42+40=82km이다.
P업체의 견인차가 S업체의 견인차보다 늦게 도착하지 않으려면 사고지점에 도착하는 데 걸리는 시간이 40분보다 적거나 같아야 한다.

$$\frac{82}{x} \leq \frac{2}{3}$$
$$\rightarrow 2x \geq 246$$
$$\therefore x \geq 123$$

따라서 P업체의 견인차가 내야 하는 최소 속력은 123km/h이다.

43 정답 ④

ㄱ. 이자지급시기 안내에 따르면 이자는 매년 5월과 11월의 말일에 월 단위로 결산해 다음 날 원금에 더한다.
ㄷ. 부가서비스 안내에 따르면 S뱅킹 앱의 '인컴박스'라는 서비스를 통해 입금 내역을 한눈에 확인할 수 있는 입금 관리 서비스를 받을 수 있다.
ㄹ. 수수료 면제 안내에 따르면 수수료 면제 조건 충족 시 이 통장 거래에서 발생한 타행 이체수수료, 자동이체수수료, 자동화기기 출금수수료 등의 수수료를 면제받을 수 있다.

오답분석
ㄴ. 거래방법 안내에 따르면 개인인터넷뱅킹을 통해서는 해지만 할 수 있으며, 영업점(은행창구)과 S뱅킹을 통해서는 신규·전환·해지 등이 모두 가능하다.

44

ㄱ. 금융회사, 비금융회사, 핀테크 회사 등의 참여자가 임베디드 금융 시장에서 얻는 이익은 근본적으로 비금융회사가 고객에게 제공하는 서비스를 통해 얻은 수익에서 비롯된다. 비금융회사는 고객에게 서비스를 제공하는 주체로서, 자사가 보유한 방대한 고객 데이터와 기존 서비스를 금융 서비스에 접목해 고객에게 적합한 상품을 추천하고 자사의 제품 판매 향상을 통해 얻은 수익의 일부를 금융회사와 핀테크 회사에 제공하는 것이다. 따라서 임베디드 금융 시장의 참여자 중에 가장 큰 역할을 하는 주체는 비금융회사라고 말할 수 있다.

ㄹ. 임베디드 금융의 한 형태인 서비스형 은행(BaaS; Banking as a Service)에 대한 설명이다. 임베디드 금융은 비금융회사가 금융회사의 금융 상품을 단순 중개·재판매하는 것을 넘어 IT·디지털 기술을 활용해 자사의 플랫폼에 결제, 대출 등의 비대면 금융 서비스(핀테크)를 내재화(Embed)하는 것을 뜻한다.

오답분석

ㄴ. 임베디드 금융의 시장 구조는 비금융회사의 기존 서비스에 금융 서비스를 추가함으로써 얻은 수익을 비금융회사, 금융회사, 핀테크 회사가 나눠 갖는 방식으로 이루어진다.

ㄷ. 코로나19 장기화 사태로 소비 형태가 온라인화하면서 더 빠르고 간편하게 비대면 금융 서비스를 이용하려는 수요가 급증하는 한편 금융기관의 디지털 전환이 가속화되고 IT·디지털 기술의 발달과 금융 규제의 완화 추세 등은 임베디드 금융이 고속 성장하는 원동력이 되고 있다.

45

S씨는 휴일 오후 3시에 택시를 타고 서울에서 경기도 맛집으로 이동하였다. 택시요금 계산표에 따라 경기도 진입 전까지 기본요금으로 2km까지 3,800원이며, $4.64-2=2.64$km는 주간 거리 요금으로 계산하면 $\frac{2,640}{132} \times 100 = 2,000$원이 나온다.

경기도에 진입한 후 맛집까지의 거리는 $12.56-4.64=7.92$km로 시계외 할증이 적용되어 심야 거리요금으로 계산하면 $\frac{7,920}{132} \times 120 = 7,200$원이고, 경기도에 진입한 후 택시가 멈춰있었던 8분의 시간요금은 $\frac{8 \times 60}{30} \times 120 = 1,920$원이다.

따라서 S씨가 가족과 맛집에 도착하여 지불하게 될 택시요금은 $3,800+2,000+7,200+1,920=14,920$원이다.

46

빈칸의 앞 문단에서 '보존 입자는 페르미온과 달리 파울리의 배타원리를 따르지 않는다. 따라서 같은 에너지 상태를 지닌 입자라도 서로 겹쳐서 존재할 수 있다. 만져지지 않는 에너지 덩어리인 셈이다.'라고 하였고, 빈칸 다음 문장에서 '빛은 실험을 해보면 입자의 특성을 보이지만, 질량이 없고 물질을 투과하며 만져지지 않는다.'라고 하였다. 또한 마지막 문장에서 '포논은 광자와 마찬가지로 스핀이 0인 보존 입자이다.'라고 하였으므로 광자는 스핀이 0인 보존 입자라는 것을 알 수 있다. 따라서 빈칸에 들어갈 내용으로는 ④가 적절하다.

오답분석

① 광자가 파울리의 배타원리를 따른다면, 파울리의 배타원리에 따라 페르미온 입자로 이뤄진 물질은 우리가 손으로 만질 수 있어야 한다. 그러나 광자는 질량이 없고 물질을 투과하며 만져지지 않는다고 하였으므로 적절하지 않은 내용이다.

② '포논은 광자와 마찬가지로 스핀이 0인 보존 입자이다.'라는 문장에서 광자는 스핀 상태에 따라 분류할 수 있는 입자임을 알 수 있다.

③ 스핀이 1/2의 홀수배인 입자들은 페르미온이라고 하였고, 광자는 스핀이 0인 보존 입자이므로 적절하지 않은 내용이다.

47

주어진 조건에 따라 부서별 위치를 정리하면 다음과 같다.

구분	1층	2층	3층	4층	5층	6층
경우 1	해외 사업부	인사· 교육부	기획부	디자인부	서비스 개선부	연구· 개발부
경우 2	해외 사업부	인사· 교육부	기획부	서비스 개선부	디자인부	연구· 개발부

따라서 3층에 위치한 기획부의 직원은 출근 시 반드시 계단을 이용해야 하므로 ④는 항상 옳다.

48

사고 전·후 이용 가구 수의 차이가 가장 큰 것은 생수이며, 가구 수의 차이는 $140-70=70$가구이다.

오답분석

① 사고 전 수돗물을 이용하는 가구 수가 120가구로 가장 많았다.

② 수돗물과 약수를 이용하는 가구 수가 감소했다.

③ 식수 조달원을 변경한 가구 수는 전체 가구 수의 $\frac{230}{370} \times 100 \fallingdotseq 62\%$로 60% 이상이다.

④ 사고 전에 정수를 이용하던 가구 수는 100가구이며, 사고 후에도 정수를 이용하는 가구 수는 50가구이다. 나머지 50가구는 사고 후 다른 식수 조달원을 이용한다.

33 / 47

제3회 정답 및 해설

49 정답 ④

원리금균등분할상환이므로 월평균 상환원금은 1,200만 원÷12개월=100만 원이다. 또한 이자는 원금에 고객별 적용금리를 곱한 후 12개월로 나누어 계산하며(원 미만 절사), 이때 적용금리는 최고 연 8.01%, 최저 연 7.11%이다.

이를 토대로 월평균 상환원금과 이자를 정리한 다음 표에 따르면 적용금리가 최고금리(8.01%)인 경우 첫 달에 80,100원이던 이자는 매월 6,675원씩 감소하고, 최저금리(7.11%)인 경우 첫 달에 71,100원이던 이자는 매월 5,925원씩 줄어든다. 이는 매월 100만 원씩 원금을 상환하기 때문이다. 규칙적인 수치로 감소하므로 각각의 월마다 이자가 얼마인지 계산하지 않아도 된다.

구분	원금	적용금리	이자계산식	이자
1월	1,200만 원	8.01%	1,200만 원×0.0801÷12	80,100원
		7.11%	1,200만 원×0.0711÷12	71,100원
2월	1,100만 원	8.01%	1,100만 원×0.0801÷12	73,425원
		7.11%	1,100만 원×0.0711÷12	65,175원
...			...	
12월	100만 원	8.01%	100만 원×0.0801÷12	6,675원
		7.11%	100만 원×0.0711÷12	5,925원

이에 따라 적용금리가 최고금리인 경우와 최저금리인 경우의 총이자와 월평균 납입금액[(월평균 상환원금)+(월평균 이자금액)]을 계산하면 다음과 같다.

- 최고금리인 경우
  - 총이자 : $6,675×(1+2+3+4+5+6+7+8+9+10+11+12)=6,675×78=520,650$원
  - 월평균 납입금액 : $1,000,000+(520,650÷12)≒1,043,388$원
- 최저금리인 경우
  - 총이자 : $5,925×(1+2+3+4+5+6+7+8+9+10+11+12)=5,925×78=462,150$원
  - 월평균 납입금액 : $1,000,000+(462,150÷12)≒1,038,513$원

따라서 최고금리일 때와 최저금리일 때의 월평균 상환금액의 차액은 $1,043,388-1,038,513=4,875$원이다.

50 정답 ③

ㄴ. IRA는 개인퇴직계좌로, 근로자가 퇴직 혹은 퇴직금 중간정산 시 일시적으로 자금을 보관하는 저축계좌의 기능을 수행하였다. 이러한 IRA의 운용이 사실상 경직적이었던 점을 보완하며 근로자퇴직급여보장법에 따라 등장한 것이 IRP이다.

ㄷ. 근로자의 퇴직금을 회사가 운용한 후 근로자에게 지정 금액을 지급하는 것은 DB형(확정급여형)에 대한 설명이다.

51 정답 ⑤

공유경제는 소유권(Ownership)보다는 접근권(Accessibility)에 기반을 둔 경제모델로, 개인이나 기업들이 소유한 물적·금전적·지적 자산에 대한 접근권을 온라인 플랫폼을 통해 거래하는 것이다. 따라서 자신이 타던 자동차를 판매하는 것은 제품에 대한 접근권이 아닌 소유권을 거래하는 것이므로 이를 공유경제의 일환으로 볼 수 없다.

52 정답 ③

지호의 시험결과를 순서도에 넣으면 듣기점수 55점(No →), 쓰기점수 67점(No →), 말하기점수 68점(Yes →)으로 [C반]에 배정받는다. 읽기점수가 79점이지만 말하기점수가 70점 미만이기 때문에 말하기점수에서 처리 흐름이 멈춘다.

53 정답 ①

ⅰ) 첫 번째 조건에서 전체 석유수요의 증가규모가 동일한 국가는 B와 C이므로 이들이 인도와 중동임을 알 수 있다.

ⅱ) 마지막 조건에서 교통부문의 증가규모가 전체 증가규모의 50%인 지역이 중동이라고 하였으며 이를 통해 C가 중동이라는 것을 알 수 있다.

ⅲ) 그래프상에서 양의 방향으로 가장 긴 길이를 가지고 있는 것이 A이므로 두 번째 조건을 통해 A가 중국임을 알 수 있다.

ⅳ) 세 번째 조건을 통해 전력생산부문의 석유수요 규모가 감소하는 지역은 D뿐이므로 D가 남미임을 알 수 있다.

54 정답 ⑤

사내유보 이익은 대차대조표를 통해 확인할 수 있는 내용이다.

오답분석

①·②·③ 손익계산서는 일정기간 동안 기업의 경영활동 성과를 나타내는 회계보고서이다.

④ 손익계산서는 비용과 수익으로 나뉘며, 비용에는 매출원가, 판매비, 관리비, 영업외비용, 특별손실, 법인세비용 등이 있다.

55 정답 ①

W사원이 영국 출장 중에 받는 해외여비는 50×5=250파운드이고, 스페인은 60×4=240유로이다. 항공권은 편도 금액이므로 왕복으로 계산하면 영국은 380×2=760파운드, 스페인은 870×2=1,740유로이며, 영국과 스페인의 비행시간 추가 비용은 각각 20×(12-10)×2=80파운드, 15×(14-10)×2=120유로이다. 그러므로 영국 출장 시 드는 비용은 250+760+80=1,090파운드, 스페인 출장 시 드는 비용은 240+1,740+120=2,100유로이다.

은행별 환율을 이용하여 출장비를 원화로 계산하면 다음과 같다.

구분	영국	스페인	총비용
A은행	$1,090 \times 1,470$ $=1,602,300$원	$2,100 \times 1,320$ $=2,772,000$원	4,374,300원
B은행	$1,090 \times 1,450$ $=1,580,500$원	$2,100 \times 1,330$ $=2,793,000$원	4,373,500원
C은행	$1,090 \times 1,460$ $=1,591,400$원	$2,100 \times 1,310$ $=2,751,000$원	4,342,400원

따라서 A은행의 총비용이 가장 많고, C은행의 총비용이 가장 적으므로 두 은행의 총비용 차이는 $4,374,300-4,342,400=31,900$원이다.

56
정답 ④

논리 순서에 따라 조건을 정리하면 다음과 같다.
- 다섯 번째 조건에 따르면 E대리는 참석한다.
- 네 번째 조건의 대우는 'E대리가 참석하면 D대리는 참석하지 않는다.'이므로 D대리는 참석하지 않는다.
- 첫 번째 조건에 따라 C주임이 참석한다.
- 세 번째 조건에 따라 C주임이 참석하면 A사원도 참석한다.
- 두 번째 조건은 나머지 조건들과 논리적 동치 관계가 없으므로 판단의 근거로 활용할 수 없다.

그러므로 반드시 참석하는 직원은 A사원, C주임, E대리이며, 반드시 참석하지 않는 직원은 D대리이다. B사원과 F과장의 참석 여부는 분명하지 않다.
따라서 B사원과 F과장이 참석한다고 가정하면, A사원, B사원, C주임, E대리, F과장 5명이 참석하는 경우가 최대 인원이 참석하는 경우이다.

57
정답 ④

(단리식 적금 이자)=(월 납입액)$\times n \times \dfrac{n+1}{2} \times \dfrac{r}{12}$

(n : 개월 수, r : 연 이자율)

- P가 만기 시 수령하는 이자액 : $120,000 \times \dfrac{24 \times 25}{2} \times \dfrac{0.025}{12}$
  $=75,000$원
- P가 가입기간 동안 납입한 원금 : $120,000 \times 24 = 2,880,000$원

따라서 만기환급금은 $75,000+2,880,000=2,955,000$원이다.

58
정답 ②

중국 1,000위안을 태국 바트로 환전하면 다음과 같다.
$1,000$위안$\times \dfrac{170원}{1위안} \times \dfrac{1바트}{35원} = \dfrac{1,000 \times 170}{35} \fallingdotseq 4,857.14$바트

59
정답 ③

러시아 1루블당 13원이므로, 다음 식이 성립한다.

$\dfrac{1루블}{13원} \times \dfrac{1,250원}{1USD} = \dfrac{1,250}{13}$ 루블/USD $\fallingdotseq 96.15$루블/USD

오답분석

① 중국 : 1위안/170원$=\dfrac{1,250}{170}$ 위안/USD $\fallingdotseq 7.35$위안/USD

② 일본 : 1엔/8.5원$=\dfrac{1,250}{8.5}$ 엔/USD $\fallingdotseq 147.06$엔/USD

④ 태국 : 1바트/35원$=\dfrac{1,250}{35}$ 바트/USD $\fallingdotseq 35.71$바트/USD

⑤ 사우디아라비아 : 1리얄/350원$=\dfrac{1,250}{350}$ 리얄/USD $\fallingdotseq 3.57$리얄/USD

60
정답 ③

제시문은 IC카드의 개발 및 원리에 대한 글이다. 제시된 글의 경우 자석 접촉 시 데이터가 손상되는 마그네틱 카드의 단점과 이를 보완한 것이 IC카드라고 설명하였다. 따라서 (나) 데이터 손상의 방지 및 여러 기능의 추가가 가능한 IC카드 - (가) EEPROM이나 플래시메모리를 내장한 IC카드 - (다) 메모리 외에 프로세서 기능이 추가된 IC카드 순서대로 나열하는 것이 적절하다.

61
정답 ⑤

변동환율제도에서는 중앙은행이 외환시장에 개입하여 환율을 유지할 필요가 없고, 외환시장의 수급 상황이 국내 통화량에 영향을 미치지 않으므로 독자적인 통화정책의 운용이 가능하다.

62
정답 ③

보기의 내용으로 볼 때 이전의 내용과 다른 근본적인 설명의 예가 나와야 한다. (다) 앞의 문단은 왜 왼손이 배변 처리에 사용되었는지 설명해 주지 못한다고 하였고, (다) 뒤의 문단은 뇌의 좌우반구 기능 분화의 내용을 다루는 다른 설명이 있다. 따라서 (다)가 보기의 문장이 들어갈 곳으로 가장 적절하다.

63
정답 ④

먼저 한 달간 약국의 공휴일 영업일수는 서로 같으므로 5일 동안 5개의 약국 중 2곳씩 영업할 경우 각 약국은 모두 두 번씩 영업해야 한다. 세 번째 조건과 마지막 조건에 따르면 D약국은 첫 번째, 두 번째 공휴일에 이미 A약국, E약국과 함께 두 번의 영업을 하였다. E약국 역시 네 번째 조건에 따라 마지막 공휴일에 영업할 예정이므로 모두 두 번의 영업을 하게 되며, A약국도 세 번째 공휴일인 오늘 영업 중이므로 두 번의 영업일을 채우게 된다. B약국이 두 번의 영업일을 채우기 위해서는 네 번째와 다섯 번째 공휴일에 반드시 영업을 해야 하므로 C약국은 자연스럽게 남은 네 번째 공휴일에 영업을 하게 된다.

각 공휴일에 영업하는 약국을 정리하면 다음과 같다.

공휴일	첫 번째	두 번째	세 번째	네 번째	다섯 번째
약국 (횟수)	A(1), D(1) D(1), E(1)	D(2), E(1) A(1), D(2)	A(2), C(1)	B(1), C(2)	B(2), E(2)

따라서 네 번째 공휴일에 영업하는 약국은 B와 C약국이다.

오답분석

① 조건에 따르면 A약국은 첫 번째 또는 두 번째 공휴일에 영업을 하였는데, A약국이 세 번째 공휴일에 영업을 하므로 첫 번째 공휴일에 영업을 할 경우에는 연속으로 영업한다는 것은 참이 되지 않는다.
② 다섯 번째 공휴일에는 B와 E약국이 함께 영업한다.
③ B약국은 네 번째, 다섯 번째 공휴일에 영업한다.
⑤ E약국은 첫 번째 또는 두 번째 공휴일과 다섯 번째 공휴일에 영업을 하므로, 첫 번째와 다섯 번째 공휴일에 영업하는 것이 반드시 참은 아니다.

64 정답 ④

조건의 명제들을 논리 기호화하면 다음과 같다.
• 첫 번째 명제 : (~연차 ∨ 출퇴근) → 주택
• 두 번째 명제 : 동호회 → 연차
• 세 번째 명제 : ~출퇴근 → 동호회
• 네 번째 명제 : (출퇴근 ∨ ~연차) → ~동호회

먼저 두 번째 명제의 경우, 동호회행사비 지원을 도입할 때에만이라는 한정 조건이 있으므로 역(연차 → 동호회) 또한 참이다. 만약 동호회행사비를 지원하지 않는다고 가정하면, 두 번째 명제의 역의 대우(~동호회 → ~연차)와 세 번째 명제의 대우(~동호회 → 출퇴근)에 따라 첫 번째 명제가 참이 되므로, 출퇴근교통비 지원과 주택마련자금 지원을 도입하게 된다. 그러나 다섯 번째 조건에 따라 주택마련자금 지원을 도입했을 때, 다른 복지제도를 도입할 수 없으므로 모순이 된다. 그러므로 동호회행사비를 지원하는 것이 참인 것을 알 수 있다.
동호회행사비를 지원한다면, 네 번째 명제의 대우[동호회 → (~출퇴근 ∧ 연차)]에 따라 출퇴근교통비 지원은 도입되지 않고, 연차 추가제공이 도입된다. 그리고 다섯 번째 명제의 대우에 따라 주택마련자금 지원은 도입되지 않는다. 따라서 S기업이 도입할 복지제도는 동호회행사비 지원과 연차 추가 제공 2가지이다.

65 정답 ⑤

2019 ~ 2023년의 국가공무원 중 여성의 비율과 지방자치단체공무원 중 여성의 비율의 차를 구하면 다음과 같다.
• 2019년 : 47−30=17%p
• 2020년 : 48.1−30.7=17.4%p
• 2021년 : 48.1−31.3=16.8%p
• 2022년 : 49−32.6=16.4%p
• 2023년 : 49.4−33.7=15.7%p
비율의 차는 2020년에 증가했다가 이후에는 계속 감소한다.

66 정답 ③

혁신적 기술 등에 의한 성장이 아닌 외형성장에 주력해온 국내 경제의 체질을 변화시키기 위해 벤처기업 육성에 관한 특별조치법이 제정되었다고 하는 부분을 통해 알 수 있는 내용이다.

오답분석

① 해외 주식시장의 주가 상승과 국내 벤처버블 발생이 비슷한 시기에 일어난 것은 알 수 있으나 전자가 후자의 원인이라는 것은 제시문을 통해서는 알 수 없는 내용이다.
② 벤처버블이 1999 ~ 2000년의 기간 동안 국내 뿐 아니라 미국, 유럽 등 전 세계 주요 국가에서 나타난 것은 알 수 있으나 전 세계 모든 국가에서 일어났는지는 알 수 없다.
④ 뚜렷한 수익모델이 없다고 하더라도 인터넷을 활용한 비즈니스를 내세우면 높은 잠재력을 가진 기업으로 인식되었다는 부분을 통해 벤처기업이 활성화되었으리라는 것을 유추할 수는 있다. 하지만 그것이 대기업과 어떠한 연관을 가지는지는 제시문을 통해서는 알 수 없는 내용이다.
⑤ 외환위기로 인해 우리 경제에 고용창출과 경제성장을 주도할 새로운 기업군이 필요해졌다는 부분은 알 수 있으나, 외환위기가 해외 주식을 대규모로 매입하는 계기가 되었는지는 알 수 없다.

67 정답 ③

중도상환을 하기 때문에 대출이율과 관계없이 중도상환수수료를 지불해야 한다.
중도상환수수료는 [(중도상환금액)×(중도상환수수료율)×(잔여기간 ÷대출기간)]이므로 $50,000,000 \times 0.02 \times \dfrac{24}{60} = 400,000$원임을 안내해야 한다.

68 정답 ⑤

주어진 조건에 따르면 과장은 회색 코트를 입고, 연구팀 직원은 갈색 코트를 입었으므로 가장 낮은 직급인 기획팀의 C사원은 검은색 코트를 입었음을 알 수 있다. 이때, 과장이 속한 팀은 디자인팀이며, 연구팀 직원의 직급은 대리임을 알 수 있지만, 각각 디자인팀의 과장과 연구팀의 대리가 A, B 중 누구인지는 알 수 없다. 이것을 정리하면 다음과 같다.

구분	A 또는 B	A 또는 B	C
직급	과장	대리	사원
코트	회색	갈색	검은색
팀	디자인팀	연구팀	기획팀

따라서 항상 옳은 것은 ⑤이다.

69

정답 ②

제시문에 나타난 수출가격을 구하는 계산식을 통해 확인할 수 있다. 환율이 1,000원/$일 때 국내 시장에서 가격이 1만 원인 국산품의 수출가격이 $10라면, 환율이 상승한 2,000원/$일 경우, 수출가격은 $5가 된다.

오답분석

① 수입 증가는 환율 상승의 원인으로 볼 수 있다.

③ 외국인들의 한국 여행은 환율 하락의 원인으로 작용한다.

④ 제시문에 나타난 수입가격을 구하는 계산식을 통해 확인할 수 있다. 환율이 1,000원/$일 때 국제 시장에서 가격이 $100인 수입품의 수입가격이 100,000원이라면, 환율이 900원/$일 때 90,000원이 된다.

⑤ 외화를 많이 보유하게 되면 환율이 하락하면서 우리 돈의 가치가 증가한다고 볼 수 있다.

70

정답 ③

결산일이 8월 11일이므로 직전 3개월은 5, 6, 7월이다. 이 3개월 간 입금 내역 중 대상연금 조건에 만족하는 입금 내역을 확인한다. 금년 3월부터 매월 일정한 금액의 퇴직연금 입금 내역이 존재한다고 하였으나 타행으로부터의 '연금' 문구가 인쇄되는 입금 내역은 월 최대 1건만 인정되므로 5, 6, 7월에 인정되는 퇴직연금 입금 내역 수는 2+2+2=6건이다.

또한 금년 6월 10일부터 국가보훈처로부터의 입금 내역이 존재하므로 6월, 7월에 1건씩 인정된다.

그 외 입금 내역은 연금과 관련이 없으므로 대상연금으로 인정받을 수 있는 내역은 6+1+1=8건이다.

따라서 A씨에게 적용되는 우대이율은 1%p이다.

제4회 모의고사 정답 및 해설

01	02	03	04	05	06	07	08	09	10
①	③	⑤	③	③	③	④	②	③	①
11	12	13	14	15	16	17	18	19	20
③	⑤	⑤	②	②	④	⑤	②	⑤	③
21	22	23	24	25	26	27	28	29	30
①	④	②	③	②	③	⑤	②	①	④
31	32	33	34	35	36	37	38	39	40
⑤	①	⑤	④	⑤	①	③	③	③	③
41	42	43	44	45	46	47	48	49	50
②	④	②	⑤	②	③	②	②	③	①
51	52	53	54	55	56	57	58	59	60
⑤	③	④	③	④	④	①	④	②	②
61	62	63	64	65	66	67	68	69	70
③	⑤	①	④	②	①	①	⑤	②	⑤

01 정답 ①

제시문에서는 유럽과 신대륙 간 필요한 자원의 가치에 따라 교환이 일어나고 있는 상황을 설명한다. 이는 자원의 특징 중 상대성에 해당하는 내용이므로, ①이 적절한 설명이다.

오답분석

② · ④ 자원의 유한성에 대한 설명이다.
③ 자원의 가변성에 대한 설명이다.
⑤ 자원의 희소성에 대한 설명이다.

02 정답 ③

㉠ 집중화 전략의 특징이다.
㉡ 원가우위 전략의 특징이다.
㉢ 차별화 전략의 특징이다.

03 정답 ⑤

선호하는 인증수단으로 이메일을 선택한 20대 모두가 아이핀과 공동인증서를 동시에 선택했다면, 아이핀과 공동인증서 비율에서 각각 24.1%는 이메일, 아이핀, 공동인증서 모두를 선택한 사람들이다. 만약 20대 중 신용카드를 선택한 사람이 모두 아이핀을 동시에 선택했을 경우 아이핀을 선택한 비율에서 이메일, 아이핀,

공동인증서를 모두 택한 비율을 제외하면 $36-24.1=11.9\%$가 된다. 따라서 신용카드 비율인 16.9%보다 낮게 나오므로 신용카드를 선택한 20대 모두가 아이핀을 동시에 선택하는 것은 불가능하다.

오답분석

① 30대와 40대 모두 1위부터 3위는 '공동인증서 – 휴대폰 문자인증 – 아이핀' 순이다.
② 전체 응답자의 비율 합은 252.9%이며, 모든 응답자가 적어도 2개를 선택했다고 했을 때, 최소 52.9%는 3개를 선택한 사람임을 알 수 있다.
③ 전체 남성 수는 동일하므로 비율로 비교하면, 신용카드를 선택한 남성은 21.1%이고, 바이오 인증을 선택한 비율의 3배는 $9.9\times3=29.7\%$이므로 바이오 인증을 선택한 남성 수의 3배가 신용카드를 선택한 남성 수보다 많다.
④ 20대와 50대의 선호 인증수단 중 공동인증서의 차이가 $79.4-67.4=12\%$p로 가장 크다.

04 정답 ③

[2번 알림창]은 아이디는 맞게 입력했지만(NO →) 비밀번호를 잘못 입력해서(YES →) 출력되는 알림창이다.

오답분석

① 탈퇴 처리된 계정일 경우 [4번 알림창]이 출력된다.
② 아이디에 대한 판단이 선행되므로 [2번 알림창]이 아닌 [1번 알림창]이 출력된다.
④ 아이디를 잘못 입력한 경우 [1번 알림창]이 출력된다.
⑤ 휴면 계정일 경우 [3번 알림창]이 출력된다.

05 정답 ③

ㄱ. 환율이 '상승'하면 제품을 수입하기 위해 더 많은 원화를 필요로 하고 이에 따라 수입이 감소하게 되므로 순수출이 증가한다.
ㄴ. 국내이자율이 높아지면 국내자산 투자수익률이 좋아져 해외로부터 자본유입이 확대되고, 이는 환율 '하락' 요인으로 작용한다.
ㄷ. 국내물가가 상승하면 상대적으로 가격이 저렴한 수입품에 대한 수요가 늘어나 환율 '상승' 요인으로 작용한다.

06 정답 ③

내리막길(오르막길)의 거리를 $x$km라고 하자.

$$\left(\frac{32}{60} - \frac{x}{20}\right) \times 18$$

$$\rightarrow \left(1\frac{24}{60} - \frac{x}{4}\right) \times 15$$

$$\therefore x = 4$$

이때, 평탄한 길의 거리는 다음과 같다.

$$\left(\frac{32}{60} - \frac{4}{20}\right) \times 18 = 6\text{km}$$

따라서 집에서 체육관까지의 거리는 $4 + 6 = 10$km이다.

07 정답 ④

위험을 회피하는 투자자일수록 무차별곡선 기울기는 가팔라진다.

오답분석

① 마이너스 기울기를 갖는 우하향 형태를 나타낸다.
② L자형 무차별곡선 위에서는 어떠한 경우에도 효용의 크기가 서로 동일하다.
③ 비재화는 소비량이 늘어날수록 효용이 낮아진다.
⑤ X재가 중립재일 경우 수평, Y재가 중립재일 경우 수직이 된다.

08 정답 ②

세 번째 문단에 따르면 호메로스의 『일리아스』는 '오래전부터 구전되어 온 트로이 전쟁에 대해 읊은 서사시'이므로, ㉠의 입장에 따르면 객관적 서술 태도와는 거리가 멀다.
따라서 '객관적 서술 태도를 배제하지 못했다.'는 ②의 내용은 호메로스의 『일리아스』를 비판한 내용으로 적절하지 않다.

09 정답 ③

(가) : 부산에서 서울로 가는 버스터미널은 2곳이므로 올바르게 안내해 주었다.
(다) : 소요 시간을 고려하여 도착 시간에 맞게 출발하는 버스 시간을 올바르게 안내해 주었다.
(라) : 도로 교통 상황에 따라 소요 시간에 차이가 있다는 사실을 올바르게 안내해 주었다.

오답분석

(나) : 고객의 집은 부산 동부 터미널이 가깝다고 하였으므로 출발해야 하는 시간 등을 물어 부산 동부 터미널에 적당한 차량이 있는지 확인하고, 없을 경우 부산 터미널을 권유해야 한다. 단지 배차되는 버스가 많다는 이유만으로 부산 터미널을 이용하라고 안내하는 것은 옳지 않다.
(마) : 우등 운행 요금만 안내해 주었고, 일반 운행 요금에 대한 안내를 하지 않았다.

10 정답 ①

○(B2*C2)는 결과가 오류이면 참을 반환한다. ①은 오류이면 인수1 자리에 있는 B2*C2 값을, 오류가 아니면 인수2 자리에 있는 "만기"를 반환하기 때문에 [D3]에 들어갈 수 없다.

오답분석

② ▲(B2)는 값이 숫자이면 참을 반환한다. 따라서 값이 숫자가 아닌 3행은 "만기"로 출력되고, 값이 숫자인 나머지 행은 B2*C2의 결과가 출력된다.
③ 3행은 월 저축액과 기간을 곱하면 오류가 발생한다. 따라서 ③은 함수 ■를 이용하여 오류 대신 "만기"를 출력하는 수식이다.
④ ○(B2*C2)은 결과가 오류이면 참을 반환한다. 따라서 함수 ◎의 인수1 자리에는 "만기", 인수2 자리에는 B2*C2가 들어가야 한다.
⑤ ▼(B2)는 값이 텍스트가 아니면 참을 반환한다. 따라서 값이 텍스트인 3행은 인수2 자리에 있는 "만기", 나머지 행은 인수1 자리에 있는 B2*C2의 결과가 출력된다.

11 정답 ③

제시된 사례에서 P전자는 성장성이 높은 LCD 사업 대신에 익숙한 PDP 사업에 더욱 몰입하였으나, 점차 LCD의 경쟁력이 높아짐으로써 PDP는 무용지물이 되었다는 것을 알 수 있다. 따라서 P전자는 LCD 시장으로 사업전략을 수정할 수 있었지만 보다 익숙한 PDP 사업을 선택하고 집중함으로써 시장에서 경쟁력을 잃는 결과를 얻게 되었다.

12 정답 ⑤

9월 말 이후의 그래프가 모두 하향곡선을 그리고 있다.

오답분석

①·③ 표를 통해 쉽게 확인할 수 있다.
② 환율이 하락하면 반대로 원화가치가 높아진다.
④ 유가 범위는 $85 \sim 125$ 사이의 변동 폭을 보이고 있다.

13 정답 ⑤

• A : 만 62세이므로 (가)보험이나, (나)보험에 가입이 가능하다. 두 상품 모두 A가 선호하는 월납 방식 선택이 가능하며, 암 보장형 상품에 해당한다. 하지만 (가)보험은 이미 납입한 보험료에 대해 80%까지만 환급이 가능하므로 A의 요구조건을 충족하지 못한다. 따라서 (나)보험을 추천하는 것이 적절하다.
• B : 단발성 납입을 선호하므로 월납 등 정기적인 납부방식이 적용된 (가)·(나)보험보다 (다)보험이 적합하다. 또한 필요기간만 가입하는 것을 선호하므로, 보험기간이 1, 3년으로 타 상품에 비해 상대적으로 단기인 (다)보험을 추천하는 것이 적절하다.

14
정답 ②

정주임은 신규고객이며, 특별우대금리 2를 적용받아 총 연 1.7+0.5=2.2%의 금리를 적용받는다.

정주임이 만기 시 수령할 원리금을 계산하면 다음과 같다.

$$200,000 \times \left\{ \frac{(1.022)^{\frac{13}{12}} - (1.022)^{\frac{1}{12}}}{(1.022)^{\frac{1}{12}} - 1} \right\}$$

$$= 200,000 \times \left(\frac{1.0239 - 1.0018}{0.0018} \right)$$

$$\fallingdotseq 2,456,000$$

따라서 정주임이 만기 시 수령할 원리금은 2,456,000원이다.

15
정답 ②

정주임은 S카드 기존고객이며, 특별우대금리 1을 적용받아 총 연 1.5+3.5=5.0%의 금리를 적용받는다.

정주임이 만기 시 수령할 원리금을 계산하면 다음과 같다.

$$200,000 \times \left\{ \frac{(1.05)^{\frac{13}{12}} - (1.05)^{\frac{1}{12}}}{(1.05)^{\frac{1}{12}} - 1} \right\}$$

$$= 200,000 \times \left(\frac{1.054 - 1.004}{0.004} \right)$$

$$= 2,500,000$$

따라서 정주임이 만기 시 수령할 원리금은 2,500,000원이다.

16
정답 ④

네 번째 조건을 제외한 나머지 조건과 그 대우를 논리식으로 표현하면 다음과 같다.

조건	대우
$\sim(D \lor G) \rightarrow F$	$\sim F \rightarrow (D \land G)$
$F \rightarrow \sim E$	$E \rightarrow \sim F$
$\sim(B \lor E) \rightarrow \sim A$	$A \rightarrow (B \land E)$

네 번째 조건에 따라 A가 투표를 하였으므로 세 번째 조건의 대우에 의해 B와 E 모두 투표를 하였다. 또한 E가 투표를 하였으므로 두 번째 조건의 대우에 따라 F는 투표하지 않았으며, F가 투표하지 않았으므로 첫 번째 조건의 대우에 따라 D와 G는 모두 투표하였다. 즉, A, B, D, E, G 5명이 투표하였으므로 네 번째 조건에 따라 C는 투표하지 않았다.

따라서 투표를 하지 않은 사람은 C와 F이다.

17
정답 ⑤

2019년 대비 2023년 석유 생산량이 감소한 국가는 C, F국이며, 석유 생산량 감소율은 각각 다음과 같다.

• C국 : $\frac{4,025,936 - 4,102,396}{4,102,396} \times 100 \fallingdotseq -1.9\%$

• F국 : $\frac{2,480,221 - 2,874,632}{2,874,632} \times 100 \fallingdotseq -13.7\%$

따라서 2019년 대비 2023년 석유 생산량 감소율이 가장 큰 국가는 F국이다.

오답분석

① 석유 생산량이 매년 증가한 국가는 A, B, E, H국으로 총 4개이다.

② 연도별 E국 석유 생산량을 H국 석유 생산량과 비교하면 다음과 같다.

• 2019년 : $\frac{258,963}{100,731} \fallingdotseq 2.6$

• 2020년 : $\frac{273,819}{101,586} \fallingdotseq 2.7$

• 2021년 : $\frac{298,351}{102,856} \fallingdotseq 2.9$

• 2022년 : $\frac{303,875}{103,756} \fallingdotseq 2.9$

• 2023년 : $\frac{335,371}{104,902} \fallingdotseq 3.2$

따라서 2023년 E국 석유 생산량은 H국 석유 생산량의 약 3.2배이므로 옳지 않다.

③ 석유 생산량 상위 2개국은 매년 A, B국이며, 연도별 석유 생산량의 차이는 다음과 같다.

• 2019년 : 10,356,185−8,251,052=2,105,133bbl/day
• 2020년 : 10,387,665−8,297,702=2,089,963bbl/day
• 2021년 : 10,430,235−8,310,856=2,119,379bbl/day
• 2022년 : 10,487,336−8,356,337=2,130,999bbl/day
• 2023년 : 10,556,259−8,567,173=1,989,086bbl/day

따라서 A국과 B국의 석유 생산량 차이는 '감소 – 증가 – 증가 – 감소'의 추이를 보이므로 옳지 않다.

④ 2019년 대비 2023년 석유 생산량이 증가한 국가는 A, B, D, E, G, H국이며, 석유 생산량 증가율은 각각 다음과 같다.

• A국 : 10,556,259−10,356,185=200,074bbl/day
• B국 : 8,567,173−8,251,052=316,121bbl/day
• D국 : 5,442,103−5,321,753=120,350bbl/day
• E국 : 335,371−258,963=76,408bbl/day
• G국 : 1,336,597−1,312,561=24,036bbl/day
• H국 : 104,902−100,731=4,171bbl/day

따라서 2019년 대비 2023년 석유 생산량 증가량이 가장 큰 국가는 B국이다.

18

정답 ②

제시문은 신앙 미술에 나타난 동물의 상징적 의미와 사례, 변화와 그 원인 그리고 동물의 상징적 의미가 지닌 문화적 가치에 대하여 설명하는 글이다. 따라서 (나) 신앙 미술에 나타난 동물의 상징적 의미와 그 사례 – (다) 동물의 상징적 의미의 변화 – (라) 동물의 상징적 의미가 변화하는 원인 – (가) 동물의 상징적 의미가 지닌 문화적 가치 순서대로 나열하는 것이 적절하다.

19

정답 ⑤

세 번 안에 승자와 패자가 가려질 확률은 1−(세 번 모두 승자와 패자가 가려지지 않을 확률)이다.

- 한 번의 가위바위보에서 세 사람이 낼 수 있는 경우의 수
  : $3 \times 3 \times 3 = 27$가지
- 승패가 가려지지 않는 경우의 수
  – 모두 같은 것을 내는 경우 : 3가지
  – 모두 다른 것을 내는 경우 : 6가지
- 한 번의 시행에서 승패가 가려지지 않을 확률 : $\dfrac{9}{27} = \dfrac{1}{3}$

따라서 세 번 안에 승자와 패자가 가려질 확률은 $1 - \left(\dfrac{1}{3}\right)^3 = \dfrac{26}{27}$ 이다.

20

정답 ③

B고객이 예금 만기 시 받을 수 있는 이율은 기본금리 3%와 우대금리 0.2%p로 총 $3+0.2=3.2\%$이다. 5년간 예금납 만기해지 시 B고객이 받을 수 있는 금액은 $1,000,000 \times \left(1+0.032 \times \dfrac{60}{12}\right) = 1,160,000$원이다.

예금을 중도에 해지할 경우, 최초 가입 시 설정된 (기본금리)+(우대금리)가 아닌 중도해지이율이 적용된다. B고객은 해당 예금 상품을 1년 동안 보유했으므로 중도해지이율 중 18개월 미만인 (기본금리)×30%가 적용된다. 중도해지 시 B고객이 받을 수 있는 금액은 $1,000,000 \times \left(1+0.03 \times 0.3 \times \dfrac{12}{12}\right) = 1,009,000$원이다.

따라서 B고객에게 안내할 금액은 $1,160,000-1,009,000=151,000$원이다.

21

정답 ①

A소금물과 B소금물의 소금의 양을 구하면 각각 $300 \times 0.09 = 27g$, $250 \times 0.112 = 28g$이다. 이에 따라 C소금물의 농도는 $\dfrac{27+28}{300+250} \times 100 = \dfrac{55}{550} \times 100 = 10\%$이다.

소금물을 덜어내도 농도는 변하지 않으므로 20%를 덜어낸 소금물의 양은 $550 \times 0.8 = 440g$이고, 소금의 양은 44g이다.

따라서 소금을 10g 더 추가했을 때 소금물의 농도는 $\dfrac{44+10}{440+10} \times 100 = \dfrac{54}{450} \times 100 = 12\%$이다.

22

정답 ④

민정씨가 서비스센터를 방문한 이유는 블루투스 기능에 문제가 생겼기 때문이다. 액정 파손 관련(NO →), 침수 관련(NO →), 배터리 관련(NO →), 잠금 관련(NO →)을 따라가면 ◎가 출력된다.

23

정답 ②

시각, 청각, 후각, 촉각, 미각의 다섯 가지 감각을 통해 만들어진 감각 마케팅인 ②는 개인화 마케팅의 사례로 적절하지 않다.

오답분석

① 고객들의 개인적인 사연을 기반으로 광고 서비스를 제공하는 것으로, 개인화 마케팅의 사례로 적절하다.
③ 고객들이 자신이 직접 사과를 받는 듯한 효과를 얻는 것으로, 개인화 마케팅의 사례로 적절하다.
④ 댓글 작성자의 이름을 기반으로 이벤트를 진행한 것으로, 개인화 마케팅의 사례로 적절하다.
⑤ 고객의 이름을 불러서 서비스를 제공한 것으로, 개인화 마케팅의 사례로 적절하다.

24

정답 ③

ㄱ. 유통 중인 농·수·축산물도 수거검사 대상임을 알 수 있다.
ㄴ. 수산물의 경우에도 총수은, 납 등과 함께 항생물질을 검사하고 있다.
ㄹ. 식품수거검사 결과 적발한 위해정보는 식품의약안전청 홈페이지에서 확인할 수 있다.

오답분석

ㄷ. 월별 정기 및 수시 수거검사가 있다.

25

정답 ②

고객은 Zgm.고향으로카드를 해외에서 이용할 때보다 국내에서 이용할 때 더 많은 포인트가 적립되는지 여부 및 우대서비스를 적용받기 위한 전월실적의 필요 여부에 대해 문의하고 있다.

첫 번째 문의는 평일에는 적립률이 국내와 해외 모두 동일하고, 주말에는 국내에서 이용하는 경우가 해외에서 이용하는 경우보다 0.3%p 더 많이 적립됨을 안내하면 된다.

두 번째 문의는 우대서비스를 적용받으려면 전월실적 40만 원 이상이 필요하지만, 카드 사용 등록일로부터 그다음 달 말일까지는 전월실적을 충족하지 않아도 서비스가 제공됨을 안내하면 된다.

26 정답 ③

ㄱ. 제시된 경제 현상은 물가의 변동으로 인해 소득의 실질가치는 변하지 않아도, 명목임금이 증가했을 때 소득이 상승했다고 인식하는 화폐환상에 대한 내용이다.

ㄷ. 케인스학파는 물가하락으로 인해 명목임금이 하락하더라도 실질임금이 유지되나, 화폐환상으로 인해 근로자들이 이를 인지하지 못하고, 명목임금의 하방경직성에 따라 명목임금이 실업 발생 이전 수준을 유지하게 되므로 노동 수요가 증가하지 못해 실업이 자연 해소되지 않는다고 보았다. 케인스학파는 이를 토대로 정부개입의 필요성을 주장하였다.

오답분석

ㄴ. 화폐환상은 물가의 상승으로 인해 명목임금이 상승하였더라도 명목임금을 물가로 나눈 실질임금이 상승하지 않았지만, 명목임금의 상승만을 근거로 임금이 올랐다고 인식하는 현상을 가리킨다. 명목임금상승률과 물가상승률의 차이가 크더라도, 명목임금상승률이 더 높은 경우에는 실질임금이 상승한 것이므로 화폐환상에 해당하지 않는다.

27 정답 ⑤

제시문은 미세먼지 특별법 제정과 시행 내용에 대해 설명하고 있다. 따라서 ⑤가 제목으로 가장 적절하다.

28 정답 ②

고급 포장과 스토리텔링은 모두 수제 초콜릿의 강점에 해당하므로 SWOT 분석에 의한 마케팅 전략으로 볼 수 없다. SO전략과 ST전략으로 보일 수 있으나, 기회를 포착하거나 위협을 회피하는 모습을 보이지 않기에 적절하지 않다.

오답분석

① 값비싼 포장(약점)을 보완하여 좋은 식품에 대한 인기(기회)에 발맞춰 홍보하는 WO전략에 해당한다.

③ 수제 초콜릿의 스토리텔링(강점)을 포장에 명시하여 소비자들의 요구를 충족(기회)시키는 SO전략에 해당한다.

④ 수제 초콜릿의 존재를 모르는 점(약점)을 마케팅 강화하여 보완하고 대기업과의 경쟁(위협)을 이겨내는 WT전략에 해당한다.

⑤ 수제 초콜릿의 풍부한 맛(강점)을 알리고, 맛을 보기 전에는 알 수 없는 일반 초콜릿과의 차이(위협)도 알리는 ST전략에 해당한다.

29 정답 ①

구매 방식별 비용을 구하면 다음과 같다.

• 스마트폰 앱 : 12,500×0.75=9,375원
• 전화 : (12,500-1,000)×0.9=10,350원
• 회원카드와 쿠폰 : (12,500×0.9)×0.85≒9,563원
• 직접 방문 : (12,500×0.7)+1,000=9,750원
• 교환권 : 10,000원

따라서 피자 1판을 가장 저렴하게 살 수 있는 구매 방식은 스마트폰 앱이다.

30 정답 ④

ㄴ. 지점방문 청약 시 시간이 오래 걸릴 수 있어 온라인(HTS, MTS)으로도 많이 신청한다.

ㄹ. 유상증자 청약 시 청약증거금은 청약금액의 100%이다.

오답분석

ㄱ. 유상증자와 달리 무상증자는 해당주주에게 자동으로 신주가 부여되며, 청약이 필요 없다.

ㄷ. 신주배정기준일 기준 주식을 보유한 주주가 대상이 되며, 주식은 D+2일 결제이므로 매수는 신주배정기준일 기준 D-2일 이전까지 매수해야 한다.

31 정답 ⑤

펌뱅킹은 인터넷뱅킹과 다르게 인증서나 OTP를 통한 확인절차가 필요 없다.

오답분석

① 전용선을 사용하므로 보안상 안정적이고, PC환경에 따른 영향이 거의 없다.

② 은행이 제공하는 화면을 보면서 거래하는 인터넷뱅킹과 달리, 펌뱅킹은 은행과 약속된 전자문서 교환을 통해 거래한다.

③ 자금수납, 자금지급, 정보전송 등의 업무가 가능하다.

④ 거래건수의 제한이 거의 없어 대규모의 거래를 빠르게 처리할 수 있다.

32 정답 ①

오답분석

② a → c → b 순서로 진행할 때 작업시간이 가장 많이 소요되며, 총작업시간은 10시간이 된다.

③·④ 순차적으로 작업할 경우 첫 번째 공정에서 가장 적게 걸리는 시간을 먼저 선택하고, 두 번째 공정에서 가장 적게 걸리는 시간을 맨 뒤에 선택한다. 즉, b → c → a가 최소 제품 생산 시간이 된다.

⑤ 제품 b 작업 후 1시간의 유휴 시간이 있어 1시간 더 용접을 해도 전체 작업시간에는 변함이 없다.

33 정답 ⑤

조건을 논리 기호화하여 표현하면 다음과 같다.
• 두 번째 명제 : 머그컵 → ~노트
• 세 번째 명제 : 노트
• 네 번째 명제 : 태블릿PC → 머그컵
• 다섯 번째 명제 : ~태블릿PC → (가습기 ∧ ~컵받침)
세 번째 명제에 따라 노트는 반드시 선정되며, 두 번째 명제의 대우(노트 → ~머그컵)에 따라 머그컵은 선정되지 않는다. 그리고

네 번째 명제의 대우(~머그컵 → ~태블릿PC)에 따라 태블릿PC도 선정되지 않으며, 다섯 번째 명제에 따라 가습기는 선정되고 컵받침은 선정되지 않는다. 따라서 총 3종류의 경품을 선정한다고 하였으므로, 노트, 가습기와 함께 펜이 경품으로 선정된다.

34 정답 ④

ⓔ의 앞에서 제시된 술탄 메흐메드 2세의 행적을 살펴보면 성소피아 대성당으로 가서 성당을 파괴하는 대신 이슬람 사원으로 개조하였고, 그리스 정교회 수사에게 총대주교직을 수여하는 등 '역대 비잔틴 황제들이 제정한 법을 그가 주도하고 있던 법제화의 모델로 이용하였던 것'을 보아 '단절을 추구하는 것'이 아닌 '연속성을 추구하는 것'으로 고치는 것이 적절하다.

35 정답 ④

$=\triangle(\blacktriangle(\blacksquare(A2=1,A2=2),C2*0.6+D2*0.4,C2*0.4+D2*0.6),2)$를 살펴보면 다음과 같다.

$=\blacksquare(A2=1,A2=2)$는 '학년(A열)이 1학년 또는 2학년이 맞는가?'를 나타낸다.

$=\blacktriangle(조건,C2*0.6+D2*0.4,C2*0.4+D2*0.6)$은 조건이 참이라면 $C2*0.6+D2*0.4$를 계산하고, 아니라면, 즉 3학년이거나 4학년이라면 $C2*0.4+D2*0.6$을 계산하라는 의미이다. 이렇게 계산한 최종점수에 $=\triangle(최종점수,2)$를 이용하여 소수점 둘째 자리에서 반올림하면 [E2:E9]에 주어진 결괏값을 얻을 수 있다.

36 정답 ⑤

출발지와 도착지 사이의 거리는 3.5km이며(YES →, NO →, NO →), 차를 소유하고 있지 않지만(NO →), 택시호출 앱이 휴대폰에 설치되어 있다(YES →). 따라서 추천 교통수단으로 [택시]가 출력된다.

37 정답 ①

제시문은 낙수 이론에 대해 설명하고, 그 실증적 효과를 언급한 후에 비판을 제기하고 있다. 따라서 낙수 이론의 실증적 효과에 대해 설명하는 (가)가 이어져야 하며, 다음으로 비판을 제기하는 (나)가 그 뒤에 와야 한다. 또한, (라)에서는 제일 많이 제기되는 비판에 대해 다루고 있고, (다)에서는 '또한 제기된다.'라는 표현을 사용하고 있으므로 (라)가 (다) 앞에 오는 것이 적절하다. 따라서 이어질 문단을 순서대로 바르게 나열한 것은 ①이다.

38 정답 ③

탄소Zero챌린지 적금 상품은 재예치가 불가능한 상품이므로 만기일은 2025년 9월 5일이고 이후에 재예치할 수 없다.

오답분석

① A씨는 탄소중립 생활실천 12개 항목 중 5개 항목에 동의하지 않았으므로 탄소Zero생활 실천 우대이율의 조건에 충족하지 않는다. 또한 실물 종이통장을 발급받았으므로 종이거래Zero 실천 우대이율을 받을 수 없다. 반면, 2024년 10월부터 2025년 6월까지 9개월 동안 매월 5회 이상 S은행 후불교통카드를 이용할 것이므로 대중교통 이용 우대조건을 충족하여 우대이율 0.2%p를 받을 수 있다. 따라서 A씨는 3.3+0.2=3.5%의 연이율을 받는다.

② A씨는 스마트뱅킹을 통해 초입금 1만 원 이상, 매월 1만 원 이상 10만 원 이하를 납입할 예정이므로 가입조건을 충족한다.

④ 탄소Zero챌린지 적금 상품은 중도인출이 불가능한 상품이다.

⑤ 종이통장을 발급받지 않는다면 종이거래Zero 실천 우대이율 0.05%p의 추가이율을 적용받아 최고 우대이율 0.25%p를 받을 수 있다.

39 정답 ③

5장의 카드에서 2장을 뽑아 두 자리 정수를 만드는 전체 경우의 수는 $4\times4=16$가지($\because$ 십의 자리에는 0이 올 수 없다)이다.
십의 자리가 홀수일 때와 짝수일 때를 나누어 생각해 보자.
• 십의 자리가 홀수, 일의 자리가 짝수일 경우의 수 : $2\times3=6$가지
• 십의 자리가 짝수, 일의 자리가 짝수일 경우의 수 : $2\times2=4$가지
따라서 구하는 확률은 $\dfrac{6+4}{16}=\dfrac{5}{8}$이다.

40 정답 ③

A팀은 $\dfrac{150}{60}$ 시간으로 경기를 마쳤으며, B팀은 현재 70km를 평균 속력 40km/h로 통과해 $\dfrac{70}{40}$ 시간이 소요되었다. 이때 남은 거리의 평균 속력을 $x$km/h라 하면 $\dfrac{80}{x}$의 시간이 더 소요된다. B팀은 A팀보다 더 빨리 경기를 마쳐야 하므로 다음 식이 성립한다.

$$\dfrac{150}{60}>\dfrac{70}{40}+\dfrac{80}{x}$$

$$\therefore x>\dfrac{320}{3}$$

따라서 최소 $\dfrac{320}{3}$ km/h를 초과해야 한다.

41 정답 ②

오답분석

ⓛ 신용카드 통합한도의 40% 이내에서 현금서비스 한도가 정해진다.

ⓔ 카드론, 할부금융, 일반대출 등의 경우 대출금이 지급된 날이나 계약서류를 발급받은 날 중 늦은 날로부터 14일 이내에 대출계약을 철회할 수 있다.

42　　　　정답 ④

주어진 조건을 정리하면 다음과 같다.

구분	족두리	치마	고무신
콩쥐	파란색 / 검은색	빨간색	노란색(파란색×)
팥쥐	빨간색	파란색(노란색×)	검은색
향단	검은색 / 파란색	노란색(검은색×)	빨간색
춘향	노란색(빨간색×)	검은색(빨간색×)	파란색(빨간색×)

콩쥐가 빨간색 치마를 입으므로 남은 파란색, 노란색, 검은색 치마는 나머지 사람들이 나눠 입는다. 팥쥐는 노란색을 싫어하고 검은색 고무신을 선호하므로 파란색 치마를 배정받고, 향단이는 검은색 치마를 싫어하므로 노란색 치마를 배정받는다.
따라서 남은 검은색 치마는 춘향이가 배정받게 된다.

43　　　　정답 ②

전체 쓰레기 중 종이컵이 차지하는 비율은 '(전체 쓰레기 중 일회용품이 차지하는 비율)×(일회용품 쓰레기 중 종이컵이 차지하는 비율)'로 구할 수 있다. 2021년 전체 쓰레기 중 종이컵이 차지하는 비율은 $0.28 \times 0.183 \times 100 ≒ 5.1\%$이고, 2023년 전체 쓰레기 중 종이컵이 차지하는 비율은 $0.41 \times 0.169 \times 100 ≒ 6.9\%$이다.
따라서 전체 쓰레기 중 종이컵이 차지하는 비율은 2021년이 2023년보다 $6.9 - 5.1 = 1.8\%\mathrm{p}$ 낮다.

44　　　　정답 ⑤

제시문은 우리말과 영어의 어순 차이에 대해 설명하면서 우리말에서 주어 다음에 목적어가 오는 것은 '나의 의사보다 상대방에 대한 관심을 먼저 보이는 우리의 문화'에서 기인한 것이라고 언급하고 있다. 또한 '나의 의사를 밝히는 것이 먼저인 영어를 사용하는 사람들의 문화'라는 내용으로 볼 때, 상대방에 대한 관심보다 나의 생각을 우선시하는 것은 영어의 문장 표현이다.
따라서 ⑤가 제시문을 통해 알 수 있는 내용으로 적절하지 않다.

45　　　　정답 ②

'-로써'는 어떤 일의 수단이나 도구를 나타내는 격조사이며, '-로서'는 지위나 신분 또는 자격을 나타내는 격조사이다. 서비스 이용자의 증가가 오투오 서비스 운영 업체에 많은 수익을 내도록 한 수단이 되므로 ⓛ은 '증가함으로써'로 쓰는 것이 적절하다.

46　　　　정답 ③

제시된 금융상품은 단리식으로 이자를 지급하는 정기적금이다. 따라서 최초 납입한 원금에 대해서가 아닌 가입기간 동안 납입한 원금까지 금리를 적용한다.

오답분석

① 제시된 적금은 S은행 이용 유무와 관계없이 가입이 가능하다. 다만 신규 가입자에 한해 우대금리를 적용한다.

② S은행을 이용한 기간이 이 상품 가입 직전 1년 이전이거나, S은행으로 급여이체를 이용한 거래내역이 없거나, S카드를 가입한 적이 없거나, 가입했더라도 탈회 및 해지 후 3개월이 경과한 경우 중 두 가지 조건 이상을 만족한다면 최고 우대금리를 적용받을 수 있다.

④ 온라인으로 가입한 고객은 만기일에 자동 해지되어 출금계좌로 자동 입금되기 때문에 별도의 만기해지 절차가 필요하지 않다.

⑤ 휴일에는 만기 및 만기가 경과한 예적금에 한해서만 해지가 가능하므로, 중도해지가 필요한 온라인 가입자는 온라인으로 평일 오전 9시부터 오후 9시 30분 사이에 해지하거나, 영업시간 내 영업점에 방문하여 실명확인 후 해지가 가능하다.

47　　　　정답 ②

2분기 포인트 적립금은 직전 분기의 승인금액 합계에 따르므로, 2023년 1월부터 3월까지의 승인금액의 합인 595.3만 원에 대해 적립된다.
따라서 2분기 포인트 적립금은 $59 \times 950 = 56,050\mathrm{p}$이므로 A주임은 청소기를 사은품으로 수령하게 된다.

48　　　　정답 ②

풋옵션 매도자는 시장이 급락할 경우 손실이 크게 발생할 수 있다.

오답분석

③ 풋옵션 매수자는 시장 또는 자산 가격이 하락할수록 이익이 발생한다.

④ 풋옵션 매수자는 아무리 시장 또는 자산 가격이 상승해도 풋옵션을 매수한 금액(프리미엄)으로 손실이 제한된다.

⑤ 콜옵션은 조기상환권, 풋옵션은 조기상환청구권에 해당된다.

49　　　　정답 ③

조세정책을 시행하는 곳은 기획재정부이며, 한국은행은 통화신용정책을 시행한다.

오답분석

① 정부의 조세정책은 재정지출이나 소득재분배 등 중요한 역할을 담당한다.

② 소득세, 법인세 감면은 기업의 고용 및 투자를 촉진하는 대표적인 정부정책이다.

④ 래퍼 곡선에 대한 설명이다.

⑤ 지하경제 양성화, 역외탈세 근절 등은 조세정의뿐만 아니라 국가재정 확보에도 매우 중요한 문제이다.

50　　　　정답 ①

한 번 거주했던 층에는 다시 거주할 수 없기 때문에 가는 3층, 나는 2층에 배정될 수 있다. 다는 1층 또는 4층에 배정될 수 있지만, 라는 1층에만 거주할 수 있기 때문에, 다는 4층, 라는 1층에 배정된다.

이를 표로 정리하면 다음과 같다.

가	나	다	라
3층	2층	4층	1층

따라서 항상 참인 것은 ①이다.

오답분석

②·③·④ 주어진 조건만으로는 판단하기 힘들다.

⑤ 매년 새롭게 층을 배정하기 때문에 나 또한 3년 이상 거주했을 것이다.

51
정답 ⑤

매우 노력함과 약간 노력함의 비율 합은 다음과 같다.

구분	남성	여성	취업	실업 및 비경제활동
비율	13.6+43.6 =57.2%	23.9+50.1 =74.0%	16.5+47.0 =63.5%	22.0+46.6 =68.6%

따라서 남성보다 여성의 비율이 높고, 취업자보다 실업 및 비경제 활동자의 비율이 높다.

오답분석

① 10세 이상 국민들 중 '전혀 노력하지 않음'과 '매우 노력함'은 '약간 노력함'과 '별로 노력하지 않음'에 비해 비율의 숫자의 크기가 현저히 작음을 알 수 있다. 따라서 '약간 노력함'과 '별로 노력하지 않음'만 정확하게 계산해 보면 된다.
  • 약간 노력함 : 41.2+39.9+46.7+52.4+50.4+46.0+ 44.8=321.4%
  • 별로 노력하지 않음 : 39.4+42.9+36.0+29.4+25.3+ 21.6+20.9=215.5%
  따라서 약간 노력하는 사람 비율의 합이 더 높은 것을 알 수 있다.

② 10세 이상 국민들 중 환경오염 방지를 위해 매우 노력하는 사람의 비율이 가장 높은 연령층은 31.3%인 70세 이상이다.

③ 우리나라 국민들 중 환경오염 방지를 위해 전혀 노력하지 않는 사람의 비율이 가장 높은 연령층은 6.4%인 20 ~ 29세이다.

④ 20 ~ 29세 연령층에서는 별로 노력하지 않는 사람의 비중이 가장 높다.

52
정답 ③

(가) : 청소년의 척추 질환을 예방하는 대응 방안과 관련된 ⓒ이 들어가는 것이 적절하다.

(나) : 책상 앞에 앉아 있는 바른 자세와 관련된 ⓔ이 들어가는 것이 적절하다.

(다) : 틈틈이 척추 근육을 강화하는 운동을 해 주는 것과 관련된 자세인 ㉠이 들어가는 것이 적절하다.

53
정답 ③

일자(A2 : A7)의 월(月)이 11월 전이면 '완료', 그렇지 않으면 공백을 출력하는 수식이다.

오답분석

① 일자(A2 : A7)가 2023년 10월 30일 후인 제품의 수량(C2 : C7) 평균을 구하는 수식이다.

② 일자(A2 : A7)의 월(月)이 11월 후이면 '완료', 그렇지 않으면 공백을 출력하는 수식이다.

④ 일자(A2 : A7)의 년(年)이 11년 전이면 '완료', 그렇지 않으면 공백을 출력하는 수식이다.

⑤ 일자(A2 : A7)의 일(日)이 11일 전이면 '완료', 그렇지 않으면 공백을 출력하는 수식이다.

54
정답 ④

ㄴ. 가격상한제는 정부의 규제방식으로 시장의 불균형을 초래하여 후생손실을 발생시킨다.

ㄹ. 2022년 12월 5일부터 EU, G7, 호주 등이 러시아산 원유 가격을 배럴당 60달러로 제한하는 가격상한제를 시행 중이다.

오답분석

ㄱ. 가격상한제가 도입되면 생산자는 제한가격 이상의 원하는 가격을 받을 수 없게 되기 때문에 더 나은 품질의 재화와 서비스를 생산할 이유가 없어지게 된다.

ㄷ. 가격상한가를 균형가격보다 낮은 상태로 유지하면 수요는 증가하고 공급은 감소하게 되며, 가격탄력성은 점차 탄력적이 되므로 완만하게 된다.

55
정답 ④

직원 5명에 대한 1일 평균임금 및 퇴직금을 구하면 다음과 같다.

(단위 : 원)

구분	A	B	C	1일 평균임금	퇴직금
최과장	9,000,000	450,000	175,000	106,944	38,499,840
박과장	8,100,000	375,000	143,750	95,764	28,729,200
홍대리	8,850,000	337,500	156,250	103,819	24,916,560
신대리	9,000,000	300,000	121,875	104,688	18,843,840
양주임	6,300,000	225,000	106,250	73,681	6,631,290

따라서 두 번째로 퇴직금이 적은 직원은 신대리이다.

56
정답 ④

첫 번째 문단에서 '사피어 – 워프 가설'을 간략하게 소개하고, 두 번째와 세 번째 문단을 통해 '사피어 – 워프 가설'을 적용할 수 있는 예를 들고 있다. 이후 네 번째 ~ 마지막 문단을 통해 '사피어 – 워프 가설'을 언어 우위론적 입장에서 설명할 수 있는 가능성이 있으면서도, 언어 우위만으로 모든 설명이 되지는 않음을 밝히고 있다. 따라서 제시문은 '사피어 – 워프 가설'의 주장에 대한 설명 (언어와 사고의 관계)과 함께 그것을 하나의 이론으로 증명하기 어려움을 말하고 있다.

57 정답 ①

ㄱ. DSR(총부채 원리금 상환비율)＝(총부채 원리금 상환액)÷(연소득)

ㄴ. 전세대출, 중도금대출, 소액신용대출 등 서민의 주거나 생계와 연관된 대출은 제외된다.

오답분석

ㄷ. DTI(총부채 상환비율)는 금융비용(이자)만 계산하기 때문에 일반적으로 DSR보다 대출한도가 더 크다.

ㄹ. 총대출이 1억 원을 넘을 경우 DSR은 40%를 넘을 수 없다.

58 정답 ④

각 연령대를 기준으로 남성과 여성의 인구비율을 계산하면 다음과 같다.

구분	남성	여성
0 ~ 14세	$\frac{323}{627} \times 100 ≒ 51.5\%$	$\frac{304}{627} \times 100 ≒ 48.5\%$
15 ~ 29세	$\frac{453}{905} \times 100 ≒ 50.1\%$	$\frac{452}{905} \times 100 ≒ 49.9\%$
30 ~ 44세	$\frac{565}{1,110} \times 100 ≒ 50.9\%$	$\frac{545}{1,110} \times 100 ≒ 49.1\%$
45 ~ 59세	$\frac{630}{1,257} \times 100 ≒ 50.1\%$	$\frac{627}{1,257} \times 100 ≒ 49.9\%$
60 ~ 74세	$\frac{345}{720} \times 100 ≒ 47.9\%$	$\frac{375}{720} \times 100 ≒ 52.1\%$
75세 이상	$\frac{113}{309} \times 100 ≒ 36.6\%$	$\frac{196}{309} \times 100 ≒ 63.4\%$

남성 인구가 40% 이하인 연령대는 75세 이상(36.6%)이며, 여성 인구가 50% 초과 60% 이하인 연령대는 60 ~ 74세(52.1%)이다. 따라서 ④가 옳다.

59 정답 ②

제시문은 강이 붉게 물들고 산성으로 변화하는 이유인 티오바실러스와 강이 붉어지는 것을 막기 위한 방법에 대하여 설명하고 있다. 따라서 (가) 철2가 이온(Fe^{2+})과 철3가 이온(Fe^{3+})의 용해도가 침전물 생성에 중요한 역할을 함 – (라) 티오바실러스가 철2가 이온(Fe^{2+})을 산화시켜 만든 철3가 이온(Fe^{3+})이 붉은 침전물을 만듦 – (나) 티오바실러스는 이황화철(FeS_2)을 산화시켜 철2가 이온(Fe^{2+})과 철3가 이온(Fe^{3+})을 얻음 – (다) 티오바실러스에 의한 이황화철(FeS_2)의 가속적인 산화를 막기 위해서는 광산의 밀폐가 필요함 순서대로 나열하는 것이 적절하다.

60 정답 ②

조건에 따라 점수를 산정하면 다음과 같다.

(단위 : 점)

업체명	프로그램	1차 점수	2차 점수
A업체	집중GX	10＋21＝31	15＋21＝36
B업체	필라테스	14＋18＝32	21＋18＝39
C업체	자율 웨이트	10＋15＝25	－
D업체	근력운동	12＋12＝24	－
E업체	스피닝	8＋24＝32	12＋24＝36

따라서 B업체가 최종적으로 선정된다.

61 정답 ③

조건을 만족하는 경우의 수는 다음과 같다.

ⅰ) 집 – 도서관 : 3×2＝6가지

　도서관 – 영화관 : 4×1＝4가지 → 6×4＝24가지

ⅱ) 집 – 도서관 : 3×1＝3가지

　도서관 – 영화관 : 4×3＝12가지 → 3×12＝36가지

∴ 24＋36＝60가지

따라서 조건을 만족하는 모든 경우의 수는 60가지이다.

62 정답 ⑤

얼렌 증후군 환자들은 사물이 흐릿해지면서 두세 개로 보이는 것과 같은 시각적 왜곡을 경험한다. 따라서 이들은 어두운 곳에서 책을 보고 싶어 하는 경우가 많다는 내용을 통해 밝은 곳에서 난독증 증상이 더 심해진다는 것을 알 수 있다.

오답분석

① 난독증은 지능에는 문제가 없으며, 단지 언어활동에만 문제가 있는 질환이기 때문에 지능에 문제가 있는 사람에게서 주로 나타난다고 보기 어렵다.

② 문자열을 전체로는 처리하지 못하고 하나씩 취급하여 전체 문맥을 이해하지 못하는 것 역시 난독증의 증상 중 하나이다.

③ 지능과 시각, 청각이 모두 정상임에도 난독증을 경험하는 경우가 있는 것으로 밝혀졌다.

④ 난독증의 원인 중 하나인 얼렌 증후군은 시신경 세포가 정상인보다 적은 경우에 발견되는데, 보통 유전의 영향을 많이 받는다.

63 정답 ①

두 번째 조건에 따라 부서 직원 80명이 전원 참석하므로 수용 가능 인원이 40명인 C수련원은 제외되고, 세 번째 조건에 따라 거리가 60km를 초과하는 E호텔이 제외된다. 이어서 부서 워크숍은 2일간 진행되므로 하루 대관료가 50만 원을 초과하는 D리조트는 제외된다. 마지막으로 다섯 번째 조건에 따라 왕복 이동 시간이 4시간인 B연수원이 제외된다.

따라서 가장 적절한 워크숍 장소는 A호텔이다.

64
정답 ④

현금영수증은 현금거래를 '국세청'에 통보하고, 그 증거로 받는 것이다.

오답분석
① 어음은 유가증권에 해당된다.
② 어음 발행인이 금액과 기한을 정해 약속하는 어음을 약속어음이라 하며, 우리나라에서는 거의 약속어음만 쓰인다.
③ 어음법에 따라 필요사항 기재(서면행위), 상대방에게 어음을 전달(교부계약)하는 방법으로 법적인 효력이 발생한다.
⑤ 현금영수증 발급을 위해서 홈택스에 휴대전화 번호를 한 번만 등록하면 된다.

65
정답 ②

일반열차가 부산에 도착하는 데 걸리는 시간은 $\frac{400}{160}=2.5$, 즉 2시간 30분이다. 이때 중간에 4개 역에서 10분씩 정차하므로 총 40분의 지연이 발생한다. 그러므로 A씨가 부산에 도착하는 시각은 오전 10시+2시간 30분+40분=오후 1시 10분이다.

반면, 급행열차가 쉬지 않고 부산에 도착하는 데 걸리는 시간은 $\frac{400}{200}=2$, 즉 2시간이다.

따라서 B씨가 A씨와 동시에 부산에 도착하려면 오후 1시 10분-2시간=오전 11시 10분에 급행열차를 타야 한다.

66
정답 ①

(가) : '공동체적 연대를 위해 집단적 노력이 존재한다.'라는 진술로 볼 때 ⊙이 들어가는 것이 적절하다.
(나) : '아파트의 위치나 평형, 단지의 크기 등에 따라 공동체 형성의 정도가 서로 다르다.'라는 진술로 볼 때 같은 의미의 내용이 들어간 사례로 ⓒ이 들어가는 것이 적절하다.
(다) : '부자 동네와 가난한 동네가 뚜렷이 구분되지 않는 주거 환경'과 '규범'이라는 구절을 볼 때 ⓛ이 들어가는 것이 적절하다.

67
정답 ①

맛과 음식 구성 그리고 가격의 점수를 환산하면 다음과 같다.

구분	맛	음식 구성	합계
A호텔	3×5=15점	3×5+1×3=18점	33점
B호텔	2×5+1×3=13점	3×5=15점	28점
C호텔	2×5=10점	3×5+1×3=18점	28점
D호텔	2×5+1×3=13점	3×5=15점	28점
E호텔	3×5+1×3=18점	2×5+1×3=13점	31점

맛과 음식 구성의 별의 개수를 보면 A호텔과 E호텔이 7개로 가장 많음을 알 수 있으므로 A호텔과 E호텔의 점수만 계산하면 된다. A호텔은 33점, E호텔은 31점으로 그 차가 3점 이하이다. 따라서 가격 점수를 비교하면 A호텔 18점, E호텔 15점으로 A호텔이 선정된다.

68
정답 ⑤

200만 원 내에서 25명의 식사비용을 내려면 한 사람당 식대가 200÷25=8만 원 이하여야 한다. 이 조건을 만족하는 곳은 A, D, E호텔이고 총식사비용은 각각 다음과 같다.
• A호텔 : 73,000×25=1,825,000원
• D호텔 : 77,000×25=1,925,000원
• E호텔 : 75,000×25=1,875,000원
가장 저렴한 A호텔과 E호텔의 식사비용 차이는 10만 원 이하이므로 맛 점수가 가장 높은 곳으로 선정한다. 따라서 67번 해설에서 E호텔이 18점으로 맛 점수가 가장 높으므로 E호텔이 선정된다.

69
정답 ②

매년 A ~ C대학교의 입학자와 졸업자의 차이는 57명으로 일정하다. 따라서 빈칸에 들어갈 수치는 514-57=457이다.

70
정답 ⑤

세 번째 문단의 첫 번째 문장에서 '전자 감시는 파놉티콘의 감시 능력을 전 사회로 확장했다.'고 하였으므로, 정보 파놉티콘은 발전된 감시 체계라고 할 수 있다. 따라서 종국에는 감시 체계 자체를 소멸시킬 것이라는 추론은 적절하지 않다.

신한은행 SLT 필기시험 OMR 답안카드

번호	① ② ③ ④ ⑤	번호	① ② ③ ④ ⑤	번호	① ② ③ ④ ⑤	번호	① ② ③ ④ ⑤
1	① ② ③ ④ ⑤	21	① ② ③ ④ ⑤	41	① ② ③ ④ ⑤	61	① ② ③ ④ ⑤
2	① ② ③ ④ ⑤	22	① ② ③ ④ ⑤	42	① ② ③ ④ ⑤	62	① ② ③ ④ ⑤
3	① ② ③ ④ ⑤	23	① ② ③ ④ ⑤	43	① ② ③ ④ ⑤	63	① ② ③ ④ ⑤
4	① ② ③ ④ ⑤	24	① ② ③ ④ ⑤	44	① ② ③ ④ ⑤	64	① ② ③ ④ ⑤
5	① ② ③ ④ ⑤	25	① ② ③ ④ ⑤	45	① ② ③ ④ ⑤	65	① ② ③ ④ ⑤
6	① ② ③ ④ ⑤	26	① ② ③ ④ ⑤	46	① ② ③ ④ ⑤	66	① ② ③ ④ ⑤
7	① ② ③ ④ ⑤	27	① ② ③ ④ ⑤	47	① ② ③ ④ ⑤	67	① ② ③ ④ ⑤
8	① ② ③ ④ ⑤	28	① ② ③ ④ ⑤	48	① ② ③ ④ ⑤	68	① ② ③ ④ ⑤
9	① ② ③ ④ ⑤	29	① ② ③ ④ ⑤	49	① ② ③ ④ ⑤	69	① ② ③ ④ ⑤
10	① ② ③ ④ ⑤	30	① ② ③ ④ ⑤	50	① ② ③ ④ ⑤	70	① ② ③ ④ ⑤
11	① ② ③ ④ ⑤	31	① ② ③ ④ ⑤	51	① ② ③ ④ ⑤		
12	① ② ③ ④ ⑤	32	① ② ③ ④ ⑤	52	① ② ③ ④ ⑤		
13	① ② ③ ④ ⑤	33	① ② ③ ④ ⑤	53	① ② ③ ④ ⑤		
14	① ② ③ ④ ⑤	34	① ② ③ ④ ⑤	54	① ② ③ ④ ⑤		
15	① ② ③ ④ ⑤	35	① ② ③ ④ ⑤	55	① ② ③ ④ ⑤		
16	① ② ③ ④ ⑤	36	① ② ③ ④ ⑤	56	① ② ③ ④ ⑤		
17	① ② ③ ④ ⑤	37	① ② ③ ④ ⑤	57	① ② ③ ④ ⑤		
18	① ② ③ ④ ⑤	38	① ② ③ ④ ⑤	58	① ② ③ ④ ⑤		
19	① ② ③ ④ ⑤	39	① ② ③ ④ ⑤	59	① ② ③ ④ ⑤		
20	① ② ③ ④ ⑤	40	① ② ③ ④ ⑤	60	① ② ③ ④ ⑤		

고사장

성 명

수 험 번 호

| ⓪ ① ② ③ ④ ⑤ ⑥ ⑦ ⑧ ⑨ |
| ⓪ ① ② ③ ④ ⑤ ⑥ ⑦ ⑧ ⑨ |
| ⓪ ① ② ③ ④ ⑤ ⑥ ⑦ ⑧ ⑨ |
| ⓪ ① ② ③ ④ ⑤ ⑥ ⑦ ⑧ ⑨ |
| ⓪ ① ② ③ ④ ⑤ ⑥ ⑦ ⑧ ⑨ |
| ⓪ ① ② ③ ④ ⑤ ⑥ ⑦ ⑧ ⑨ |
| ⓪ ① ② ③ ④ ⑤ ⑥ ⑦ ⑧ ⑨ |

감독위원 확인

(인)

신한은행 SLT 필기시험 OMR 답안카드

문번	답란	문번	답란	문번	답란	문번	답란
1	① ② ③ ④ ⑤	21	① ② ③ ④ ⑤	41	① ② ③ ④ ⑤	61	① ② ③ ④ ⑤
2	① ② ③ ④ ⑤	22	① ② ③ ④ ⑤	42	① ② ③ ④ ⑤	62	① ② ③ ④ ⑤
3	① ② ③ ④ ⑤	23	① ② ③ ④ ⑤	43	① ② ③ ④ ⑤	63	① ② ③ ④ ⑤
4	① ② ③ ④ ⑤	24	① ② ③ ④ ⑤	44	① ② ③ ④ ⑤	64	① ② ③ ④ ⑤
5	① ② ③ ④ ⑤	25	① ② ③ ④ ⑤	45	① ② ③ ④ ⑤	65	① ② ③ ④ ⑤
6	① ② ③ ④ ⑤	26	① ② ③ ④ ⑤	46	① ② ③ ④ ⑤	66	① ② ③ ④ ⑤
7	① ② ③ ④ ⑤	27	① ② ③ ④ ⑤	47	① ② ③ ④ ⑤	67	① ② ③ ④ ⑤
8	① ② ③ ④ ⑤	28	① ② ③ ④ ⑤	48	① ② ③ ④ ⑤	68	① ② ③ ④ ⑤
9	① ② ③ ④ ⑤	29	① ② ③ ④ ⑤	49	① ② ③ ④ ⑤	69	① ② ③ ④ ⑤
10	① ② ③ ④ ⑤	30	① ② ③ ④ ⑤	50	① ② ③ ④ ⑤	70	① ② ③ ④ ⑤
11	① ② ③ ④ ⑤	31	① ② ③ ④ ⑤	51	① ② ③ ④ ⑤		
12	① ② ③ ④ ⑤	32	① ② ③ ④ ⑤	52	① ② ③ ④ ⑤		
13	① ② ③ ④ ⑤	33	① ② ③ ④ ⑤	53	① ② ③ ④ ⑤		
14	① ② ③ ④ ⑤	34	① ② ③ ④ ⑤	54	① ② ③ ④ ⑤		
15	① ② ③ ④ ⑤	35	① ② ③ ④ ⑤	55	① ② ③ ④ ⑤		
16	① ② ③ ④ ⑤	36	① ② ③ ④ ⑤	56	① ② ③ ④ ⑤		
17	① ② ③ ④ ⑤	37	① ② ③ ④ ⑤	57	① ② ③ ④ ⑤		
18	① ② ③ ④ ⑤	38	① ② ③ ④ ⑤	58	① ② ③ ④ ⑤		
19	① ② ③ ④ ⑤	39	① ② ③ ④ ⑤	59	① ② ③ ④ ⑤		
20	① ② ③ ④ ⑤	40	① ② ③ ④ ⑤	60	① ② ③ ④ ⑤		

※ 본 답안카드는 마킹연습용 모의 답안카드입니다.

교시장

성명

수험번호

| ⓪ ① ② ③ ④ ⑤ ⑥ ⑦ ⑧ ⑨ |
| ⓪ ① ② ③ ④ ⑤ ⑥ ⑦ ⑧ ⑨ |
| ⓪ ① ② ③ ④ ⑤ ⑥ ⑦ ⑧ ⑨ |
| ⓪ ① ② ③ ④ ⑤ ⑥ ⑦ ⑧ ⑨ |
| ⓪ ① ② ③ ④ ⑤ ⑥ ⑦ ⑧ ⑨ |
| ⓪ ① ② ③ ④ ⑤ ⑥ ⑦ ⑧ ⑨ |
| ⓪ ① ② ③ ④ ⑤ ⑥ ⑦ ⑧ ⑨ |

감독위원 확인

인

신한은행 SLT 필기시험 OMR 답안카드

※ 본 답안카드는 마킹연습용 답안카드입니다.

문항	①	②	③	④	⑤		문항	①	②	③	④	⑤		문항	①	②	③	④	⑤		문항	①	②	③	④	⑤
1	①	②	③	④	⑤		21	①	②	③	④	⑤		41	①	②	③	④	⑤		61	①	②	③	④	⑤
2	①	②	③	④	⑤		22	①	②	③	④	⑤		42	①	②	③	④	⑤		62	①	②	③	④	⑤
3	①	②	③	④	⑤		23	①	②	③	④	⑤		43	①	②	③	④	⑤		63	①	②	③	④	⑤
4	①	②	③	④	⑤		24	①	②	③	④	⑤		44	①	②	③	④	⑤		64	①	②	③	④	⑤
5	①	②	③	④	⑤		25	①	②	③	④	⑤		45	①	②	③	④	⑤		65	①	②	③	④	⑤
6	①	②	③	④	⑤		26	①	②	③	④	⑤		46	①	②	③	④	⑤		66	①	②	③	④	⑤
7	①	②	③	④	⑤		27	①	②	③	④	⑤		47	①	②	③	④	⑤		67	①	②	③	④	⑤
8	①	②	③	④	⑤		28	①	②	③	④	⑤		48	①	②	③	④	⑤		68	①	②	③	④	⑤
9	①	②	③	④	⑤		29	①	②	③	④	⑤		49	①	②	③	④	⑤		69	①	②	③	④	⑤
10	①	②	③	④	⑤		30	①	②	③	④	⑤		50	①	②	③	④	⑤		70	①	②	③	④	⑤
11	①	②	③	④	⑤		31	①	②	③	④	⑤		51	①	②	③	④	⑤							
12	①	②	③	④	⑤		32	①	②	③	④	⑤		52	①	②	③	④	⑤							
13	①	②	③	④	⑤		33	①	②	③	④	⑤		53	①	②	③	④	⑤							
14	①	②	③	④	⑤		34	①	②	③	④	⑤		54	①	②	③	④	⑤							
15	①	②	③	④	⑤		35	①	②	③	④	⑤		55	①	②	③	④	⑤							
16	①	②	③	④	⑤		36	①	②	③	④	⑤		56	①	②	③	④	⑤							
17	①	②	③	④	⑤		37	①	②	③	④	⑤		57	①	②	③	④	⑤							
18	①	②	③	④	⑤		38	①	②	③	④	⑤		58	①	②	③	④	⑤							
19	①	②	③	④	⑤		39	①	②	③	④	⑤		59	①	②	③	④	⑤							
20	①	②	③	④	⑤		40	①	②	③	④	⑤		60	①	②	③	④	⑤							

교사장

성명

수험번호

	⓪	①	②	③	④	⑤	⑥	⑦	⑧	⑨
	⓪	①	②	③	④	⑤	⑥	⑦	⑧	⑨
	⓪	①	②	③	④	⑤	⑥	⑦	⑧	⑨
	⓪	①	②	③	④	⑤	⑥	⑦	⑧	⑨
	⓪	①	②	③	④	⑤	⑥	⑦	⑧	⑨
	⓪	①	②	③	④	⑤	⑥	⑦	⑧	⑨
	⓪	①	②	③	④	⑤	⑥	⑦	⑧	⑨

감독위원 확인

인

신한은행 SLT 필기시험 OMR 답안카드

	①	②	③	④	⑤		①	②	③	④	⑤		①	②	③	④	⑤		①	②	③	④	⑤
1	①	②	③	④	⑤	21	①	②	③	④	⑤	41	①	②	③	④	⑤	61	①	②	③	④	⑤
2	①	②	③	④	⑤	22	①	②	③	④	⑤	42	①	②	③	④	⑤	62	①	②	③	④	⑤
3	①	②	③	④	⑤	23	①	②	③	④	⑤	43	①	②	③	④	⑤	63	①	②	③	④	⑤
4	①	②	③	④	⑤	24	①	②	③	④	⑤	44	①	②	③	④	⑤	64	①	②	③	④	⑤
5	①	②	③	④	⑤	25	①	②	③	④	⑤	45	①	②	③	④	⑤	65	①	②	③	④	⑤
6	①	②	③	④	⑤	26	①	②	③	④	⑤	46	①	②	③	④	⑤	66	①	②	③	④	⑤
7	①	②	③	④	⑤	27	①	②	③	④	⑤	47	①	②	③	④	⑤	67	①	②	③	④	⑤
8	①	②	③	④	⑤	28	①	②	③	④	⑤	48	①	②	③	④	⑤	68	①	②	③	④	⑤
9	①	②	③	④	⑤	29	①	②	③	④	⑤	49	①	②	③	④	⑤	69	①	②	③	④	⑤
10	①	②	③	④	⑤	30	①	②	③	④	⑤	50	①	②	③	④	⑤	70	①	②	③	④	⑤
11	①	②	③	④	⑤	31	①	②	③	④	⑤	51	①	②	③	④	⑤						
12	①	②	③	④	⑤	32	①	②	③	④	⑤	52	①	②	③	④	⑤						
13	①	②	③	④	⑤	33	①	②	③	④	⑤	53	①	②	③	④	⑤						
14	①	②	③	④	⑤	34	①	②	③	④	⑤	54	①	②	③	④	⑤						
15	①	②	③	④	⑤	35	①	②	③	④	⑤	55	①	②	③	④	⑤						
16	①	②	③	④	⑤	36	①	②	③	④	⑤	56	①	②	③	④	⑤						
17	①	②	③	④	⑤	37	①	②	③	④	⑤	57	①	②	③	④	⑤						
18	①	②	③	④	⑤	38	①	②	③	④	⑤	58	①	②	③	④	⑤						
19	①	②	③	④	⑤	39	①	②	③	④	⑤	59	①	②	③	④	⑤						
20	①	②	③	④	⑤	40	①	②	③	④	⑤	60	①	②	③	④	⑤						

고사장

성 명

수 험 번 호

⓪	①	②	③	④	⑤	⑥	⑦	⑧	⑨
⓪	①	②	③	④	⑤	⑥	⑦	⑧	⑨
⓪	①	②	③	④	⑤	⑥	⑦	⑧	⑨
⓪	①	②	③	④	⑤	⑥	⑦	⑧	⑨
⓪	①	②	③	④	⑤	⑥	⑦	⑧	⑨
⓪	①	②	③	④	⑤	⑥	⑦	⑧	⑨
⓪	①	②	③	④	⑤	⑥	⑦	⑧	⑨

감독위원 확인

인